utb 5106

Eine Arbeitsgemeinschaft der Verlage

Böhlau Verlag · Wien · Köln · Weimar
Verlag Barbara Budrich · Opladen · Toronto
facultas · Wien
Wilhelm Fink · Paderborn
Narr Francke Attempto Verlag · Tübingen
Haupt Verlag · Bern
Verlag Julius Klinkhardt · Bad Heilbrunn
Mohr Siebeck · Tübingen
Ernst Reinhardt Verlag · München
Ferdinand Schöningh · Paderborn
Eugen Ulmer Verlag · Stuttgart
UVK Verlag · München
Vandenhoeck & Ruprecht · Göttingen
Waxmann · Münster · New York
wbv Publikation · Bielefeld

Helga Berger

Schritt für Schritt zur Abschlussarbeit

Gliedern – formulieren – formatieren

Ferdinand Schöningh

Die Autorin:
Helga Berger studierte Mittlere und Neuere Geschichte, Theater-, Film- und Fernsehwissenschaft sowie Niederländische Philologie an der Universität zu Köln. Im Anschluss absolvierte sie zwei jeweils einjährige Verlagsvolontariate beim Böhlau Verlag und beim DuMont Buchverlag. Zudem führte sie Lehrveranstaltungen an der Universität zu Köln, Institut für Niederländische Philologie, durch. Helga Berger arbeitet seit über 25 Jahren als freiberufliche Lektorin in Gütersloh.

Umschlagabbildung:
©BillionPhotos.com/AdobeStock 86621509

Online-Angebote oder elektronische Ausgaben sind erhältlich unter **www.utb-shop.de**

Bibliografische Information der Deutschen Nationalbibliothek

Die Deutsche Nationalbibliothek verzeichnet diese Publikation in der Deutschen Nationalbibliografie; detaillierte bibliografische Daten sind im Internet über http://dnb.d-nb.de abrufbar.

© 2019 Verlag Ferdinand Schöningh, ein Imprint der Brill-Gruppe (Koninklijke Brill NV, Leiden, Niederlande; Brill USA Inc., Boston MA, USA; Brill Asia Pte Ltd, Singapore; Brill Deutschland GmbH, Paderborn, Deutschland)

Internet: www.schoeningh.de

Printed in Germany.
Herstellung: Brill Deutschland GmbH, Paderborn
Einbandgestaltung: Atelier Reichert, Stuttgart

UTB-Band-Nr: 5106
ISBN 978-3-8252-5106-2

Inhaltsverzeichnis

1 Vorbemerkung: Über dieses Buch

„Dann beginnt es also."
König Théoden vor der Schlacht um Helms Klamm
im Film *Der Herr der Ringe – die zwei Türme*

Der Cursor blinkt Sie erwartungsvoll auf der leeren Seite an: Es ist so weit. Sie haben Ihr Thema präzisiert, eine Fragestellung entwickelt und sich mit dem Material und der Literatur beschäftigt. Nun müssen Sie das alles in Worte fassen. Dieses Buch will Ihnen dabei helfen, den Kampf aufzunehmen und Ihre Gedanken zu Papier zu bringen.

Das Buch beschäftigt sich ausschließlich mit dem Verfassen des Textes, von der Rohfassung bis zum fertigen Manuskript.

Die Themenschwerpunkte

Teil I gibt einen Überblick über die einzelnen Teile einer wissenschaftlichen Arbeit. Auch das wichtige Thema Zitieren und Belegen von Literatur wird hier behandelt.

Teil II stellt den Umgang mit der Sprache in den Mittelpunkt. Hier werden Tipps für das angemessene Formulieren gegeben.

Teil III beantwortet wichtige Fragen zur Gestaltung und zur Umsetzung des Textes mit dem Computer. Die Anleitungen berücksichtigen sowohl händisches als auch automatisiertes Vorgehen, dabei beziehen sich die Erläuterungen auf die Word-Version 2016 (Office 365); abweichende Funktionen bei Word 2013 und 2010 sind gekennzeichnet. Im Zuge von Updates bei Office 365 kann es zu Abweichungen von den hier erläuterten Funktionen kommen.

Bei Word kann man auf verschiedenen Wegen zu bestimmten Funktionen gelangen. In diesem Buch wird vorrangig der Weg über das Menüband beschrieben. Sind Sie dagegen versierter und arbeiten lieber mit Shortcuts, ist das natürlich auch in Ordnung.

Ist Ihre Arbeit zu großen Teilen schon fertig, schauen Sie sich insbesondere den Abschnitt *Suchen und Ersetzen* an. Damit können Sie in einem schon geschriebenen Text per Computer manches schnell ändern, ohne ihn mühselig noch einmal durchlesen zu müssen.

Die Beispiele in diesem Buch stammen überwiegend aus dem geisteswissenschaftlichen Bereich, sind aber auf andere Bereiche übertragbar. Sie sind größtenteils erfunden.

Die Beispiele

Teil I: Die wissenschaftliche Arbeit

2 Bevor es losgeht: nützliche Vorbereitungen treffen

Sie können schon im Vorfeld die Grundlagen für ein effektiveres Arbeiten am Manuskript legen.

- **Besorgen Sie sich die Vorgaben des Betreuers.**
  Die Vorgaben beziehen sich besonders häufig auf Formalia wie etwa die Art, Literatur zu belegen, oder die Seitenränder.
  Gibt es keine derartigen Richtlinien, orientieren Sie sich am besten an anderen Arbeiten Ihres Fachbereichs.
- **Bestimmen Sie die grundlegende Gestaltung Ihrer Arbeit.**
  Legen Sie die wichtigen Elemente Ihrer Arbeit schon zu Beginn fest, damit Sie nicht später alles mühselig ändern müssen: die *Seitenränder, die Schrift* und die *Schriftgröße,* den *Zeilenabstand, Hervorhebungen im Text* (z. B. Autorennamen in Kapitälchen – MÜLLER).
- **Machen Sie sich mit den sogenannten *Formatvorlagen* vertraut.**
  Formatvorlagen sind Schablonen, in denen verschiedene Gestaltungsbefehle (z. B. Schriftgröße, Fettdruck) gebündelt sind. Wenn Sie damit arbeiten, ersparen Sie sich nicht nur viel Arbeit, sondern erleben auch weniger böse Überraschungen durch Word. Mehr dazu siehe auf S. 241.
- **Leisten Sie schon mal Vorarbeit für die Verzeichnisse.**
  Insbesondere Abkürzungen sollten Sie bereits während der Arbeit am Text gesondert erfassen. Ein Abkürzungsverzeichnis können Sie, anders als ein Abbildungs- und Tabellenverzeichnis, nicht automatisch von Word erzeugen lassen.
  Gängige Abkürzungen wie *z. B.* müssen Sie dabei nicht berücksichtigen: Sie werden nicht ins Abkürzungsverzeichnis aufgenommen.
  Wenn Sie Ihren Text aber schon fertig haben und die Abkürzungen nachträglich herausfinden wollen, müssen Sie etwas mehr Arbeit investieren. Wie das mit *Suchen und Ersetzen* funktioniert, lesen Sie auf S. 330.
- **Besorgen Sie sich ein Literaturverwaltungsprogramm.**
  Literaturverwaltungsprogramme wie die bekannten *Citavi* oder *Endnote* erleichtern nicht nur den Überblick über die oft großen Mengen an Literatur. Sie helfen bei der Bewältigung und Strukturierung der vielfältigen Literatur; sie kann auf ein-

fache Weise in den Text integriert werden. Ebenso lässt sich mit ihnen hervorragend ein Literaturverzeichnis anlegen.

- **Wenn Sie Ihre Literatur händisch verwalten: Bleiben Sie am Ball!**
Tragen Sie die notwendigen Angaben Ihrer verwendeten Literatur kontinuierlich in das Literaturverzeichnis ein. Glauben Sie nicht, Sie könnten die Angaben für das Literaturverzeichnis erst ganz zum Schluss raussuchen. Das funktioniert nie. Sie werden einige Angaben nur nach langem Suchen wiederfinden, manche nie.
- **Sichern Sie sich Unterstützung.**
Neben der Unterstützung durch Ihre Betreuerin und Hilfe etwa in Kolloquien sollten Sie eine zuverlässige Person aus Ihrem Freundes- oder Bekanntenkreis bitten, sich Ihren Text durchzulesen. Sie haben sich über einen längeren Zeitraum mit Ihrem Thema beschäftigt – deshalb fallen Ihnen missverständliche Passagen nicht mehr auf. Ihr Korrekturleser dagegen wird Sie auf manches aufmerksam machen, was er nicht versteht.
- **Nutzen Sie wichtige Hilfsmittel.**
Bei Rechtschreibfragen können Sie ein Rechtschreibwörterbuch wie den Duden zu Rate ziehen oder online Hilfe finden, etwa unter www.duden.de. Zudem gibt es für schwierige Fälle die telefonische (kostenpflichtige) Duden-Sprachberatung – aus Deutschland: 09001 870098, aus Österreich: 0900 844144, aus der Schweiz: 0900 383360. Die an die Sprachberatung gerichteten Fragen werden regelmäßig im Duden *Das Wörterbuch der sprachlichen Zweifelsfälle* zusammengestellt – ein sehr empfehlenswertes Buch, das genau auf die häufigsten Schwierigkeiten der deutschen Sprache abzielt. Eine generelle Übersicht bietet das UTB-Buch *Rechtschreibung und Zeichensetzung endlich beherrschen* von Steffi Staaden.

Auch Word bietet Ihnen Hilfen an: Über → Überprüfen → Recherchieren gelangen Sie zum Button → Wörterbuch: Deutsch, das Ihnen bei der Rechtschreibung und Verwendung von Begriffen weiterhilft. Unter → Überprüfen → Thesaurus werden unter anderem nützliche Synonyme aufgezeigt.

2.1 Der Ablauf des Schreibprozesses – und der innere Schweinehund

Hürden
überwinden

Der innere Schweinehund ist ein mächtiger Gegner. Nie war Putzen so interessant wie in dem Moment, an dem man sich an den Schreibtisch setzen soll ... Wie man ihn bekämpft?

- **Stellen Sie keine übertriebenen Anforderungen an sich selbst.**
  Erwarten Sie keine unerreichbaren Leistungen von sich selbst. Damit ist nicht gemeint, dass Sie eine schlechte Arbeit abgeben sollen. Niemand verlangt aber von Ihnen, so gut zu schreiben wie eine Professorin, die in ihrer langjährigen Karriere zahllose Bücher und Aufsätze verfasst hat.

- **Lassen Sie sich nicht von anderen Arbeiten einschüchtern.**
  Jeder Text entsteht in mehreren Durchgängen. Es wird geändert, gestrichen, ergänzt, wieder gestrichen, umgestellt, neu geschrieben. Das sehen Sie dem fertigen Text nicht mehr an, und doch hat auch er mal „klein angefangen".

- **Sie müssen nicht erst alles zusammenhaben, um mit dem Schreiben beginnen zu können.**
  Planen Sie für den Schreibprozess unbedingt genug Zeit ein, am besten mit einigem Zeitpuffer, denn: Die Phase der Niederschrift dauert praktisch immer länger als geplant. Beginnen Sie nach etwa einem Drittel der verfügbaren Zeit mit dem Verfassen des Manuskripts.

  Zu langes Recherchieren vor dem Beginn des Schreibens kann auch eine (unbewusste) Verzögerungstaktik sein – man sucht und sucht, um der Qual des Formulierens auszuweichen. Warten Sie zu lange, läuft Ihnen womöglich die Zeit weg, und das Schreiben wird noch unangenehmer.

- **Erstellen Sie zunächst die Rohfassung.**
  Beim Schreiben Ihrer Arbeit müssen Sie keineswegs vorn anfangen und sich dann weiter durcharbeiten. Gewöhnlich beginnt man mit den Kernpunkten, und die finden sich wiederum im Hauptteil. Das Literaturverzeichnis entsteht kontinuierlich während des Schreibens; die Einleitung dagegen wird vielfach zum Schluss geschrieben.

  Entwerfen Sie zunächst eine vorläufige Gliederung und legen Sie ungefähr fest, wie lang jedes Kapitel sein soll. Diese Grobgliederung bildet das Grundgerüst für Ihre Arbeit.

  Passen Sie die Gliederung im Lauf des Schreibprozesses immer wieder an. Achten Sie aber darauf, nicht den roten Faden zu verlieren. Mehr zum Thema *Gliederung* erfahren Sie im folgenden Kapitel.

- **Planen Sie Ihre Arbeitsabläufe.**

Teilen Sie sich die Arbeit in tägliche Arbeitspensen ein, die realistisch und gut zu bewältigen sind. Denken Sie daran, dass Ihnen immer mal wieder etwas dazwischenkommen wird.

Schreiben Sie zunächst anhand Ihrer Gliederung eine Rohfassung.

In einer zweiten Phase überarbeiten Sie diesen Text dann mehrfach, d. h., es folgt der Feinschliff. Planen Sie genug Zeit für die Überarbeitungen ein.

Sie sollten es sich zur Gewohnheit machen, das, was Sie geschrieben haben, in regelmäßigen Abständen – z. B. nach einigen Tagen – noch einmal durchzugehen. Drucken Sie sich dazu den Text auf Papier aus. Am Bildschirm funktioniert das nicht so gut.

Lesen Sie den Text mit einigem zeitlichen Abstand noch einmal, wird Ihnen manches nach wie vor gut vorkommen, manches überarbeitungswürdig.

- **Beginnen Sie an einer einfachen Stelle, wenn Sie verzweifelt vor dem leeren Bildschirm sitzen.**

Wenn Sie eine längere Zeit Recherchen zu Ihrem Thema betrieben haben, ist es ausgeschlossen, dass Sie nichts zu Ihrem Thema wissen – eher ist Ihr Kopf zu voll. Sie können aber nicht all diese Gedanken gleichzeitig niederschreiben.

Fangen Sie mit einem Aspekt an, über den Sie besonders viel wissen oder der Ihnen besonders gut „liegt". Denken Sie auch daran, dass die ersten Formulierungen noch nicht perfekt sein müssen.

- **Ihnen fällt keine passende Formulierung ein?**

Schreiben Sie Ihren Text zunächst so, wie Sie es für richtig halten. Wenn Ihnen auf Anhieb eine passende Formulierung einfällt: gut. Wenn sie Ihnen noch nicht gelingt: Verbeißen Sie sich nicht. Setzen Sie sich nicht dem Druck aus, sofort perfekt schreiben zu müssen. In dem Bewusstsein, dass das alles ja noch vorläufig ist, schreibt es sich besser.

- **Sie können sich nicht aufraffen, mit dem Schreiben weiterzumachen, und trödeln immer wieder herum?**

Bereiten Sie am Ende Ihres täglichen Arbeitspensums schon den Einstieg für den nächsten Tag vor. Notieren Sie genau, womit Sie am nächsten Tag anfangen wollen. Wenn Sie wissen, dass Sie an diesem Tag Zahlen des Statistischen Bundesamtes heraussuchen wollen, klingt das doch gleich weniger bedrohlich als „Ich muss eine Bachelorarbeit verfassen".

Sich zunächst das Geschriebene vom Vortag noch einmal durchzulesen, ist ebenfalls eine sinnvolle Strategie und ein guter Einstieg.

Gönnen Sie sich Pausen. Auch Belohnungen sind nützlich – und wenn Sie sich am Ende eines arbeitsreichen Tages bloß im Fernsehen die albernste Serie aller Zeiten ansehen.

2.2 Die Bestandteile einer wissenschaftlichen Arbeit

Es gibt grundlegende Elemente, die in jede wissenschaftliche (Abschluss-)Arbeit gehören: Natürlich muss ein Titelblatt her, und auch ein Inhaltsverzeichnis ist Standard. Der Hauptteil ist das Kernstück der Arbeit, und ein Literaturverzeichnis ist ebenfalls Pflicht. Alles andere hängt von der Art (und Länge) der jeweiligen Arbeit ab. Je länger und anspruchsvoller die Arbeit ist, desto mehr Elemente können und werden hinzukommen (Tabelle 1).

Tabelle 1: Elemente einer Arbeit

Teil der Arbeit	unbedingt notwendig	möglich
Titelblatt	x	
Geleitwort		x
Vorwort		x
Zusammenfassung		x
Inhaltsverzeichnis	x	
Abbildungsverzeichnis		x
Tabellenverzeichnis		x
Abkürzungsverzeichnis		x
Hauptteil	x	
Literaturverzeichnis	x	
Anhang		x
Eidesstattliche Erklärung		x

Zum geforderten Seitenumfang zählen nicht das Titelblatt, das   Der Seitenumfang
Inhaltsverzeichnis und die sonstigen Verzeichnisse vor dem
Haupttext. Ebenfalls nicht mitgerechnet werden die Seiten nach
dem Haupttext, also das Literaturverzeichnis und ein eventueller
Anhang.

Zum Zählen der Wörter markieren Sie den relevanten Bereich
und gehen dann auf → Überprüfen → Wörter zählen.

Bei der Anordnung der einzelnen Elemente einer Arbeit gibt   Die Reihenfolge
es einen gewissen Spielraum. So können Sie das Literaturverzeichnis vor oder nach den Anhang setzen. Wichtig ist aber, dass
das Inhaltsverzeichnis am Beginn der Arbeit steht, denn es gibt
dem Leser wichtige Informationen, was behandelt wird.

3 Die Gliederung

Die Gliederung bildet das Grundgerüst der Arbeit. Die Abstufung in Haupt- und Unterpunkte zeigt den logischen Aufbau der Arbeit und damit den roten Faden der Darstellung.

In der Gliederung in Kapitel, Unterkapitel und Abschnitte mit den dazugehörigen (möglichst aussagekräftigen) Überschriften spiegelt sich Ihre Argumentation wider. Die Gliederung ist jedoch keine statische Angelegenheit – sie kann im weiteren Verlauf der Arbeit immer wieder angepasst werden.

Die einzelnen Hauptkapitel sollten in ihrer Gesamtheit ein ausgewogenes Bild ergeben. Dazu ein Beispiel zum Thema *Zulassung von Frauen zum Studium in Deutschland.*

Thema: Die Kontroverse um das Recht von Frauen auf Immatrikulation
Sie arbeiten mehrere Argumentationsmuster der Gegner heraus – *die prinzipielle geistige und physische Unfähigkeit von Frauen zu einem Studium, die fehlenden schulischen Voraussetzungen, die festgelegte Rolle als Ehefrau, Mutter und Hausfrau.* Dann hätten Sie drei gleichrangige Hauptkapitel, die dann jeweils weiter unterteilt werden können.

Thema: Einführung des Rechts der Frauen auf Immatrikulation in Preußen
Wenn Sie sich auf die Entwicklung in einem bestimmten Land konzentrieren, bilden die einzelnen Phasen die Hauptkapitel: *die Ausgangssituation, die Zulassung von Frauen als Gasthörerinnen 1896, das Vorbild Baden und weitere Auseinandersetzungen, die generelle Zulassung 1908.*

3.1 Überschriften aussagekräftig formulieren

Mit Überschriften den Inhalt verdeutlichen

Überschriften sollen den Inhalt des dann folgenden Textes knapp und prägnant bezeichnen.
- Im Gegensatz zum Text sind bei Überschriften Nominalisierungen erwünscht. Nicht geeignet sind ganze Sätze (auch nicht Fragesätze).

> Wesentlicher Faktor: Einbeziehung der Mitarbeiter

- Wiederholen Sie bei Unterpunkten nicht einfach den übergeordneten Punkt. Also nicht:

> 2   **Vor- und Nachteile** der Balanced Scorecard
> 2.1 **Vorteile**
> 2.2 **Nachteile**

Sondern:

> 2   **Bewertung** der Balanced Scorecard
> 2.1 **Vorteile**
> 2.2 **Nachteile**

- Überschriften haben keinen Satzschlusspunkt. Wenn Sie unbedingt eine Frage als Überschrift haben wollen, setzen Sie das Fragezeichen.

> 3.3.1 Was ist aus der Einführung zu lernen?

Besser wäre aber:

> 3.3.1 Erkenntnisse aus der Einführung

- Setzen Sie keine Abkürzungen in die Überschriften. Ausnahmen sind geläufige Abkürzungen wie etwa *DIN-Vorschriften*.

> 1.2 MOS in der Praxis

Sondern:

> 1.2 Model Output Statistics in der Praxis

- Setzen Sie keine Fußnotenziffern in die Überschriften, sondern tun Sie das bei der ersten Erwähnung des Begriffs im darauffolgenden Text.

> 2.3 John Stuart Mills Freiheitsbegriff
> In seinem 1859 erschienenen Werk *On Liberty* erläutert der englische Philosoph John Stuart Mill[Fußnotenziffer] seine Auffassungen zur Freiheit des Individuums.

- Im Text, der auf die Überschrift folgt, nimmt man deren Inhalt auf, wenn möglich, mit (etwas) anderen Worten. Eine Wiederholung der Formulierung in der Überschrift ist hier tolerierbar. Auf gar keinen Fall nimmt man mit Begriffen wie „Dies bedeutet ..." oder ähnlich Bezug auf die Überschrift. Also nicht:

> 2.3 Die Monroe-Doktrin
> **In ihr** legte Präsident James Monroe 1823 die Kernpunkte der amerikanischen Außenpolitik dar.

Sondern:

> 2.3 Die Monroe-Doktrin
> In einer Kongressbotschaft legte Präsident James Monroe 1823 die Kernpunkte der amerikanischen Außenpolitik dar; **sie wurde später als Monroe-Doktrin bezeichnet.**

3.2 Gliederungssysteme

Grundsätzliche Systeme
Bei der formalen Gliederung gibt es zwei verschiedene Prinzipien (Abb. 1):

Dezimalabstufung — Sehr gebräuchlich ist die Dezimalabstufung (nummerisches System), die ausschließlich mit Ziffern arbeitet: *1, 1.1, 1.1.1* usw.

Alphanumerisches System — Seltener wird das alphanumerische System verwendet; hier sind verschiedene Kombinationen möglich, etwa *Großbuchstabe – römische Ziffer – arabische Ziffer – lateinischer Kleinbuchstabe.*

Bei beiden Systemen werden unterschiedliche Schriftgrößen und Hervorhebungen wie Fettdruck verwendet. Die Schriftgrößen werden in Punkt (pt) angegeben; das sind auch die Werte, die Sie bei Word anwählen können.

Sie müssen sich normalerweise nicht selbst für ein Gliederungssystem entscheiden. Jeder Fachbereich hat da seine Vorlieben.

Dezimalabstufung	Alphanumerisches System: Varianten		
1 Manuskript	**A Manuskript**	**I. Manuskript**	*Ebene 1: 16 pt, fett*
1.1 Seitenlayout	**I. Seitenlayout**	**1. Seitenlayout**	*Ebene 2: 14 pt, fett*
1.1.1 Schrift	**1. Schrift**	**a. Schrift**	*Ebene 3: 13 pt, fett*
1.1.1.1 Größe	*a) Größe*	*aa) Größe*	*Ebene 4: 12 pt, kursiv*
1.1.1.2 Serifen	*b) Serifen*	*bb) Serifen*	*Ebene 4: 12 pt, kursiv*
1.1.2 Seitenrand	**2. Seitenrand**	**b. Seitenrand**	*Ebene 3: 13 pt, fett*

Abb. 1: Beispiele für die Abstufungen in Gliederungssystemen

Vor- und Nachteile

Der Vorteil bei der Dezimalabstufung liegt darin, dass die Leserin immer weiß, wo im Text sie sich befindet, also bei 2.3.4 im 2. Kapitel, 3. Abschnitt, 4. Unterpunkt. Der Nachteil liegt in den Ziffern, die mit jeder Ebene länger werden.

Diesen Nachteil hat das alphanumerische System nicht; stattdessen ist bspw. bei *a)* nicht klar, in welchem Teil des Textes sich dieser Unterpunkt befindet. Hier können Kolumnentitel (Kopfzeilen) helfen (s. dazu S. 298).

Drei häufige Fehler beim Aufbau der Gliederung

Die Abstufung sollte schlüssig sein: Es sollte auf den Punkt *1* auch ein Punkt *2* auf derselben Ebene folgen. Jeder Punkt kann mehrere Unterpunkte haben, aber es müssen mindestens zwei sein. Also nicht:

Falsch: nur ein Unterpunkt

1.2	Angenommene Auswirkungen eines betrieblichen Gesundheitsmanagements
1.2.1	Geringere Fehlzeiten
1.3	Überprüfung am Beispiel der Firma X

Das ist falsch, weil Punkt 1.2.1 keine Entsprechung hat. Stattdessen:

1.2	Angenommene Auswirkungen eines betrieblichen Gesundheitsmanagements
1.2.1	Verminderte Fehlzeiten
1.2.2	Geringere Fluktuation
1.3	Überprüfung am Beispiel der Firma X

Falsch: zu große
Gliederungstiefe

Beide Gliederungssysteme können eine Vielzahl von Ebenen umfassen. Aber: Mehr als vier Gliederungsebenen sollten es nicht sein, besser sind drei – einen Unterpunkt *2.5.2.3.1.3* kann kein Leser mehr erfassen. Noch möglich wäre:

> 4.5   Die Policy
> 4.5.1   Wirkungen einer Policy
> 4.5.1.1 *Distributiv*
> 4.5.1.2 *Redistributiv*
> 4.5.1.3 *Regulativ*
> 4.5.2   Steuerungsprinzipien

Unterpunkte einer solch niedrigen vierten Ebene wie *4.5.1.1* umfassen zumeist nur einige Sätze. Also können Sie alternativ auch mit Aufzählungen arbeiten:

> 4.5.1 Wirkungen einer Policy
> Die Wirkungen einer Policy hängen von den Strukturen der politischen Arena ab, wobei man zwischen der distributiven, der redistributiven und der regulativen Policy unterscheidet.
> * *Distributive Policy:* Sie betrifft (...)
> * *Redistributive Policy:* Sie ist charakterisiert durch (...)
> * *Regulative Policy:* Sie arbeitet mit (...)

Andere Lösungsmöglichkeit: Sie integrieren die Unterpunkte in den Text, etwa durch Kursivschrift.

> 4.5.1 Wirkungen einer Policy
> Die Wirkungen einer Policy hängen von den Strukturen der politischen Arena ab, wobei man zwischen der distributiven, der redistributiven und der regulativen Policy unterscheidet.
> Die *distributive* Policy betrifft (...). Die *redistributive* Policy ist charakterisiert durch (...). Die *regulative* Policy arbeitet mit (...).

Falsch: Punkt
hinter der letzten
Ziffer

Bei der Dezimalabstufung steht hinter der letzten Ziffer **kein** Punkt, auch nicht bei der einstelligen. Also:

> 1 Einleitung, **nicht:** 1. Einleitung

Wie man eine Gliederung mit Word aufbaut, erfahren Sie ab S. 274.

4 Teile vor dem Hauptteil

Die Teile vor dem Hauptteil, wie das Titelblatt, das Inhaltsverzeichnis und weitere Verzeichnisse, gehören zu einer wissenschaftlichen Arbeit dazu. Sie erfordern einige Sorgfalt, werden aber meist erst zum Schluss geschrieben, wenn die Zeit schon knapp wird. Versuchen Sie das zu vermeiden – fangen Sie rechtzeitig damit an.

4.1 Das Titelblatt

Die Gefahr von Tippfehlern auf dem Titelblatt ist groß, wenn Sie es im letzten Moment erstellen. Leider ist die negative Wirkung solcher Fehler dann umso größer.

> Sie haben eine Studie im Rahmen der **Schmerzforschung** verfasst. Auf dem Titel ist jedoch von **Scherzforschung** die Rede. Das merken Sie aber leider erst nach dem Binden. Peinlich!

Notwendige Elemente bei einem Titelblatt

Es gibt grundlegende Elemente, die auf einem Titelblatt vorhanden sein sollten. Die Feinheiten dagegen wie die Angabe des Erst- und des Zweitkorrektors können sich von Fachbereich zu Fachbereich unterscheiden.

Bei einer *Hausarbeit* werden normalerweise angegeben:

Hausarbeit

- Hochschule und Titel der Lehrveranstaltung, z. B.: Seminar ...
- Semester
- Art der Arbeit (z. B. Hausarbeit)
- Name des Veranstaltungsleiters (mit Titel)
- Titel der Arbeit
- Verfasser mit Matrikelnummer und E-Mail-Adresse
- Ort und Datum

Bei einer *Abschlussarbeit*:

Abschlussarbeit

- Name der Hochschule (evtl. mit Logo)
- Titel der Arbeit
- Evtl. Untertitel
- Art der Arbeit (z. B. Diplomarbeit, Inauguraldissertation)

- Vor- und Nachname des Verfassers, evtl. zuvor: *vorgelegt von*
- Ort und Datum
- Evtl. Erst- und Zweitkorrektor

Der Titel muss der Fassung entsprechen, die mit Ihrer Betreuerin vereinbart wurde.

Gestaltung

Der Titel (plus eventuell Untertitel) als wichtigstes Element der Arbeit wird immer mittig (zentriert) gesetzt, die übrigen Angaben können auch linksbündig stehen. Nehmen Sie zum Zentrieren keine Leerzeichen, sondern wählen Sie → Zentriert (unter → Start → Gruppe Absatz). Der Titel bekommt zudem die größte Schriftgröße und wird fett gesetzt.

Das Titelblatt soll natürlich keine Seitenzahl erhalten. Wie man das hinbekommt, erfahren Sie im Abschnitt *Seitenzahlen* ab S. 293.

Im Folgenden sehen Sie zwei (erfundene) Musterseiten für ein Titelblatt: für eine Hausarbeit und eine Dissertation (Abb. 2 und Abb. 3).

4.2 Das Abstract

In manchen Arbeiten wird ein vorangestelltes Abstract (Summary, Kurzzusammenfassung) verlangt. Verwechseln Sie das nicht mit der Einleitung: Sie führen hier nicht in Ihre Arbeit ein, um den Leser neugierig zu machen. Vielmehr nehmen Sie schon Ihre wichtigsten Ergebnisse vorweg. Denken Sie daran, dass manche Leserin dieses Abstract als Erstes lesen wird, um sich zu orientieren. Verwirren Sie sie also nicht mit unbekannten, nicht erklärten Begriffen oder Abkürzungen.

Kurz und knapp soll es sein: Ein Abstract umfasst in der Regel nicht mehr als eine Seite.

Wilhelm-Busch-Universität zu Bückeburg

Seminar für Soziologie

Wintersemester 2015/16

Hausarbeit zum Proseminar „Studenten als Studienobjekte"

Leitung: Prof. Dr. Maximilian Aue

Stressverhalten von Studenten in einer
Universitätsbibliothek

Isabell Soderfrau

Matr.-Nr. 123456

E-Mail: Isabell.Soderfrau@gmx.de

Bückeburg, 29. April 2016

Abb. 2: Titelblatt für eine Hausarbeit

Wilhelm-Busch-Universität

zu Bückeburg

DIE ENTROPIE ALS „MASS DER UNORDNUNG"
BEI STUDENTEN

EINE VERGLEICHENDE ANALYSE
AUS SOZIALWISSENSCHAFTLICHER SICHT

Inauguraldissertation

zur Erlangung des Grades eines Doktors der Philosophie im Fachbereich

Sozial- und Kulturwissenschaften

vorgelegt von

Hubert Maimann

Bückeburg, 29. April 2017

Abb. 3: Titelblatt für eine Dissertation

4.3 Das Inhaltsverzeichnis

Ihre Gliederung schlägt sich im Inhaltsverzeichnis nieder – es fasst die Überschriften zusammen und versieht sie mit Seitenzahlen.

Nicht in das Inhaltsverzeichnis werden aufgenommen: das Titelblatt, das Inhaltsverzeichnis selbst und die eidesstattliche Erklärung.

4.3.1 Die Gestaltung

Bei der Gestaltung des Inhaltsverzeichnisses haben Sie großen Spielraum. Grundsätzlich gilt jedoch:

* Das Inhaltsverzeichnis muss immer *ganz genau* mit den Überschriften im Text übereinstimmen.
* Das Inhaltsverzeichnis sollte die *Abstufung* der Überschriften widerspiegeln. Die Größe der Überschriften muss nicht genau übernommen werden – eine Kapitelüberschrift der Ebene 1 mit der Schriftgröße 14 pt muss im Inhaltsverzeichnis nicht ebenfalls mit 14 pt erscheinen, sollte aber größer gesetzt sein als die Überschrift der Ebene 2 und auch fett.
* Die Nummerierungsziffern erhalten nach der letzten Ziffer keinen Punkt.
* Das Inhaltsverzeichnis sollte linksbündig (Flattersatz), nicht im Blocksatz gesetzt werden, direkt im Menüband unter → START → Gruppe ABSATZ oder unter → START → Gruppe ABSATZ (Pfeil rechts unten) → EINZÜGE UND ABSTÄNDE → AUSRICHTUNG.
* Üblich ist ein Auspunktieren mit Füllzeichen zwischen den Überschriften und den Seitenzahlen.
* Ansonsten können Sie wählen: bei den *Einzügen* (es geht auch ganz ohne, d. h., alles beginnt links auf einer Linie), bei den *Schriftgrößen*, bei den *Abständen* und bei den *Hervorhebungen* wie Fettdruck. Es ist empfehlenswert, zumindest die Kapitelüberschriften stärker hervorzuheben als die Überschriften der untergeordneten Ebenen. Kursivschrift wird oft benutzt für die unterste Ebene.

Beispiel 1: ohne Einzüge, gleiche Schriftgröße, größerer Abstand beim Übergang zu einer Kapitelüberschrift, Fettdruck bei der Kapitelüberschrift

Beispiel 2: mit Einzügen, verschiedenen Schriftgrößen, größerer Abstand beim Übergang zu einer Kapitelüberschrift, Fettdruck bei der Kapitelüberschrift, Kursivschrift bei der dritten Ebene

4.3.2   Das Inhaltsverzeichnis händisch erstellen

Wenn Sie händisch vorgehen, erstellen Sie das Inhaltsverzeichnis erst ganz zum Schluss, wenn der Wortlaut der Überschriften und die Seitenzahlen endgültig feststehen.

Erzeugen Sie zunächst eine neue Seite, um das Inhaltsverzeichnis zu platzieren: → LAYOUT [2010: SEITENLAYOUT] → UMBRÜCHE → SEITE. Kopieren Sie dann Ihre Überschriften zusammen. Markieren Sie sie. Dann:

→ Start → Gruppe Absatz (Pfeil rechts unten) → Einzüge und Abstände → links unten: Tabstopps → Tabstopp rechts → Wert eingeben → Füllzeichen auswählen → Festlegen.

Setzen Sie den Wert des rechten Tabstopps auf den Wert des rechten Seitenrands. Für die Füllzeichen wählen Sie das Gewünschte, zum Beispiel Punkte wie in unserem Beispiel. Wenn Sie nach dem Überschriftentext jeweils die Tabulatortaste drücken, wird der rechte Tabstopp aktiv. Sie können nun die Seitenzahlen eintragen; Word platziert sie am rechten Seitenrand.

4.3.3 Das Inhaltsverzeichnis automatisch erstellen

Für ein automatisches Inhaltsverzeichnis müssen Sie die Überschriften mit den entsprechenden Formatvorlagen *Überschrift 1*, *Überschrift 2* usw. versehen haben, dazu mehr auf Seite 241.

Erzeugen Sie zunächst eine neue Seite, um das zu erstellende Inhaltsverzeichnis zu platzieren: → Layout [2010: Seitenlayout] → Umbrüche → Seite. Dann:

Das Inhaltsverzeichnis einfügen

→ Referenzen [2010: Verweise] → Pfeil neben Inhaltsverzeichnis → Benutzerdefiniertes Inhaltsverzeichnis [2010: Inhaltsverzeichnis einfügen].

Es erscheint die Dialogbox *Inhaltsverzeichnis* (Abb. 4).

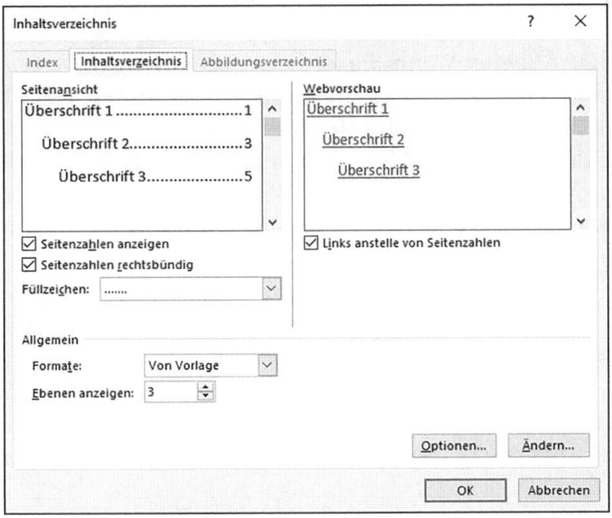

Abb. 4: Die Dialogbox *Inhaltsverzeichnis*

Die vorgegebenen Einstellungen, wie sie in der Abbildung zu sehen sind, sind in der Regel brauchbar: Die Seitenzahlen sollen angezeigt werden, rechtsbündig sein und mit Füllzeichen versehen sein. Falls Sie aber mehr als drei Ebenen angezeigt haben wollen, ändern Sie den Wert.

Das Inhaltsverzeichnis bearbeiten

Manuelle Änderungen direkt im Inhaltsverzeichnis wären bei jeder Aktualisierung wieder weg.

Inhaltliche Änderungen: Wenn Sie eine Überschrift anders formulieren wollen, ändern Sie die Überschrift *im Text*. Bei einem späteren Aktualisieren des Inhaltsverzeichnisses wird die neue Version übernommen.

Änderungen bei der Gestaltung: Sie müssen die Formatvorlagen ändern, auf denen das Inhaltsverzeichnis beruht. Diese heißen, abgestuft für die einzelnen Ebenen, *Verzeichnis 1*, *Verzeichnis 2* usw. Ein Weg, um an sie heranzukommen, geht über ein neues Inhaltsverzeichnis, welches später ersetzt wird. Gehen Sie dazu auf → Referenzen [2010: Verweise] → Pfeil neben Inhaltsverzeichnis → Benutzerdefiniertes Inhaltsverzeichnis [2010: Inhaltsverzeichnis einfügen] → Dialogbox *Inhaltsverzeichnis* → Ändern. Es erscheint die Dialogbox *Formatvorlage* (Abb. 5). Die Formatvorlage *Verzeichnis 1* ist markiert. Bei einem Klick auf → Ändern gelangen Sie auf → Format (links unten) mit den gewohnten Bereichen → Schriftart, Absatz usw. Nun können Sie die einzelnen Ebenen, also die jeweiligen Formatvorlagen, nach Ihren Wünschen gestalten. Das gilt jeweils für alle Einträge der jeweiligen Ebene: Wenn Sie also der Formatvorlage *Verzeichnis 1* Fettdruck zuweisen, erscheinen alle Überschriften der Ebene 1 (Kapitelüberschriften) im Inhaltsverzeichnis fett. Die Gestaltung der anderen Ebenen erfolgt durch die anderen Formatvorlagen *Verzeichnis 2*, *Verzeichnis 3* usw. Wenn Sie dann auf OK gehen, werden Sie gefragt, ob Sie das Inhaltsverzeichnis ersetzen wollen. Gehen Sie auf „Ja".

Unnummerierte Überschriften

Auf → Optionen in der Dialogbox *Inhaltsverzeichnis* gehen Sie dann, wenn Sie besondere Formatvorlagen für unnummerierte Überschriften wie „Vorwort" auf niedrigeren Ebenen erzeugt haben, z. B. die Überschriften-Formatvorlage 5 (mehr dazu s. S. 281). Mit der erscheinenden Dialogbox *Optionen für Inhaltsverzeichnis* können Sie sie gezielt in das Inhaltsverzeichnis aufnehmen (Abb. 6).

Beispiel: Die *unnummerierten* Überschriften (z. B. *Vorwort*) haben Sie der Formatvorlage *Überschrift 5* zugeordnet; sie sehen aber aus

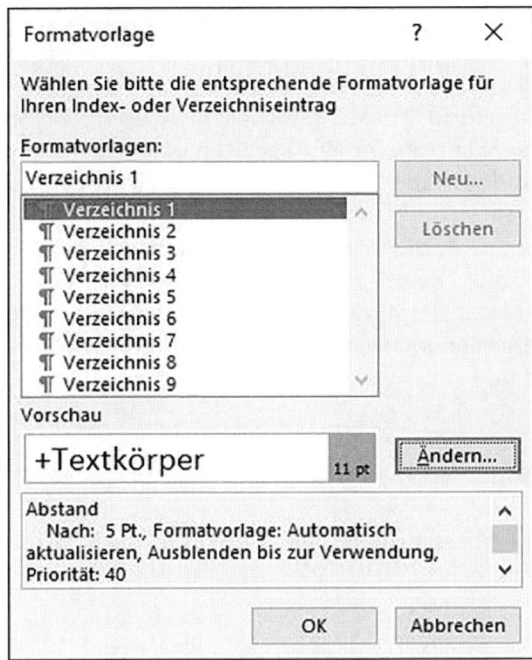

Abb. 5: Die Dialogbox *Formatvorlage*

Abb. 6: Die Dialogbox *Optionen für Inhaltsverzeichnis*

wie Überschriften der Ebene 1 und sollen im Inhaltsverzeichnis auch auf dieser Ebene erscheinen. Geben Sie deshalb für die *Überschrift 5* die *Inhaltsverzeichnisebene 1* an.

Die Überschrift „Inhalt" soll selbst nicht im Inhaltsverzeichnis auftauchen. Wenn Sie ihr eine spezielle Überschriften-Formatvorlage zugeordnet haben, tragen Sie bei *Inhaltsverzeichnisebene* keinen Wert ein.

Das Inhaltsverzeichnis aktualisieren

→ Referenzen [2010: Verweise] → Inhaltsverzeichnis aktualisieren [2010: Tabelle aktualisieren]

Sie werden gefragt, ob Sie nur die Seitenzahlen oder das gesamte Verzeichnis aktualisieren wollen. Klicken Sie das Gewünschte an.

4.3.4 Besondere Probleme

Zu weit nach links laufend

Zweizeilige Überschriften sollen nicht unter die Nummerierungsziffer laufen.

> 2.1   Die rechtlichen Vorgaben zur Zulassung von Frauen zum wissenschaftlichen Studium in den einzelnen deutschen Ländern 6

Um dieses Problem zu lösen, brauchen Sie einen sogenannten hängenden Einzug, also einen Einzug ab der zweiten Zeile (mehr dazu s. S. 267).

Händisch: Der hängende Einzug richtet sich normalerweise nach dem Tabulator in der ersten Zeile, der zwischen der Nummerierungsziffer und dem Überschriftentext steht. Möglicherweise haben Sie hier aber keinen Tabulator, sondern nur ein Leerzeichen gesetzt. Hier hilft ein wenig Pfuschen. Verschieben Sie im horizontalen Lineal[1] die Anfassermarke für „hängender Einzug" und drücken Sie gleichzeitig die Alt -Taste. Auf diese Weise können Sie den hängenden Einzug stufenlos verstellen und mithilfe des vertikalen Strichs anpassen (Abb. 7).

---

1 Wenn Ihnen dieses Lineal nicht angezeigt wird, aktivieren Sie es mit einem Häkchen unter → Ansicht → Gruppe Anzeigen → Lineal.

2.1 Die rechtlichen Vorgaben zur Zulassung von Frauen zum wissenschaftlichen Studium in den einzelnen Ländern

Abb. 7: Stufenloses Verschieben auf dem Lineal

Automatisch: Auch hier brauchen Sie einen hängenden Einzug. Sie haben aber bereits einen Tabulator zwischen der Nummerierungsziffer und dem Überschriftentext.

→ Referenzen [2010: Verweise] → Benutzerdefiniertes Verzeichnis [2010: Inhaltsverzeichnis einfügen] → Ändern → Dialogbox *Formatvorlage* → Ändern.

Bei der entsprechenden Formatvorlage *Verzeichnis XY* (im oben genannten Beispiel *Verzeichnis 2*, da zweite Ebene mit der Ziffer 2.1) gehen Sie auf

→ Format → Gruppe Absatz (Pfeil rechts unten) → Einzüge und Abstände → Sondereinzug: Hängend.

Word schlägt den passenden Wert vor. Wenn Sie mit Einzügen arbeiten, müssen Sie jedoch den Wert des Einzugs vom vorgeschlagenen Wert abziehen.

Das Ergebnis sieht so aus:

> 2.1 Die rechtlichen Vorgaben zur Zulassung von Frauen zum wissenschaftlichen Studium in den einzelnen deutschen Ländern.............................. 6

Der Überschriftentext soll nicht in den Bereich der Seitenzahl laufen.

Zu weit nach rechts laufend

> 2.1 Die rechtlichen Vorgaben zur Zulassung von Frauen zum wissenschaftlichen Studium in den einzelnen deutschen Ländern............................... 6

Händisch: Trennen Sie die Überschrift an einer geeigneten Stelle mit einem weichen Zeilenumbruch Shift + Return ab.

Automatisch: Setzen Sie wie oben beschrieben bei der entsprechenden Formatvorlage *Verzeichnis XY* einen rechten Einzug; ein passender Wert liegt um die 4 cm.

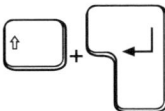

Das Ergebnis kann so aussehen:

Das Inhaltsverzeichnis passt nicht zur Seitenlänge.
Nicht passend zur
Seitenlänge
Stehen wenige Zeilen eines Inhaltsverzeichnisses auf der folgenden Seite, wirkt das unschön. Andererseits sollte das Verzeichnis nach Möglichkeit die ganze Seite ausfüllen.
Händisch: Markieren Sie das Inhaltsverzeichnis. Probieren Sie mit
→ Start → Gruppe Absatz (Pfeil rechts unten) → Einzüge und Abstände → Zeilenabstand → genau bzw. mit → Abstand nach bzw. Abstand vor mit verschiedenen Werten, bis es passt.
Automatisch: Probieren Sie dieselben Mittel aus wie bei händisch angegeben, aber gehen Sie dazu, wie oben beschrieben, auf die jeweilige Formatvorlage *Verzeichnis XY.*

4.4 Das Geleitwort

Ein Geleitwort erfordert von Ihnen keine Arbeit. Der Grund: Sie schreiben es gar nicht selbst. Wenn also eine Professorin Ihre Arbeit so gut findet, dass sie für Sie ein solches Geleitwort schreiben will: Freuen Sie sich darüber. Sie müssen es nur rechtzeitig einsammeln.

4.5 Das Vorwort

Ein Vorwort ist in der Regel erst in größeren Arbeiten, etwa Dissertationen, notwendig. Hier geht es nicht darum, was in der Arbeit steht, sondern darum, wie sie *zustande gekommen* ist („Blick hinter die Kulissen"). Das unterscheidet das Vorwort von der Einleitung, die sich inhaltlich mit der Arbeit beschäftigt. Wichtige Elemente:
Anstoß
Wenn Ihnen etwas einen besonderen Anstoß zur Arbeit gegeben hat, können Sie das hier erwähnen. Dass Sie eine Arbeit schreiben müssen, um Ihren Doktortitel zu bekommen, zählt nicht dazu, sehr wohl aber beispielsweise persönliche Voraussetzungen und Erfahrungen – etwa dass Sie vor Ihrem Studium als Erzieherin

gearbeitet haben, was Sie veranlasste, die verschiedenen Bildungspläne in Deutschland zu analysieren.

Sie bedanken sich für Unterstützung. Dieser Teil ist normalerweise der Hauptbestandteil des Vorworts. Sie können von besonderen Schwierigkeiten berichten, bei denen man Ihnen geholfen hat, z. B. bei der Erfassung großer Datenmengen oder für die Übersetzung fremdsprachiger Quellen. Immer angebracht ist auch der Dank an die Familie und Freunde: etwa dafür, dass man Ihnen in der Schreibphase den Rücken freigehalten hat. `Dank`

Ein Vorwort sollte möglichst knapp gehalten werden, nur in Ausnahmefällen mehr als eine Seite. Es schließt mit dem Vor- und Zunamen sowie Ort und Datum ab, wird aber nicht unterschrieben.

4.6 Das Abkürzungsverzeichnis

Ein Abkürzungsverzeichnis sollten Sie dann anlegen, wenn Sie ungebräuchliche, nicht jedem verständliche Abkürzungen verwenden. Der Leser soll die Möglichkeit haben, eine Abkürzung nachzuschlagen, wenn er sie zwar einmal gelesen, aber dann wieder vergessen hat.

Nicht aufgenommen in das Abkürzungsverzeichnis werden allgemein gebräuchliche Abkürzungen. In der Regel werden darunter pauschal Begriffe verstanden, die im Duden stehen. Allerdings ist diese Definition gefährlich: Der Duden führt geläufige Abkürzungen wie *USA* ebenso auf wie das doch eher unbekannte *SUVA = Schweizerische Unfallversicherungsanstalt* (was Sie aufnehmen sollten). In den folgenden Tabellen finden Sie gebräuchliche Abkürzungen (Tabelle 2 und Tabelle 3), die Sie für das Abkürzungsverzeichnis ignorieren können. `Aufnahme in das Abkürzungsverzeichnis`

Aufgenommen werden dagegen ungebräuchliche Abkürzungen; dazu zählen auch die Abkürzungen von Zeitschriften, wenn sie im Literaturverzeichnis so erscheinen: KZfSS – *Kölner Zeitschrift für Soziologie und Sozialpsychologie.*

Tabelle 2: Gebräuchliche Abkürzungen im Text

bspw.	beispielsweise
bzw.	beziehungsweise
ca.	circa
d. h.	das heißt
ggf.	gegebenenfalls
Jh.	Jahrhundert
m. a. W.	mit anderen Worten *(besser ausschreiben)*
m. E.	meines Erachtens *(besser ausschreiben)*
s. o.	siehe oben
u. Ä.	und Ähnliches
u. a.	unter anderem
usw.	und so weiter
u. U.	unter Umständen
z. B.	zum Beispiel
z. T.	zum Teil

Tabelle 3: Gebräuchliche Abkürzungen bei Literaturangaben

a. a. O.	am angegebenen Ort, *auch*: am angeführten Ort
Abb.	Abbildung
Anm.	Anmerkung
Aufl.	Auflage
Bd.	Band
Bde.	Bände
bearb. [von]	bearbeitet [von]
ders.	derselbe
dies.	dieselbe
Diss.	Dissertation
ed., eds.	*editor, editors; edited by* (Herausgeber, herausgegeben von)
erw.	erweitert
et al.	et alii (und andere [Verfasser])
f.	folgende [Seiten]
ff.	folgende [Seiten]
FN	Fußnote
H.	Heft
Habil.	Habilitationsschrift

Hg., Hrsg.	Herausgeber
hg. [von], hrsg. [von]	herausgegeben [von]
Jg.	Jahrgang
Kap.	Kapitel
no.	*number* [Nummer]
o. J.	ohne Jahr[esangabe]
o. V.	ohne Verfasser[angabe]
Rdnr.	Randnummer
s.	siehe
S.	Seite[n]
Tab.	Tabelle
u. a.	und andere [Verfasser, Orte]
überarb. [v.]	überarbeitet [von]
übers. [v.]	übersetzt [von]
verb.	verbess.
Verf.	Verfasser
vgl.	vergleiche
vol.	*volume* [Jahrgang]
zit. nach	zitiert nach

Ein Abkürzungsverzeichnis besteht aus zwei Spalten, bei denen die Abkürzung (links) und die Auflösung (rechts) jeweils genau untereinander stehen sollen.

Das Abkürzungs-
verzeichnis
anlegen

> AT&T → American Telephone and Telegraph Corporation
> Fegime → Fédération Européenne des Grossistes Indépendants
>   en Matériel Electrique

Sie können jeweils, wie oben gezeigt, einen Tabstopp für die zweite Spalte setzen. Wenn die Auflösung so lang ist, dass sie über zwei Zeilen geht, setzen Sie sie mit → Start → Gruppe Absatz (Pfeil rechts unten) → Einzüge und Abstände → Sondereinzug → Hängend untereinander. (Wenn Sie nicht wissen, was ein hängender Einzug ist, sehen Sie auf S. 267 nach, mehr zu Tabulatoren erfahren Sie auf S. 258).

Einfacher geht das mit der Tabellenfunktion. Erzeugen Sie dafür eine zweispaltige Tabelle. Da man aber keinen Rahmen sehen

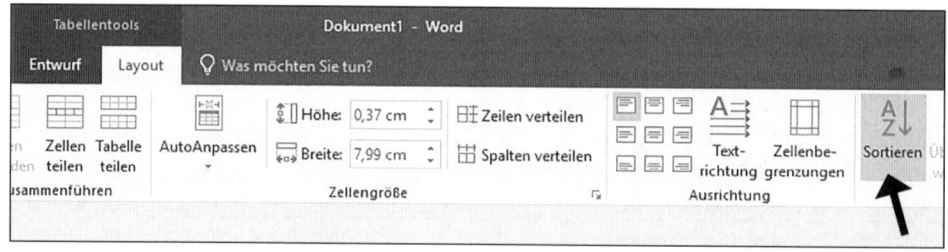

Abb. 8: Word-Sortierfunktion

soll, blenden Sie diesen mit → TABELLENTOOLS → ENTWURF → Gruppe RAHMEN [2010: → RAHMEN → RAHMEN UND SCHATTIERUNG] → KEIN RAHMEN aus. Mehr zu Tabellen erfahren Sie auf S. 61.

Das Abkürzungs-verzeichnis sortieren

Sie können das Sortieren von Word erledigen lassen. Markieren Sie Ihre Aufstellung/Tabelle und gehen Sie auf → START → Gruppe ABSATZ → SORTIEREN bzw. → TABELLENTOOLS → LAYOUT → SORTIEREN (die untereinanderstehenden Buchstaben A und Z mit einem vertikalen Pfeil). Sie können u. a. wählen, ob Sie aufsteigend (bei einem Abkürzungsverzeichnis richtig) oder absteigend sortieren wollen (Abb. 8).

4.7 Das Abbildungsverzeichnis

Händisch

Sie können, wenn Sie Ihre Beschriftungen für die Abbildungen händisch eingefügt haben, Ihr Abbildungsverzeichnis zusammenkopieren. Setzen Sie dann einen rechtsbündigen Tabulator, wahlweise mit oder ohne Füllzeichen, damit Ihre Seitenangaben wirklich genau untereinander stehen (wenn Sie sich mit Tabulatoren nicht auskennen, schauen Sie auf S. 258 nach).

Automatisch

Wenn Sie all Ihre Abbildungen automatisch mit Word beschriftet haben, müssen Sie lediglich unter → REFERENZEN [2010: VERWEISE] auf → ABBILDUNGSVERZEICHNIS EINFÜGEN gehen (Abb. 9). Ein rechtsbündiger Tabulator und Füllzeichen sind standardmäßig aktiviert. Dieses Verzeichnis kann immer wieder aktualisiert werden und zeigt dann die richtigen Seitenzahlen an. Es kann sich also durchaus lohnen, händische Abbildungsbeschriftungen nachträglich durch automatische zu ersetzen (mehr dazu s. S. 72).

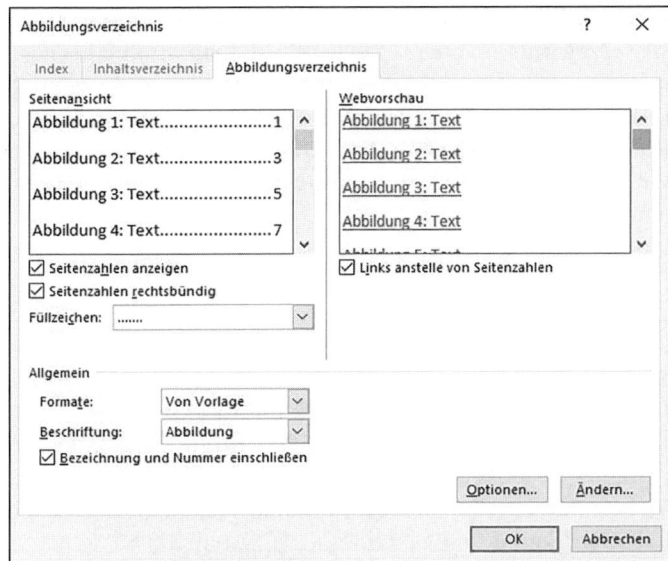

Abb. 9: Dialogbox zum Einfügen eines Abbildungsverzeichnisses

4.8 Das Tabellenverzeichnis

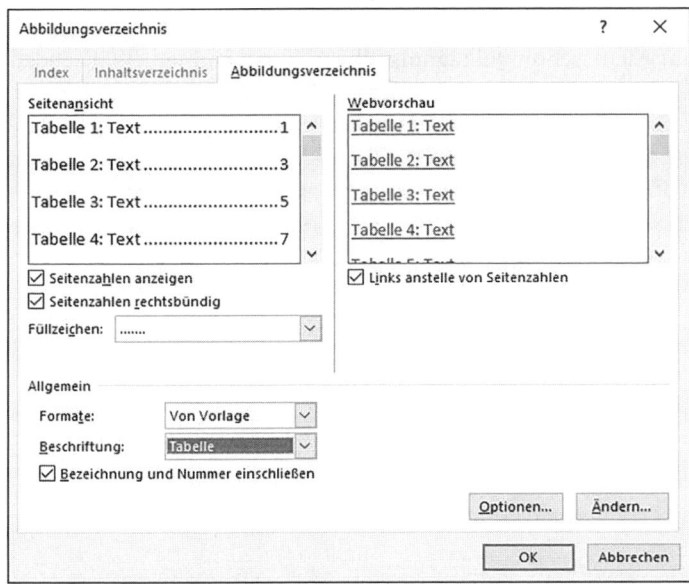

Abb. 10: Dialogbox zum Einfügen eines Tabellenverzeichnisses

Das Tabellenverzeichnis wird genauso angelegt wie das Abbildungsverzeichnis (s. oben). Sie gehen für ein automatisches Tabellenverzeichnis wieder auf → Referenzen [2010: Verweise] → Abbildungsverzeichnis einfügen. Wenn Sie beim automatischen Beschriften zwischen *Abbildung* und *Tabelle* unterschieden haben, können Sie nun beim Einfügen ganz gezielt *Tabellen* auswählen (Abb. 10).

4.9 Die Einleitung

In der Einleitung informieren Sie den Leser über Ihre Arbeit. Stellen Sie sich vor, Sie würden einer Kommilitonin berichten, über was Sie denn eigentlich schreiben wollen und wie Sie dabei vorgehen wollen. Bedenken Sie, dass der Leser bisher nur den Titel Ihrer Arbeit, bestenfalls noch das Inhaltsverzeichnis und vielleicht das Abstract, kennt.

Oftmals wird geraten, die Einleitung am Schluss zu schreiben, wenn man schon fast fertig ist. Hier sollte man aber unterscheiden: Sie sollten natürlich einen „Fahrplan" für Ihre Arbeit im Kopf haben, nämlich eine Gliederung. Auch elementare Dinge wie die Fragestellung und die anzuwendende Methode sollten klar sein.

Der Ratschlag bezieht sich darauf, dass Sie Ihre Arbeit zu Beginn nicht schon vollständig überblicken können. Während des Schreibens werden sich immer wieder Änderungen ergeben. Stellen Sie also sicher, dass Sie nur das ankündigen, was Sie wirklich als Ergebnis präsentieren können.

Eine Einleitung sollte etwa 5 bis 10 % des Gesamtumfangs der Arbeit umfassen.

Elemente einer Einleitung

Was gehört zu einer Einleitung?

- Sie geben an, welche **Relevanz** Ihr Thema hat (Einordnung in einen größeren Zusammenhang), warum es also wichtig ist.
- Sie erläutern das **Thema** näher und entwickeln daraus Ihre **Forschungsfrage. Wichtige Begriffe** definieren Sie.
- Sie geben Informationen zum **Forschungsstand**.
- Sie erläutern, auf welche **Art und Weise (Methode)** Sie die Forschungsfrage beantworten wollen.
- Abschließend geben Sie einen **Überblick** über Ihre Arbeit.

Diese einzelnen Punkte werden in der Regel nicht mit Unter-Überschriften gesondert präsentiert.

4.9.1 Der Einstieg

Sie müssen jetzt irgendwie anfangen. Aber die Vorstellung, dass die Leserin diesen Satz als Erstes lesen wird, gibt ihm eine besondere Wichtigkeit und macht das Ganze noch schwieriger. Sie können für den Einstieg eines der oben genannten Elemente wählen. Mit der **Relevanz** zu beginnen, ist eine gute Möglichkeit. So können zum Beispiel die Fragen beantwortet werden: Wird das Thema gerade diskutiert oder geht es um eine Frage, die schon länger besteht? Gibt es aktuelle Veränderungen/Daten im Bereich des Themas? Handelt es sich um ein bisher nicht beachtetes Problem? Gibt es in der Forschung unterschiedliche Meinungen zu diesem Thema?

Relevanz

- Bei einer Regionalstudie zum Pietismus könnte der Einleitungssatz so lauten:

> Der Pietismus gilt als bedeutende religiöse Erneuerungsbewegung in der protestantischen Kirche.

- Zur Behandlung religiöser Feiertage als Aufgabe des Diversity-Managements:

> Das Diversity-Management hat infolge der zunehmenden Vielfalt der Belegschaften eines Unternehmens an Bedeutung gewonnen.

- Sie können auch als Einstieg aussagekräftige Daten an den Anfang setzen, so etwa zu Thema *Geldüberweisungen von Migranten in der Entwicklungspolitik*:

> Die Geldtransfers von Migranten in ihre Heimatländer beliefen sich nach einer Schätzung der Weltbank 2013 auf jährlich 404 Milliarden US-Dollar, was in mindestens 14 Entwicklungsländern die Höhe der nationalen Devisenreserven übersteigt (World Bank 2013).

- Insbesondere dann, wenn die Forschungslage noch Fragen offenlässt, kann ein erster Hinweis auf ungeklärte Sachverhalte einen guten Einstieg bilden. Einen größeren Überblick über die Forschungslage müssen Sie aber in Ihrer Einleitung zusätzlich geben.

> Die Theorie der neuen Kriege ist in der Politikwissenschaft in Teilen umstritten. Die Arbeit ...

Fragen Wenn Sie eine außergewöhnlichere Form des Einstiegs suchen, können Sie in Ihrer Einleitung mit **Fragen** zu Ihrem Thema beginnen. Das fällt auf und weckt im besten Fall das Interesse des Lesers.

> Sind die „neuen Kriege" wirklich neu? Sind nicht die Kriege, die Staaten gegeneinander führen, die eigentlich jüngeren Formen? Hat nicht schon das alte Rom gegen Aufstände gekämpft?

Zitat Wenn Sie etwas Passendes gefunden haben, können Sie Ihrer Arbeit auch ein **Zitat** voranstellen, durchaus auch durch Kursivschrift hervorgehoben. „Passend" kann hier bedeuten, dass die Leserin in ihrer Erwartungshaltung bestätigt wird. Aber warum sie nicht auch einmal überraschen?

So können Sie in einer Arbeit über die Zulassung von Frauen zum Studium im 19. Jahrhundert mit einem Zitat den Vermutungen des Lesers entsprechen – der mit eher ablehnenden Aussagen rechnet.

> „Banausentum bei den Männern ist schlimm. Aber der schrecklichste der Schrecken ist die Wissenschaftlichkeit der Weiber."

Sie können aber auch eine andere Einstellung zitieren, mit der die Leserin vielleicht nicht gerechnet hat:

> „Sollten wir Männer denn nicht endlich einmal uns bewußt werden, daß wir doch eigentlich kein Recht haben, immer von unserer Seite zu bestimmen, was den Frauen zu gestatten sei; woher nehmen wir dies Recht?"

So nicht! Im nachfolgenden Text geben Sie an, von wem das Zitat stammt. Machen Sie es nicht wie in den folgenden Beispielen.
- Sie wiederholen erst einmal den Titel Ihrer Arbeit.

> Das Thema der vorliegenden Arbeit lautet: „Die ‚neuen Kriege'. Eine Fallstudie zu den Auseinandersetzungen in Sierra Leone". Es soll untersucht werden, ob die Theorie der neuen Kriege am Beispiel Sierra Leones verifiziert werden kann.

- Sie lassen den Leser den Titel der Arbeit suchen.

> Wie dem Titel der Arbeit zu entnehmen ist, werde ich mich mit dem Diversity-Management als Teil der Unternehmenskultur beschäftigen.

- Sie erzählen erst einmal lang und breit, was bisher in Ihrem Seminar behandelt wurde.

> In unserem Hauptseminar beschäftigten wir uns intensiv mit der deutschen Charta der Vielfalt als Teil der Unternehmenskultur. Nachdem wir zunächst einführend Konzepte zur Frage betrachtet hatten, wie im Rahmen des Diversity-Managements ethnische Verschiedenheiten in Unternehmen zu behandeln sind, befassten wir uns auch mit der religiösen und weltanschaulichen Wertschätzung ...

- Sie erzählen, wie Sie zu Ihrem Thema kamen, warum es Sie besonders interessiert hat.

> Die vielfältigen Aufgaben im Bereich des Diversity-Managements waren mir während meines Praxissemesters aufgefallen, und so entschied ich mich, meine Hausarbeit über sie zu verfassen.

Die Umstände, unter denen eine Arbeit entstanden ist – dazu gehört auch die Themenfindung –, werden bei längeren Arbeiten im Vorwort angesprochen, in kürzeren gar nicht. Auch das ist kein guter Einstieg.

4.9.2 Beschreibung des Themas und der Forschungsfrage

Bedenken Sie: Ihr Leser weiß bisher noch nicht viel über Ihre Arbeit. Nun vermitteln Sie ihm Näheres über Ihr **Thema**. Beispiel:

Informationen über die Arbeit

> Sie schreiben eine Arbeit über die BaFin als Träger der Wertpapieraufsicht. Nun beschreiben Sie zunächst diese Institution und geben an, ob Sie sich mit dem festgelegten Aufgabenkatalog der BaFin beschäftigen oder aber ihren tatsächlichen Einfluss bei inländischen Fonds untersuchen.

Bleiben Sie sachlich. Vermeiden Sie es, sich für vermeintliche Unzulänglichkeiten Ihrer Arbeit zu entschuldigen. Beispiel: Sie schreiben eine Arbeit über das Nibelungenlied in der Grafik des 18. und 19. Jahrhunderts. Nicht:

> Das Thema der vorliegenden Bachelorarbeit lautet: „Das Nibelungenlied in der Grafik des 18. und frühen 19. Jahrhunderts". Die Arbeit beschäftigt sich nur mit den grafischen Kunstwerken, die sich von 1755 bis 1811 dem Nibelungenlied widmen. Die Fülle des Materials ist leider viel zu groß, um, wie ursprünglich geplant, die Grafik des gesamten 19. Jahrhunderts im Rahmen einer Bachelorarbeit zu bewältigen.

Jammern über zu viel Material kommt nicht gut an. Für ein wichtiges Element, die Beschränkung auf die Jahre 1755–1811, wird dagegen kein sachlicher Grund angeführt: Ist die Verfasserin vielleicht einfach nur bis zu diesem Jahr gekommen? Eine solche Einleitung weckt kein Interesse, eher Skepsis. Besser:

> Das Nibelungenlied gewann im Verlauf des 18. und 19. Jahrhunderts immer größere Bedeutung und wurde zum deutschen Nationalepos erhoben. Die vorliegende Arbeit befasst sich mit den frühen grafischen Werken aus der Zeit zwischen 1755, dem Jahr seiner Wiederentdeckung, und 1811, als mit Peter Cornelius eine neue Phase der Auseinandersetzung mit dieser Dichtung begann.

Das Thema wird hier von vornherein auf einen engeren Zeitraum beschränkt, und es wird auch angegeben, warum gerade diese Jahre gewählt wurden.

Ziel der Arbeit Geben Sie zudem an, welches **Ziel** Ihre Arbeit verfolgt. Welche Frage wollen Sie beantworten? Es ist wichtig, hier sorgfältig und eindeutig zu formulieren; die Forschungsfrage ist die Voraussetzung für den „roten Faden" Ihrer Arbeit – die Leitlinie, die dafür sorgt, dass Sie sich nicht im Wust Ihrer im Lauf der Zeit zusammengetragenen Erkenntnisse verlieren. Sie können die Forschungsfrage auch wirklich als Frage formulieren. Beispiele:

In einer Arbeit mit dem Titel *Der Kampf um die Wissenschaft. Die Zulassung von Frauen zum Studium* wollen Sie die Argumente herausarbeiten, die für oder gegen das Studium von Frauen vorgebracht wurden, verfolgen also einen systematischen Ansatz.

Welche Argumente brachten die Gegner wie Befürworter einer Zulassung von Frauen für das Studium an Universitäten am Ende des 19. Jh. vor, in der Zeit der großen Kontroverse um dieses Thema? Sie sollen in der vorliegenden Arbeit untersucht werden.

Bei einer empirischen Arbeit zum Beispiel über *Die Kundenzufriedenheit im Online-Handel* verdeutlicht eine klare Hypothese die Zielsetzung der Arbeit.

„Je zufriedener ein Kunde mit den Rücksendemöglichkeiten ist, desto größer ist seine Bereitschaft, Produkte wieder in diesem Online-Shop zu erwerben." Diese Aussage soll anhand eines Fallbeispiels überprüft werden.

4.9.3 Der Forschungsstand

Ein Überblick über den Forschungsstand ist ein unverzichtbares Element jeder wissenschaftlichen Arbeit. Der Leser möchte erfahren, welche Erkenntnisse oder Kontroversen zu dem Thema in der Wissenschaft bereits vorliegen. Gibt es offene Fragen oder widerstreitende Forschungsmeinungen zu einem Problem? Wurde ein Problem bisher noch gar nicht behandelt?
Stellen Sie also die wichtigste **Literatur** vor, mit der Sie gearbeitet haben. Damit geben Sie an, auf welche bereits vorliegenden wissenschaftlichen Erkenntnisse Sie sich beziehen.

Verarbeitete Literatur

In Ihrer Arbeit sollen Sie sich anhand des Beispiels *Niederlande* damit auseinandersetzen, wie das „Dritte Reich" im Zweiten Weltkrieg die faschistischen Bewegungen in den besetzten Ländern im Zusammenhang mit den Vorstellungen vom „Großgermanischen Reich" betrachtete. Sie geben die umfangreiche Literatur an, die sich mit den Plänen der Nationalsozialisten beschäftigt, zeitgenössische Quellen wie die Schriften von Carl Schmitt und schließlich die Primärquellen und Fachtexte, die sich mit den einzelnen faschistischen Bewegungen befassen.

4.9.4 Die angewendete Methode

Ihr Vorgehen Als Nächstes geben Sie an, auf welchem Wege Sie Ihre Forschungsfrage beantworten wollen. Ob Sie nun eine empirische Arbeit schreiben, eine Literaturarbeit verfassen oder Primärquellen auswerten – immer müssen Sie Ihrem Leser mitteilen, auf welche Weise Sie vorgehen wollen. Sie haben zu Beginn die Ansätze und Konzepte ausgewählt, die für Ihre Forschungsfrage wichtig sein könnten. Nun erläutern Sie sie und begründen Ihre Entscheidung. Beispiel:

> Sie erläutern, dass Sie sich in Ihrer Arbeit, die sich mit der Situation der Schulsozialarbeiter beschäftigt, der dokumentarischen Methode bedienen werden. Ausgehend von Gruppendiskussionen, wollen Sie auf diese Weise zu bestimmbaren Typen von Erfahrungs- und Orientierungsmustern gelangen. Sie legen dar, welche Überlegungen Sie bei der Zusammensetzung der Gruppen geleitet haben und welchen Leitlinien Sie bei der Steuerung der Diskussionen sowie der Typenbildung gefolgt sind.

4.9.5 Der Überblick über die Arbeit

Den Abschluss der Einleitung bildet in der Regel ein Überblick über die Arbeit. Sie sollten hier nicht einfach das Inhaltsverzeichnis wiederholen – das kennt Ihr Leser ja schon. Hier soll er stattdessen Näheres darüber erfahren, was sich hinter den einzelnen Punkten verbirgt.

Formulierungs- In diesem Teil der Einleitung liegen die Schwierigkeiten insbesondere beim Formulieren. Seien Sie nicht übertrieben furchtsam: Sie kennen Ihre Arbeit und wissen, was in den einzelnen Kapiteln steht. Versuchen Sie außerdem, dem Leser die wirklich wichtigen Informationen an die Hand zu geben, und vermeiden Sie eine allzu häufige Verwendung des Passivs. Machen Sie es besser **nicht** so wie im folgenden Beispiel:

> Im Eingangskapitel **soll** die Lage in Bezug auf das Frauenstudium im Jahr 1897 **dargelegt werden** und die rechtlichen Situationen in den deutschen Ländern **aufgezeigt werden**.
> Im folgenden Kapitel **soll** genauer auf die Kirchhoff-Umfrage **eingegangen werden**.

In den darauffolgenden Kapiteln, **die den mit Abstand größten Teil der Arbeit einnehmen werden und sich jeweils aus mehreren Unterkapiteln zusammensetzen,** soll auf die Gründe für und wider das Frauenstudium **eingegangen werden,** die in der Kirchhoff-Umfrage genannt werden. Es **soll** ebenfalls **gefragt werden,** ob fakultäts- und fachbereichsspezifische Gemeinsamkeiten in den Stellungnahmen identifiziert werden können.

Im abschließenden Kapitel **werden** die Reaktionen auf die Umfrage **geschildert** und es **wird** eine abschließende Bewertung **vorgenommen.**

Bei der Darstellung fällt die ängstliche Ausdrucksweise auf: Immer wieder *soll* etwas dargelegt, aufgezeigt, betrachtet werden. Das „soll" gilt aber vorrangig für die Forschungsfrage: Es soll etwas beantwortet werden. Da die Arbeit jedoch schon vorliegt, ist es sinnvoller, gleich zu schreiben, mit was sich die einzelnen Kapitel befassen.

Zudem erwecken auch überflüssige Informationen den Eindruck, dass hier Zeilen geschunden werden sollten. Der Satz – *die den mit Abstand größten Teil der Arbeit einnehmen werden und sich jeweils aus mehreren Unterkapiteln zusammensetzen* – ist unnötig: Der Hauptteil sollte immer die meisten Kapitel umfassen, und dass diese Kapitel jeweils Unterkapitel haben, ist in einer Arbeit normal. Wenn nicht extra angegeben wird, womit sich die Unterkapitel befassen, bringt das der Leserin gar nichts. Auf der anderen Seite fehlen wichtige Angaben: Was wird in den einzelnen Kapiteln besprochen?

Schließlich wirkt die Übersicht ausgesprochen monoton. Daran ist vor allem das Passiv schuld, mit *dargelegt werden, aufgezeigt werden, eingegangen werden* usw.

Wie könnte man es besser machen?

Das Passiv kann ruhig an einigen Stellen stehenbleiben: Es sollte nur nicht so geballt daherkommen. Besser ist es, auch Sätze im Aktiv sowie eingestreute Fragen zu verwenden.

Das Eingangskapitel umfasst eine historische Einordnung: Wie sah zum einen die rechtliche Situation in Bezug auf die Zulassung von Frauen zum Studium an Universitäten am Ende des 19. Jh. in den verschiedenen deutschen Ländern aus? Wie war die Haltung in der (wissenschaftlichen) Öffentlichkeit gegenüber der Immatrikulation von Frauen?

> Im darauffolgenden Kapitel **wird** die Kirchhoff-Umfrage aus dem Jahr 1897 genauer **beschrieben**.
> Den Hauptteil der Arbeit bildet die Herausarbeitung der Argumente für und wider das Frauenstudium, wie sie in den Stellungnahmen innerhalb der Studie zum Ausdruck kommen (Kapitel 3 und 4). Ein eigenes Kapitel widmet sich der Frage, ob sich fakultäts- und fachbereichsspezifische Gemeinsamkeiten in den Stellungnahmen identifizieren lassen.
> Im Schlusskapitel **werden** die Reaktionen auf die Kirchhoff-Umfrage geschildert, ebenso **wird** eine abschließende Bewertung **vorgenommen**.

Gesonderter Überblick

Bei sehr langen, tief gegliederten Arbeiten können Sie dem Leser Hilfestellung leisten, indem Sie zunächst einen Überblick voranstellen, also mehrere Kapitel unter thematischen Gesichtspunkten zusammenfassen und diese summarisch vorstellen. Danach können Sie auf einzelne Kapitel eingehen.

> Nach dem theoretischen Hintergrund in den Kapiteln 2 und 3 beschäftigt sich das Kapitel 4 mit der Organisation der Gruppendiskussionen, insbesondere mit der Auswahl der Teilnehmer. Nach dem Methodenteil (Kapitel 5) folgen in den Kapiteln 6 bis 9 die Auswertung der Diskussionen und die Herausarbeitung bestimmter Typen. Den Abschluss bilden in Kapitel 10 konkrete Empfehlungen zur Verbesserung der Situation der Schulsozialarbeiter.

Hilfreiche Formulierungen

Abschließend einige hilfreiche Wendungen zur Vermeidung von Passivaneinanderreihungen:

Das Kapitel befasst sich / beschäftigt sich mit ..., setzt sich mit ... auseinander, umfasst eine Auseinandersetzung mit / Darstellung von ..., widmet sich ..., behandelt ...

In diesem Kapitel geht es um ..., dabei liegt die Fokussierung auf ...

Das Thema [der Gegenstand] des Kapitels ist die Frage, inwieweit ...

Das Kapitel hat eine Analyse ... zum Gegenstand.

Ob ..., ist die leitende Fragestellung im darauffolgenden Kapitel.

Im Mittelpunkt / im Zentrum des Kapitels steht eine Auseinandersetzung mit der Frage ...

Das Hauptaugenmerk [der Schwerpunkt] des Kapitels liegt auf ...

Die Ausführungen in diesem Kapitel beziehen sich schwerpunktmäßig auf ...

Das Kapitel hat zum Ziel ...

In den Blickpunkt / in das Blickfeld rückt in diesem Kapitel beson-
   ders...
Den Ausgangspunkt in diesem Kapitel bildet ...
Das Thema, das im darauffolgenden Kapitel behandelt wird ...
Im darauffolgenden Kapitel schließt sich ... an.
Den Abschluss bildet ein Kapitel, in dem ...

5 Das Kernstück: der Hauptteil

Im Hauptteil der Arbeit setzen Sie sich anhand Ihrer gewählten Methode mit Ihrer Fragestellung auseinander. Die inhaltliche Gestaltung des Hauptteils hängt sehr stark von der Art der Arbeit ab. Orientieren Sie sich dabei an Ihrer Gliederung – sie gibt Ihnen die Richtschnur für Ihr Vorgehen.

Die Auseinandersetzung mit der Fragestellung ist der Kern Ihrer Arbeit.

Achten Sie dabei auf den „roten Faden" in Ihrer Argumentation. Im Mittelpunkt steht immer Ihre Forschungsfrage – Sie müssen nicht alles unterbringen, was auch nur annähernd mit Ihrem Thema zu tun hat. Wenn Sie sich mit der Frage konfrontiert sehen, ob Sie einen Aspekt behandeln oder weglassen sollen, überlegen Sie, ob er wirklich Wesentliches zur Beantwortung der Forschungsfrage beiträgt. Wenn nicht, lassen Sie ihn weg – auch wenn es sich um Wissen handelt, das Sie mühsam zusammengetragen haben. Es ist ganz normal, dass nur ein Teil der Erkenntnisse, die man für eine Arbeit gewonnen hat, darin auch auch wirklich behandelt wird.

Der Hauptteil wird nicht so genannt, sondern gliedert sich normalerweise in mehrere einzelne Kapitel mit den entsprechenden Überschriften.

5.1 Der unbekannte Leser

Schreibt man für die Professorin, die das alles sowieso weiß? Oder für einen vollkommen fachfremden Leser, dem man die einfachsten Tatsachen erklären muss?

Schreiben für einen sachkundigen Leser

Die Antwort liegt wie so oft in der Mitte. Stellen Sie sich als Leser jemanden vor, der die Grundlagen Ihres Fachs kennt, aber mit Ihrem speziellen Thema nicht vertraut ist.

Sie schreiben also so, dass Ihre angenommene Leserin Ihre Vorgehensweise nachvollziehen kann. So erläutern Sie etwa, mit welchen Methoden und Definitionen Sie bei Ihrer Arbeit operieren, und begründen Ihre Entscheidungen. Dass Ihr Betreuer diese Methoden kennt, spielt keine Rolle: Er will in erster Linie wissen, ob Sie in der Lage sind, ein Thema mit einer wissenschaftlichen Vorgehensweise zu bearbeiten.

Führen Sie keine selbstverständlichen Sachverhalte an:

> Stellen Sie sich vor, Sie erläutern in einer Arbeit über die Energiepolitik Brasiliens erst einmal, dass es Nord-, Mittel- und Südamerika gibt und das Land in Südamerika liegt. Der Leser fragt sich nun, ob Sie an seinem Verstand, seiner Bildung oder an beidem zweifeln.
>
> Sie sprechen stattdessen bei der ersten Erwähnung knapp vom *südamerikanischen Staat Brasilien*.
>
> Sie können ebenfalls davon ausgehen, dass Ihre Leserin mit den Begriffen *Pro-Kopf-Einkommen* und *Bruttosozialprodukt* etwas anfangen kann. Wenn Sie aber dann auf den Anteil erneuerbarer Energien in Brasilien zu sprechen kommen, müssen Sie definieren, was Sie zu den *erneuerbaren Energien* zählen.

5.2 Die Leserführung

5.2.1 Übergänge

Sie können dem Leser das Nachvollziehen Ihrer Argumentation mit kurzen Erläuterungen dazu erleichtern, was im folgenden Text behandelt wird. Ein Beispiel:

> An dieser Stelle können mehrere Faktoren in Betracht gezogen werden. In der Forschung haben sich jedoch zwei als besonders bestimmend herausgestellt: das Geschlecht und der Migrationshintergrund.

Im Text folgen dann nähere Erläuterungen zum Einfluss des Geschlechts und des Migrationshintergrunds.

5.2.2 Zusammenfassungen

Sie können (müssen aber nicht) grundlegende Erkenntnisse zum Schluss eines Kapitels zusammenfassen. Das ist nicht nur nützlich für die Leserin, sondern zwingt Sie auch zu einer Überprüfung Ihrer Gedankengänge: Sind sie nicht schlüssig, kommen Sie hier in Schwierigkeiten.

Zählen Sie nicht einfach die Ergebnisse noch einmal auf, sondern fassen Sie sie möglichst prägnant zusammen. Die Leserin hat Ihr Kapitel ja bereits gelesen. Nicht:

> Es wurde aufgezeigt, mit welchen rechtlichen Einschränkungen sich Frauen bei der Aufnahme eines Studiums konfrontiert sahen. Sie waren oftmals auf Ausnahmeerlaubnisse von Professoren angewiesen, die diese je nach persönlicher Einstellung vergaben.

Kürzer und mit Ausblick auf die folgenden Ausführungen:

> Nachdem deutlich wurde, mit welchen rechtlichen Einschränkungen sich Frauen bei der Aufnahme eines Studiums konfrontiert sahen, stellt sich die Frage, welche gesellschaftlichen Gründe für und wider das Frauenstudium vorgebracht wurden.

5.2.3 Konsistente Verwendung von Begriffen

Ihre Schlüsselbegriffe sollten Sie definieren und ebenso die Begriffe erläutern, bei denen man verschiedene Auffassungen haben kann. Diese Begrifflichkeiten und Definitionen sollten Sie für den Rest der Arbeit beibehalten. Zum Beispiel:

> Sie beschäftigen sich mit dem Wahlverhalten von Bürgern mit und ohne Migrationshintergrund. Gemäß Statistischem Bundesamt definieren Sie als „Bevölkerung mit Migrationshintergrund" alle Personen, die die deutsche Staatsangehörigkeit nicht durch Geburt besitzen oder die mindestens ein Elternteil haben, auf das dies zutrifft.

Ein Wechsel der Begrifflichkeit ruft Unsicherheit beim Leser hervor.

> Sprechen Sie dann nicht auf einmal, weil Sie Wiederholungen vermeiden wollen, von *ausländischen Mitbürgern*. Sind das dieselben wie die Personen mit Migrationshintergrund? In diesem Fall ist eine Wiederholung das kleinere Übel.

5.2.4 Querverweise

Querverweise sind ein wichtiges Instrument, um die Arbeit zu strukturieren. Versuchen Sie das nicht händisch, sondern nutzen Sie die entsprechende Word-Funktion. Dazu muss Word allerdings wissen, worauf es verweisen soll – die Ziele müssen gekennzeichnet sein. Bei Überschriften ist das der Fall, wenn sie mit Formatvorlagen verbunden sind (zu Formatvorlagen s. S. 241). Bei Tabellen/Abbildungen ist eine entsprechende Beschriftung (s. dazu S. 72) die Voraussetzung. Haben Sie Fußnoten mit der Funktion → Referenzen [2010: Verweise] → Fussnote einfügen gesetzt, sind auch diese für Word erkennbar.

Mit → Referenzen [2010: Verweise] → Querverweis erscheint die Dialogbox *Querverweis*. Sie geben nun an, auf was verwiesen werden soll (Verweistyp) und in welcher Form darauf verwiesen werden soll, z. B. als Seitenzahl (Abb. 11).[2]

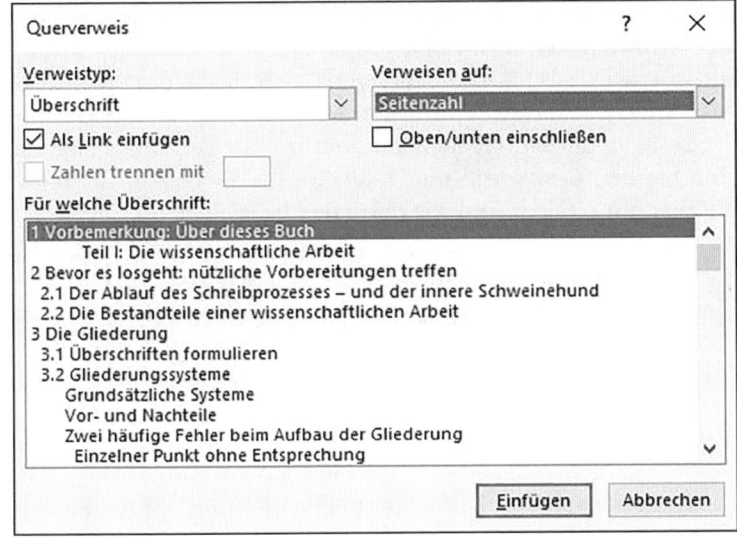

Abb. 11: Die Dialogbox *Querverweis*

---

2 Wenn Sie in Ihrem Querverweis einen Verweis auf eine Form *mit Text* angewählt haben, etwa von einer Überschrift, merkt sich Word die maximale Länge. Wird Ihre Überschrift nun länger und aktualisieren Sie den Querverweis, zeigt Word nur die ursprüngliche Länge an. Da können Sie nichts anderes tun, als den Querverweis neu zu setzen. Mit verkürzten Überschriften hat Word bei Aktualisierungen dagegen keine Probleme.

Überprüfen Sie von Zeit zu Zeit, ob Ihre Querverweise noch stimmen – wenn etwa eine Passage gestrichen wurde, läuft der Verweis darauf ins Leere. Machen Sie dazu einen Suchlauf mit *Fehler!*; das bezieht sich auf die Fehlermeldung, die bei einem unausführbaren Querverweis erscheint (zum Suchen s. S. 305). Löschen Sie dann den Querverweis oder setzen Sie ihn neu.

5.2.5 Hervorhebungen

Sie können dem Leser wichtige Hinweise auch mit typographischen Hervorhebungen geben. Die wichtigsten bei wissenschaftlichen Arbeiten sind **Fettdruck**, *Kursivschrift* und Kapitälchen. Unterschieden werden *aktive* und *integrierte* Hervorhebungen.

Aktive Hervorhebungen Aktive („laute") Hervorhebungen sollen der Leserin eine schnelle Orientierung ermöglichen. Sie werden in der Regel bei vom Text abgehobenen Elementen eingesetzt, die schnell auffindbar sein sollen. Das klassische Beispiel hierfür ist der **Fettdruck**, etwa bei Überschriften oder in Tabellenköpfen.

Integrierte Hervorhebungen Integrierte („leise") Hervorhebungen fügen sich in das Schriftbild des laufenden Textes ein und werden erst dann bemerkt, wenn der Leser an die betreffende Stelle kommt. Die geläufigsten Arten sind hierbei *Kursivschrift* und Kapitälchen (= Großbuchstaben, die aber nur so klein sind wie normale Buchstaben, im Gegensatz zu den Versalien), zu erzeugen unter → Start → Gruppe Schriftart (Pfeil rechts unten) → Schriftart → Kapitälchen.

- Gebräuchlich ist die integrierte Hervorhebung bei Autorennamen.

> Müller argumentiert auf der Grundlage empirischer Werte (Müller 2009).

- Auch andere Begrifflichkeiten und Fachtermini können auf diese Weise charakterisiert werden, z. B. die Namen von Gesetzen oder in einer Arbeit im Bereich der Literatur die Titel der behandelten Dramen.

> Der *Foreign Investment and National Security Act* (FINSA)
> führte zu neuen Regelungen in Bezug auf Transaktionen aus-
> ländischer Investoren.
>
> Die Rezeption des Dramas *Romeo und Julia* ...

• In sprachwissenschaftlichen Arbeiten werden Begriffe aus der
  behandelten Sprache oftmals kursiv gesetzt, die Bedeutung
  dann in einfachen Anführungszeichen.

> Das Wort *Cockpit* bedeutete im 19. Jh. ‚Kampfplatz‘, es war
> ursprünglich eine vertiefte Einfriedung für Hahnenkämpfe.

Finden Sie zunächst heraus, welche Hervorhebungen Ihre Betreuerin bevorzugt. Wenn sie Ihnen dazu nichts vorgibt, können
Sie selbst entscheiden, wie Sie vorgehen.

Mit den Hervorhebungen erhöhen Sie die Lesbarkeit Ihres Textes – unter einer Voraussetzung: Sie müssen diese Hervorhebungen konsequent einsetzen: *ein* Autorenname mit KAPITÄLCHEN –
alle Autorennamen mit KAPITÄLCHEN.

5.2.6 Aufzählungen

Kleinere Aufzählungen lassen sich noch gut in den Text integrieren. Leserfreundlich ist es, dem Leser mit dem Wort *schließlich*
den letzten Punkt der Aufzählung anzukündigen:

Kleinere Aufzählungen in den Text

> Maßnahmen im betrieblichen Gesundheitsmanagement sind
> u. a. ein betriebsärztlicher Dienst, betriebliche Vorsorgeunter-
> suchungen, Arbeitsplatzanalysen und **schließlich** das Angebot be-
> wegungsorientierter Pausen.

Größere Aufzählungen sollte man besser nicht in den Text integrieren, z. B. mit a), b), c): Das wird schnell unübersichtlich. Klarer
ist in solchen Fällen eine stärker abgegrenzte Aufzählung wie in
folgendem Beispiel:

Größere Aufzählungen gesondert

> Der Philosoph John Stuart Mill setzte sich bereits Mitte des
> 19. Jahrhunderts u. a. mit den folgenden Argumenten für die
> Gleichstellung der Frau ein:

> - Bei der Gewalt des Mannes über die Frau in der Ehe kann ein Missbrauch dieser Gewalt nicht verhindert werden.
> - Wenn Frauen nicht die Beschäftigung ausüben dürfen, die ihnen zusagt, schadet dieser Zustand ihrem persönlichen Glück.
> - Wenn es den Frauen erlaubt wäre, frei einen Beruf zu wählen, stünde der Menschheit die doppelte Summe an Intelligenz zu Diensten.

Gleichartige Aufzählungspunkte

Achten Sie darauf, die Aufzählungspunkte in der gleichen Art und Weise zu formulieren. Mischen Sie also nicht vollständige Sätze mit Stichwörtern. Im folgenden Beispiel wäre es besser, beim ersten Punkt einfach *Agenda-Setting* zu schreiben.

> Auf diese Weise ist es möglich, den Ablauf von Reformprozessen in seiner Gesamtheit abzubilden:
> - Zunächst muss die Agenda festgelegt werden (Agenda-Setting). Dann folgt die
> - Politikformulierung,
> - Implementation,
> - Politikumsetzung.

Händisch gesetzte Aufzählungen

Sie können Aufzählungen mit Symbolen oder Ziffern von Hand setzen. Nehmen Sie nicht den Bindestrich als Aufzählungszeichen, sondern den längeren Gedankenstrich (Alt + 0150). Achten Sie ebenso darauf, nach dem Aufzählungszeichen / der Ziffer einen Tabstopp zu setzen. Setzen Sie nur ein Leerzeichen, kann das in Verbindung mit dem Blocksatz zu unregelmäßigen Abständen zwischen dem Aufzählungszeichen und dem ersten Wort des nachfolgenden Textes führen. Flattersatz hebt sich allerdings deutlicher vom umgebenden Text ab. Wählen Sie dann noch einen hängenden Einzug (unter → Start → Gruppe Absatz (Pfeil rechts unten) → Einzüge und Abstände → Sondereinzug → Hängend), ist Ihre Aufzählung vernünftig formatiert. Aufzählungssymbole können Sie sich über → Einfügen → Symbole holen. Im folgenden Beispiel ist der normalerweise nicht sichtbare Tabstopp mit einem Pfeil dargestellt (zu Tabulatoren s. S. 258, zum hängenden Einzug s. S. 267).

> •→Vorbemerkungen zur Spezifik des ausgewählten Untersuchungsgegenstandes im Bereich der Kommunikation

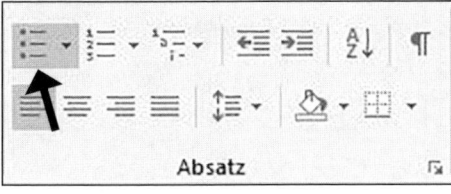 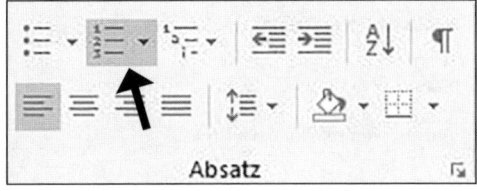

Abb. 12: Die Funktionen *Aufzählung mit Symbolen* (links) und *Aufzählung mit Nummerierungsziffern* (rechts)

Automatische Aufzählungsfunktionen

Die automatischen Aufzählungsfunktionen von Word finden sich unter → START → Gruppe ABSATZ. Word hält jeweils eine Funktion für Aufzählungen mit Aufzählungszeichen und solche mit Nummerierungen bereit (Abb. 12).

Die Elemente wie Tabulator und hängender Einzug sind schon vorgegeben. Sie können sich jetzt in der Dropdown-Liste (Pfeil) ein passendes Aufzählungssystem (z. B. mit Punkten •) oder Nummerierungssystem (z. B. mit *1., 2., 3.*) aussuchen (Abb. 13). Bei den Strichen sind Gedankenstriche (Alt + 0150) besser geeignet als Bindestriche.

Mit der Funktion → NEUES AUFZÄHLUNGSZEICHEN DEFINIEREN → SYMBOL können Sie sich weitere Symbole aussuchen. Achten Sie aber darauf, etwas nicht zu Ausgefallenes zu nehmen – Herzchen werden kaum zu einer wissenschaftlichen Arbeit passen.

Bei der Nummerierungs-Aufzählung stehen Ihnen entsprechend unter → NEUES ZAHLENFORMAT DEFINIEREN weitere Zahlenformate zur Verfügung.

Das Symbol / die Nummerierung erscheint nach dem Anklicken sehr weit eingerückt, nämlich bei 0,63 cm. Der Text beginnt dann bei 1,27 cm. Diese krummen Maße ergeben sich aus der Umrechnung nicht-metrischer Werte: *0,63 cm* entsprechen ¼ Zoll, und *1,27 cm* sind umgerechnet ½ Zoll. *(Die Einzüge anpassen)*

Im Allgemeinen möchte man aber die Aufzählungs- und Nummerierungszeichen ganz am linken Rand (linksbündig) haben und den Text entsprechend eingerückt.

Am einfachsten geht das über das Kontextmenü (rechte Maustaste) unter → LISTENEINZUG ANPASSEN (Abb. 14). Es erscheint die Dialogbox *Listeneinrückungen anpassen.*

Wenn Sie bei → AUFZÄHLUNGSZEICHENPOSITION eine Null eingeben, stehen die Aufzählungszeichen ganz links am Rand. Der → TEXTEINZUG wird vom linken Rand aus gemessen. Er sollte in

| Zuletzt verwendete Aufzählungszeichen | | | | Zuletzt verwendete Zahlenformate | | |

Abb. 13: Aufzählungssymbole und Nummerierungsformate

einem vernünftigen Abstand, z. B. 0,4 oder 0,5 cm, folgen und muss bei längeren Nummerierungsziffern entsprechend größer sein.

Die Aufzählung beenden Bei → Text danach belassen Sie es bei „Tabstoppzeichen", und → Tabstopp hinzufügen bei lassen Sie deaktiviert.

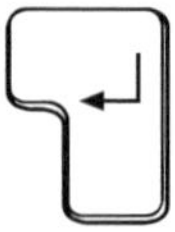

Wenn Sie im Aufzählungsmodus sind und die [Return]-Taste betätigen, erscheint ein weiteres Aufzählungszeichen. Wenn Sie das aber nicht wollen, sondern die Aufzählung beenden und in Ihren normalen Fließtext zurückkehren möchten, drücken Sie zweimal die [Return]-Taste.

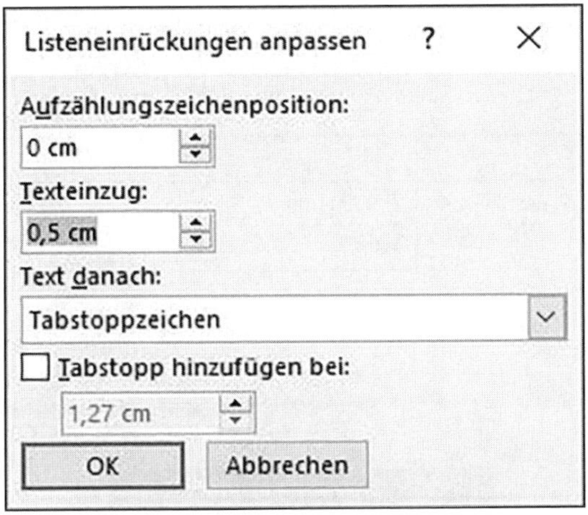

Abb. 14: Die Dialogbox *Listeneinrückungen anpassen*

5.3 Tabellen und Abbildungen

Tabellen und Abbildungen sind wesentliche Elemente, um Informationen übersichtlich darzustellen und die Arbeit zu strukturieren.

5.3.1 Die Arbeit mit Tabellen

Die horizontalen Bestandteile einer Tabelle heißen *Zeilen*, die senkrechten *Spalten*. Die einzelnen Felder sind die *Zellen*. Text in den einzelnen Zellen wird mit einer kleinen *Zellenendemarke* (Kreis mit vier herausragenden Enden, daher auch *Sputnik* genannt) abgeschlossen; er ist zu sehen, wenn die Ansicht der Steuerzeichen aktiviert ist (→ Start → ¶). Oben links sehen Sie das *Tabellensymbol* (ein Kreuz), unten rechts die *Tabellenendemarke* (ein Quadrat); diese beiden Zeichen werden immer angezeigt, wenn Sie mit dem Cursor auf die Tabelle zeigen, auch dann, wenn die Ansicht der Steuerzeichen nicht aktiviert ist (Abb. 15).

Zum Erstellen einer Tabelle gibt es mehrere Möglichkeiten:

- → EINFÜGEN → TABELLE. Es erscheint ein Raster (Abb. 16). Mit dem Überstreichen der Zellen/Spalten, die Sie haben wollen, erstellen Sie die gewünschte Tabelle. Diese Form ist auf acht Zeilen und zehn Spalten begrenzt.

Bestandteile einer Tabelle

Eine Tabelle erstellen

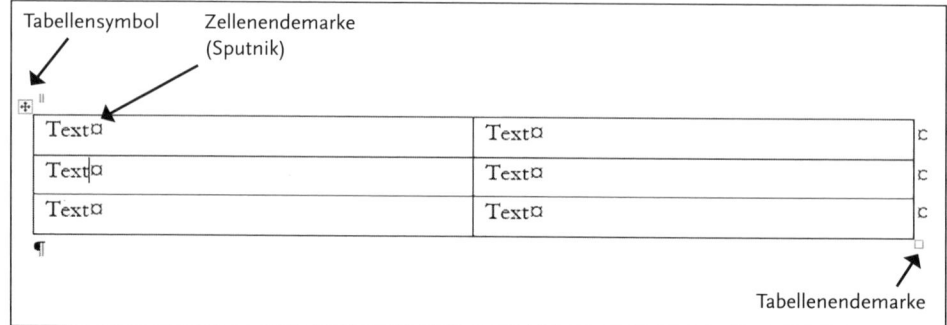

Tabellensymbol   Zellenendemarke
                  (Sputnik)

Tabellenendemarke

Abb. 15: Bestandteile einer Tabelle

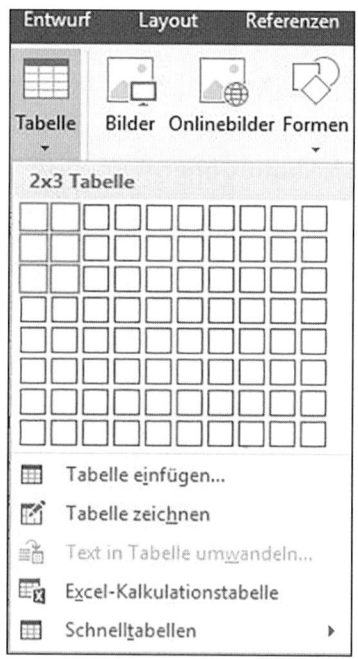

Abb. 16: Eine Tabelle einfügen

- → Einfügen → Tabelle → Tabelle einfügen. Es erscheint → Tabelle einfügen.
  Sie können nun Ihre gewünschte Spalten- und Zeilenzahl einstellen.
- → Einfügen → Tabelle → Tabelle zeichnen. Am Cursor erscheint ein Zeichenstift, mit dem Sie Ihre Tabelle entwerfen

können. Die Funktion steht auch später unter → LAYOUT [2010: → ENTWURF] zur Verfügung – damit können Sie auch nachträglich Ihre Tabelle verfeinern.

Sie können grundsätzlich später noch Zeilen und Spalten hinzufügen. Sie müssen sich also nicht von vornherein auf eine Spalten- und Zeilenzahl festlegen.

Unter → EINFÜGEN → TABELLE stehen Ihnen auch sogenannte *Schnelltabellen* zur Verfügung. Sie können sich ansehen, ob sie für Sie geeignet sind. Gedacht sind sie aber eher für den Geschäftsbereich.

Wenn Sie eine Tabelle erstellt haben und diese anklicken, sehen Sie ganz oben, in der Höhe des Menübands, den für die Arbeit mit Tabellen wichtigen Bereich → TABELLENTOOLS mit den Unterbereichen → ENTWURF und → LAYOUT.

Unter → TABELLENTOOLS → ENTWURF werden Ihnen Muster für Tabellen-Formatvorlagen gezeigt. Diese arbeiten zur Unterscheidung der Zeilen und Spalten mit Farben und nur teilweise mit Rahmenlinien. Da Sie Ihre Arbeit höchstwahrscheinlich nicht farbig ausdrucken werden, sind diese Vorschläge für Ihre Arbeit wohl weniger geeignet.

Mit dem Drücken der Tabulatortaste gelangen Sie schnell in die nächste Zelle. Alternativ funktioniert das auch mit den Cursortasten. Wollen Sie wirklich einen Tabsprung innerhalb einer Zelle, nehmen Sie Strg. + Tabulatortaste.

Um eine Zelle zu markieren, gehen Sie mit dem Cursor in der Zelle ganz nach links, bis er die Form eines Pfeils annimmt. Wenn Sie darauf klicken, ist die ganze Zelle mitsamt Sputnik markiert. Überstreichen Sie dann bei weiterhin gedrückter linker Maustaste weitere Zellen, sind diese ebenfalls markiert.

Für Zeilen und Spalten gilt dasselbe Prinzip. Links von der Zeile und oberhalb der Spalte wird der Cursor zum Pfeil. Damit können Sie dann die gesamte Zeile bzw. Spalte markieren. Auch hier können Sie mit weiterhin gedrückter Maustaste weitere Zeilen/Spalten markieren.

Überstreichen Sie beim Markieren einer Zelle, z. B. durch einfaches Anklicken, nur den Text (ohne den Sputnik), wird er beim Verschieben/Kopieren einfach zum vorhandenen Text hinzugefügt. Markieren Sie mit Mehrfachklicken die gesamte Zelle und erwischen so auch den Sputnik, überschreibt der neue Text beim Verschieben/Kopieren den alten.

Vorgefertigte Tabellen

Die Tabellentools

Sich in der Tabelle bewegen

Zellen, Zeilen und Spalten markieren

Wenn Sie das *Tabellensymbol* links oben anklicken, wird die ganze Tabelle markiert.

Die Größe der Tabellenelemente anpassen

Die Größe der Tabellenelemente lässt sich mit Funktionen anpassen, die unter → Tabellentools mit den beiden Bereichen → Entwurf und → Layout angezeigt werden. Sie erscheinen, wenn Sie den Cursor in eine Tabelle stellen.

→ Tabellentools → Layout → Gruppe Zellengrösse stellt wichtige Parameter zur Verfügung. Der Bereich → Autoanpassen wirkt zunächst einladend, aber die Tabellenaufteilung ändert sich ständig, wenn Sie Inhalt eingeben. Überschaubarer wird es mit der Dialogbox *Tabelleneigenschaften*, zu erreichen per → Kontextmenü (rechte Maustaste) → Tabelleneigenschaften oder unter → Tabellentools → Layout → Eigenschaften (Abb. 17).

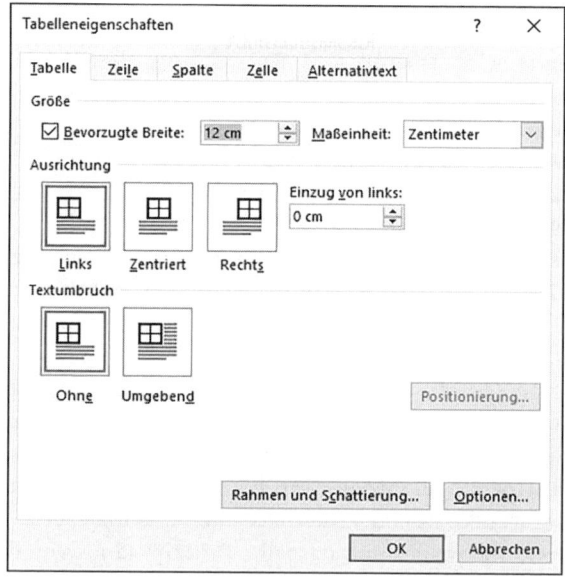

Abb. 17: Die Dialogbox *Tabelleneigenschaften*

Wichtig sind hier die Reiter *Tabelle, Zeile, Spalte* und *Zelle*. In allen vier Bereichen können Sie die Werte für die Größe genau einstellen. Hinzu kommen interessante weitere Funktionen:

- Beim Reiter **Tabelle** können Sie ein wichtiges Maß festlegen: die Breite der Tabelle. Sie können die Breite prozentual zum Satzspiegel einstellen oder genau in Zentimeter. Außerdem können Sie die Tabelle linksbündig, zentriert oder rechtsbündig erscheinen lassen. Bei *Textumbruch* lassen Sie besser → OHNE eingestellt, damit sich Ihre Tabelle gut vom Text abhebt.

- Reiter **Zeile**: Hier können Sie die Höhe der Zeile mit *mindestens* oder *genau* einstellen. Zur Verfügung steht auch die Option → LAYOUT → EIGENSCHAFTEN → ZEILE → ZEILENWECHSEL AUF SEITEN ZULASSEN. Wenn Sie diese etwas missverständlich ausgedrückte Option deaktivieren, kann der Inhalt einer Zeile bei einem Seitenumbruch nicht auseinandergerissen werden; das ist wichtig für lange Tabellen.
- Reiter **Spalte**: Auch hier können Sie die Breite nach Prozent oder mit genauen Zentimeter-Werten einstellen.
- Reiter **Zelle**: Hier finden sich auch drei Möglichkeiten der Ausrichtung, die aber nur die vertikale Ausrichtung betreffen. Mehr Möglichkeiten finden sich unter → TABELLENTOOLS → LAYOUT in der → Gruppe AUSRICHTUNG (mehr dazu unten).

Wollen Sie einzelne Elemente der Tabelle anpassen, können Sie die Begrenzungen nachträglich mit dem Cursor anfassen und verschieben. Wenn Sie den Rahmen einer Spalte anfassen und verschieben, wird eine Spalte größer, die andere kleiner. Die Ausmaße der Gesamttabelle bleiben unverändert. Sie können auch ein Element, etwa eine Zelle, vorher markieren und die Begrenzung nur für dieses Element verschieben. **Einzelne Elemente anpassen**

Fassen Sie die Spalte oben im Lineal an und verschieben Sie sie, wird nur die Spalte links davon verändert. (Wenn Ihnen dieses Lineal nicht angezeigt wird, aktivieren Sie es mit einem Häkchen unter → ANSICHT → Gruppe ANZEIGEN → LINEAL.) Die Breite der Gesamttabelle ändert sich. Das Gleiche gilt entsprechend für Zeilen.

Mit der *Tabellenendemarke* rechts unten können Sie die Tabelle proportional vergrößern oder verkleinern. Das ist aber ein eher ungenaues Verfahren. (Wie es besser geht, haben Sie oben gesehen.)

Wenn Sie in der letzten Zelle einer Tabelle angekommen sind und die Tabulator-Taste drücken, erzeugt Word unten automatisch eine weitere Zeile. **Die Tabelle erweitern**

Wollen Sie aber gezielt *mitten in der Tabelle* etwas erweitern, stehen Ihnen weitere Funktionen zur Verfügung:
→ LAYOUT → Gruppe ZEILEN UND SPALTEN

Ihnen werden nun mehrere Optionen zum Hinzufügen eines Elements präsentiert: → ZEILE DARÜBER oder DARUNTER EINFÜGEN, → SPALTE LINKS oder RECHTS EINFÜGEN (Abb. 18).

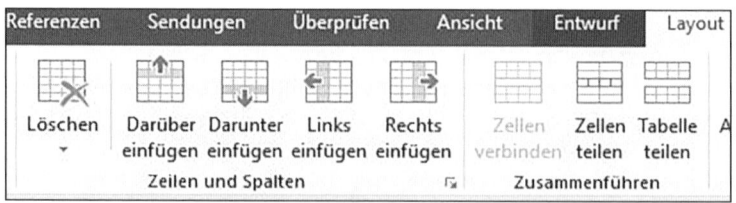

Abb.18: Löschen, Einfügen von Zeilen und Spalten, Zusammenführen und Teilen

Elemente zusammenführen/ trennen

Sie können Elemente der Tabelle auch zusammenführen bzw. trennen. Markieren Sie die betreffenden Stellen in der Tabelle. Dann: Tabellentools → Layout → Gruppe Zusammenführen. Dort finden Sie die (selbsterklärenden) Funktionen → Zellen verbinden, → Zellen teilen und → Tabelle teilen (Abb.18).

Eine Tabelle teilen

Stellen Sie zum Teilen einer ganzen Tabelle den Cursor in die Zeile, die die erste der neuen Tabelle werden soll.

Alternative: Sie können ebenso mit der Funktion → Tabellentools → Layout [2010: → Entwurf] → Tabelle zeichnen und → Radierer) Ihre Tabellenelemente weiter aufteilen (Begrenzungslinie hinzufügen) oder zusammenfassen (Begrenzungslinie ausradieren).

Eine Tabelle ganz oder teilweise löschen

Zum Löschen von Teilen einer Tabelle oder der ganzen Tabelle gehen Sie auf → Tabellentools → Layout → Löschen (Abb.18). Sie können dann anklicken, was Sie löschen wollen: *Zelle, Spalte, Zeile* und auch die [gesamte] *Tabelle.*

Eine Tabelle kopieren

Klicken Sie zum Kopieren einer Tabelle die *Tabellenendemarke* an. Dann: → Kontextmenü (rechte Maustaste) → Kopieren und an der neuen Stelle mit → Ursprüngliche Formatierung beibehalten einfügen. Die neue Tabelle hat dasselbe Aussehen wie die alte. Wenn Sie nun auf das *Tabellensymbol* links oben gehen und die Tabelle markieren, wird vorhandener Inhalt gelöscht. Ihnen steht dann eine weitere Tabelle mit demselben Format zur Verfügung.

Den Text in der Tabelle ausrichten

Kommen Sie nicht auf die Idee, mit linksbündig, Mitte usw., womöglich noch mit verschiedenem → Abstand nach, den Inhalt einer Zelle auszurichten. Word hält hierfür eine sehr komfortable Funktion bereit: → Tabellentools → Gruppe Ausrichtung (Abb.19).

Sie können sich durch Anklicken der Buttons aussuchen, wie Ihr Text in der Zelle platziert sein soll.

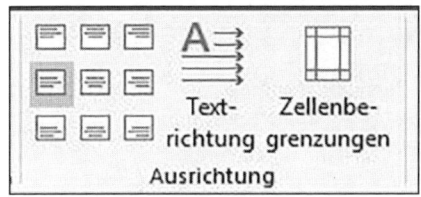

Abb. 19: Ausrichtung des Textes in der Zelle

Manchmal allerdings lässt sich das gewünschte Ergebnis nicht erzielen, etwa wenn der Textinhalt hartnäckig oben kleben bleibt, obwohl er in der Mitte stehen sollte. Der Grund hierfür sind Formatierungen im Text selbst. Lösungsmöglichkeiten:

- Schauen Sie unter → START → Gruppe ABSATZ (Pfeil rechts unten) → EINZÜGE UND ABSTÄNDE nach, ob ein → ABSTAND NACH eingestellt ist. Stellen Sie ihn auf null.
- Sehen Sie auch nach (mit ¶ die Anzeige der Steuerzeichen einschalten), ob noch eine überflüssige Absatzmarke da ist, die innerhalb der Zelle eine zusätzliche Zeile erzeugt.

Sie können sich die Gitternetz- bzw. Rasterlinien anzeigen lassen: → TABELLENTOOLS → LAYOUT → GITTERNETZLINIEN ANZEIGEN [2010: → RASTERLINIEN ANZEIGEN].

Hilfslinien einblenden

Verwechseln Sie nicht die Gitternetz- bzw. Rasterlinien mit dem Rahmen. Es handelt sich um Hilfslinien, die Ihnen beim Anlegen und Bearbeiten der Tabelle behilflich sind; sie erscheinen nicht im Druck. Wenn Sie etwa eine Rahmenlinie ausblenden (mehr dazu unten), zeigt Ihnen die Gitternetzlinie deren imaginären Verlauf an.

Der Rahmen einer Tabelle lässt sich variieren. Markieren Sie zunächst die Tabelle mit einem Klick auf das _Tabellensymbol_ am oberen linken Rand und gehen Sie auf → TABELLENTOOLS → ENTWURF → Gruppe RAHMEN [2010: → RAHMEN → RAHMEN UND SCHATTIERUNG].

Den Rahmen festlegen

Es stehen Ihnen nun vielfältige Möglichkeiten zur Verfügung, mit denen Sie die Verteilung der Rahmenlinien festlegen können (Abb. 20). Interessant sind besonders:

- → VERTIKALE RAHMENLINIE INNEN. Eine Tabelle wirkt oftmals übersichtlicher, wenn die vertikale Rahmenlinie ausgeblendet wird – sie verliert dann ihren „Kästchencharakter". Probieren Sie es einfach mal aus.

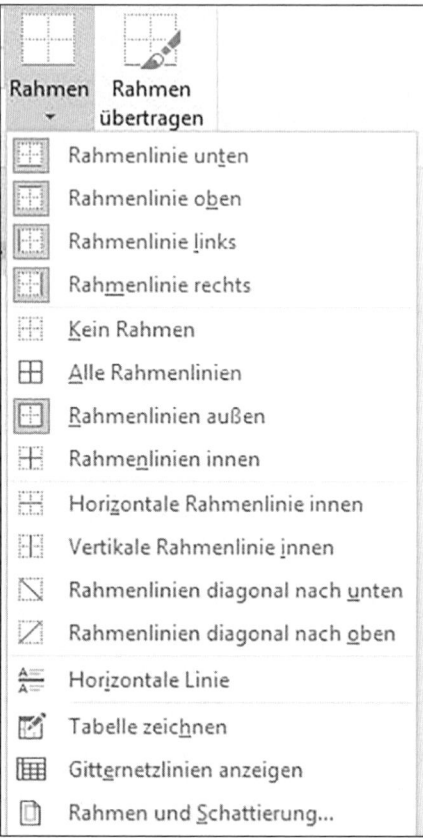

Abb. 20: Den Rahmen festlegen

- → Kein Rahmen. Das stellen Sie ein, wenn Sie die Tabellenfunktion als Ersatz für ein Hantieren mit einer Vielzahl von Tabulatoren genutzt haben und nur den Text angezeigt haben wollen.

Positionierung der Tabelle

Mit dem *Tabellensymbol* können Sie zwar die Tabelle von Hand verschieben, aber das ist recht ungenau. Insbesondere wenn Sie die Tabelle mittig haben wollen, geht das besser mit der oben angesprochenen Dialogbox *Tabelleneigenschaften*. Hier können Sie *zentriert* anwählen.

Verhältnis des äußeren Rahmens zum Fließtext

Bei der Platzierung des äußeren Rahmens im Verhältnis zum Fließtext haben sich von der Version 2010 zu den Versionen 2013/2016 Änderungen ergeben.

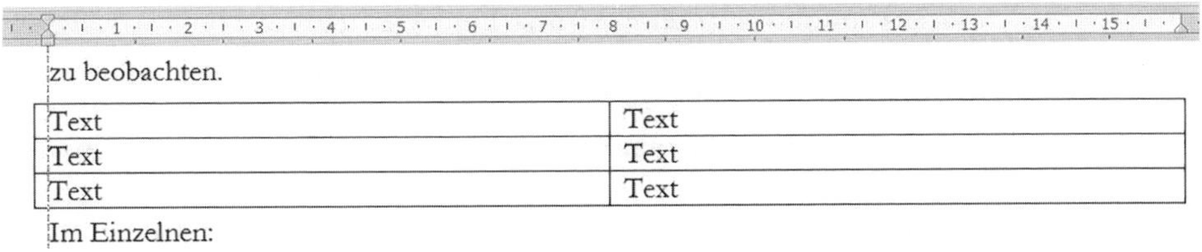

zu beobachten.

Text	Text
Text	Text
Text	Text

Im Einzelnen:

Abb. 21: Versatz der Rahmenlinien zum Fließtext (Word 2010)

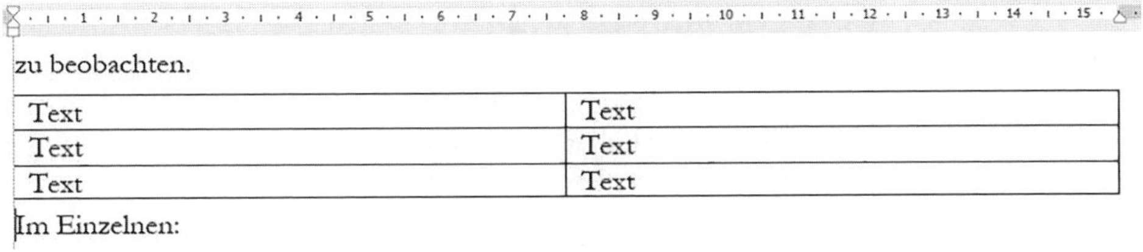

zu beobachten.

Text	Text
Text	Text
Text	Text

Im Einzelnen:

Abb. 22: Linksbündige Rahmenlinien (Word 2013/2016)

- Word 2010: Der Tabellenrahmen ragt links heraus. Der Text innerhalb der Tabelle ist auf den Fließtext ausgerichtet (Abb. 21). Wenn Sie die Tabellen linksbündig haben wollen, ist das sehr störend. Lösung: → Dialogbox *Tabelleneigenschaften* → Einzug von links: 0,19 cm. Der Rahmen schließt nun bündig mit dem Fließtext ab.
  Wenn Sie jedoch Ihre Tabelle ohne Rahmen erscheinen lassen wollen (weil der Aufbau mit vielen Tabulatoren zu umständlich wäre), lassen Sie die Einstellung, wie sie vorgegeben ist. Der Text in der Tabelle schließt genau mit dem Fließtext ab.
- 2013/2016: Ab der Version 2013 ist der Rahmen linksbündig ausgerichtet und der Text entsprechend eingezogen (Abb. 22). Wollen Sie die Tabelle ohne Rahmen erscheinen lassen, rücken Sie den Text der Tabelle nach links: → Dialogbox *Tabelleneigenschaften* → Einzug von links: –0,19 cm.

Wenn Sie viele Tabellen haben und diese Änderungen der Position nicht immer wieder eingeben wollen, können Sie die entsprechende Formatvorlage ändern: → Tabellentools → Entwurf → rechter Mausklick auf die hervorgehobene Formatvorlage im Bereich → Tabellenformatvorlagen → Tabellenformat ändern → links unten in der erscheinenden Dialogbox *Formatvorlage ändern*: Format → Tabelleneigenschaften → Reiter Tabelle.

Sie können nun den gewünschten Einzug einstellen. Alle Tabellen in Ihrem Dokument, die vorhandenen wie auch die, die Sie noch erzeugen, haben den gewünschten Einzug.

Lange Tabellen   Bei langen Tabellen stehen Ihnen einige spezielle Funktionen zur Verfügung.

→ Tabellentools → Layout → Überschriften wiederholen

Bei einer Tabelle, die auf die folgende Seite reicht, können Sie Word anweisen, die Überschrift im Tabellenkopf auf der folgenden Seite zu wiederholen. Klicken Sie die Überschrift an und gehen Sie auf den oben genannten Befehl. Die Überschrift bleibt immer oben, am Anfang der Tabelle, auch wenn Sie zusätzliche Zeilen in der Tabelle einfügen. Änderungen der Überschrift werden auch für die Überschrift auf der Folgeseite übernommen (die Überschriften sind quasi verkettet).

Alternativ können Sie dieses Verfahren verwenden: gewünschte Überschrift anklicken → Dialogbox *Tabelleneigenschaften* → Zeile → Gleiche Kopfzeile auf jeder Seite wiederholen.

Wenn Sie die Tabelle mit dem Tabellensymbol (auch unabsichtlich) verschoben haben, geht Word unbemerkt bei der Platzierung auf → Umgebend. Das aber stört die Wiederholungsfunktion. Lösung: → Dialogbox *Tabelleneigenschaften* → Tabelle → Textumbruch → Ohne.

Problem: Sie haben eine lange Tabelle, die unterbrochen werden soll, sich aber weigert. Lassen Sie sich zunächst mit → Start → ¶ die nicht formatierbaren Steuerzeichen anzeigen. Zeilen können hier von der Funktion → Nicht vom nächsten Absatz trennen betroffen sein. Markieren Sie die betroffenen Zeilen und deaktivieren Sie die Funktion (unter → Start → Gruppe Absatz (Pfeil rechts unten) → Zeilen- und Seitenumbruch).

Möglicherweise waren auch noch, ebenfalls in der Gruppe → Absatz, die Funktion → Absatzkontrolle oder die Funktion → Diesen Absatz zusammenhalten aktiviert. Deaktivieren Sie jeweils die störenden Funktionen, bis sich Ihre Tabelle passend auf zwei Seiten verteilt.

5.3.2 Die Gestaltung einer Abbildung

Wichtige Gestaltungsregeln   Während Tabellen normalerweise mit Word erzeugt werden, sind die Möglichkeiten bei Abbildungen (Grafiken) wesentlich vielfältiger; das reicht auch zu Grafiken aus anderen Programmen, die in Word eingebunden werden. Dieser Themenbereich ist zu komplex, um ihn hier detailliert zu beschreiben. Daher im Folgenden nur einige grundlegende Gestaltungsregeln:

- Ihre Abbildung soll Ihren Text unterstützen, nicht von ihm ablenken. Sie sollte also so einfach und prägnant wie möglich sein. Vermeiden Sie es, mit 3-D-Effekten Eindruck schinden zu wollen.
- Nehmen Sie keine zu kleine Schrift – die Inhalte müssen lesbar sein. Wenn Sie Ihre Arbeit in einem Verlag veröffentlichen, werden die Seiten noch verkleinert. Das sollten Sie im Auge behalten.
- Seien Sie vorsichtig bei Farbe. Wenn Sie in Schwarzweiß ausdrucken, müssen die einzelnen Grauflächen Ihrer Abbildung noch unterscheidbar sein.
- Achten Sie darauf, dass sich die Flächen und Textelemente nicht überschneiden.
- Bei mehreren zusammengehörigen Abbildungen sollte die Grundstruktur beibehalten werden.

> Wenn Sie in einem Balkendiagramm bei den Werten einzelner Bundesländer hellgraue und beim bundesdeutschen Durchschnitt dunkelgraue Balken haben, bleiben Sie bei den folgenden Abbildungen bei diesem Schema – grundlose Wechsel in der Darstellung verwirren, auch wenn die Zuordnung der Balken in der Legende jeweils richtig angegeben ist.

- Vergessen Sie nicht die Angabe der Einheiten.

> Mit Angaben wie *100* und *150* auf einer Achse ohne dazugehörige Einheit kann keine Leserin etwas anfangen.

- Kontrollieren Sie, ob Sie die Werte richtig umgesetzt haben.

> Wenn in einem Text von 5% die Rede ist, der Balken aber deutlich über der 10%-Marke liegt, stimmt etwas nicht.

- Geben Sie Ihrer Abbildung einen prägnanten Titel. Nutzen Sie dazu die Beschriftungsfunktion von Word, die Ihnen Aktualisierungen erlaubt (mehr dazu weiter unten).
- Die Quellenangabe erfolgt wie bei Tabellen (s. auch dazu die folgenden Abschnitte).

5.3.3 Die Beschriftung von Tabellen/Abbildungen

Vorteile der automatischen Beschriftung

Tabellen und Abbildungen müssen eine aussagekräftige Überschrift tragen, die Auskunft über die verwendeten Daten gibt. Nehmen Sie dazu die Hilfe von Word in Anspruch.
Eine automatische Beschriftung hat einige Vorteile:

* Die Tabelle/Abbildung wird mit der Beschriftung verkettet – es kann nicht passieren, dass die Tabelle/Abbildung auf der einen Seite und die Beschriftung auf der folgenden Seite steht.
* Die Nummerierung kann aktualisiert werden.
* Im Text sind Verweise möglich; auch sie sind aktualisierbar.
* Aus den Beschriftungen lässt sich ein automatisches, ebenfalls aktualisierbares Tabellen- bzw. Abbildungsverzeichnis erstellen.

Unterschätzen Sie die Vorteile der Aktualisierung nicht. Gerade bei einer händischen Nummerierung und ebensolchen Verweisen schleichen sich gern Fehler ein – vorzugsweise kurz vor der Abgabe.
Klicken Sie Ihre Tabelle/Abbildung an und gehen Sie auf → REFERENZEN [2010: VERWEISE] → BESCHRIFTUNG EINFÜGEN. Nun können Sie auswählen, wie Ihre Beschriftung aussehen soll (Abb. 23). Word nummeriert automatisch. Ebenso können Sie die gewünschte Position – bei Tabellen *oberhalb,* bei Abbildungen *unterhalb* – auswählen.

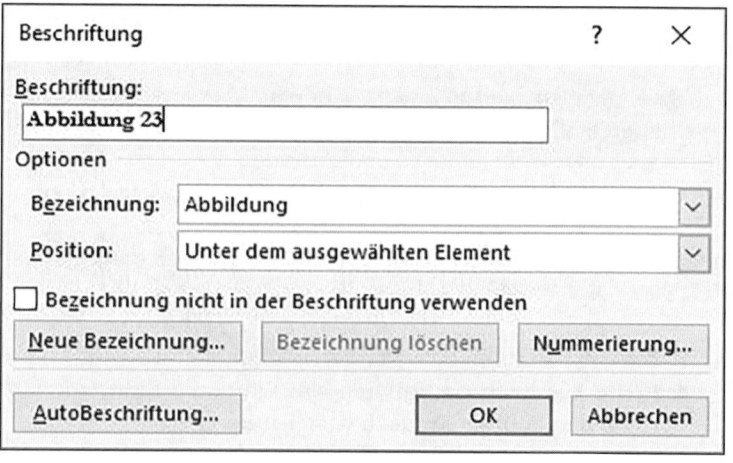

Abb. 23: Die Beschriftung einfügen

Wenn Sie die Schriftgröße usw. der Beschriftung *grundsätzlich* ändern wollen, ändern Sie die Formatvorlage *Beschriftung*, die hier wirksam ist. Wie Sie eine Formatvorlage ändern, erfahren Sie auf S. 244.

5.3.4 Die Legende

Unter die Beschriftung setzen Sie, wenn notwendig, Erläuterungen („Legende").

Hier ist Platz für Erläuterungen beispielsweise zu Abkürzungen, Symbolen oder Besonderheiten einzelner Zahlen. Diese in der Tabelle/Abbildung enthaltenen Verweise wie Sternchen oder hochgestellte kleine Buchstaben – mit Klammer, um ihn von Potenzziffern zu unterscheiden: a), b), c) – werden in der Legende mit den entsprechenden Erläuterungen in der richtigen Reihenfolge untereinander aufgeführt. Auch weitergehende Angaben wie etwa zur Signifikanz der Daten finden hier ihren Platz.

a) Nur Befragte über 65.
b) Wegen zu geringer Fallzahl keine Angaben möglich.

Eine Legende wird mit einer kleineren Schrift und in der Regel auch einzeilig gesetzt. Verweisen Sie nicht bei mehreren Tabellen mit gleichlautenden Legenden immer wieder auf die erste Tabelle – die Leserin will nicht blättern müssen, um die Tabelle, die sie gerade betrachtet, zu verstehen.

5.3.5 Die Quellenangabe

Anschließend (also nicht in einer Fußnote) setzen Sie die Quellenangabe. Auch wenn Sie etwa Daten einer eigenen Befragung verwendet haben, geben Sie die Quelle an. Solche Quellenangaben können etwa so aussehen:

Quelle: Meyer 2007: 45.
Quelle: Eigene Darstellung in Anlehnung an Meyer 2007: 45.
Quelle: Eigene Berechnung.

5.3.6 Notwendige Anpassungen

Änderungen innerhalb der Tabellen/Abbildungen können weitere Änderungen nach sich ziehen. So führt etwa ein anderer Zeitraum in einer Tabelle zu einem veränderten Tabellenkopf. Solche Änderungen kommen besonders bei Arbeiten vor, die sich über einen längeren Zeitraum erstrecken und in die im Laufe der Bearbeitungszeit neuere Zahlen und Daten einfließen.

> Sie hatten in einer Tabelle zunächst Angaben für importierte seltene Erden im Zeitraum 2010–2015. Jetzt konnten Sie aber neuere Zahlen von 2016 in die Tabelle einfügen.

Sie müssen nun anpassen:
- den Tabellenkopf,
- die Beschriftung: von *2010–2015* auf *2010–2016*,
- den Verweis im Text, falls Sie den Zeitraum erwähnt haben, und
- das Verzeichnis.

Wenn Sie händisch gearbeitet haben, müssen Sie das alles entsprechend nachtragen.

Falls Sie auf die Funktionen → Beschriftung und → Querverweis zurückgegriffen haben, ändern Sie zunächst die Beschriftung. Nach einer Aktualisierung passen auch die Querverweise und das Verzeichnis wieder.

5.3.7 Die Einbindung in den Text

Tabellen und Abbildungen sollten inhaltlich in den Text eingebunden werden. Sie müssen also im Fließtext an entsprechenden Stellen Hinweise geben. Dabei zeigen Formulierungen wie *Wie aus Tabelle 23 hervorgeht* an, dass Sie sich im Text mit der Tabelle/Abbildung inhaltlich auseinandersetzen.

Auch die Nummerierung muss stimmen. Wenn Sie keine automatische Beschriftung eingefügt haben, müssen Sie alles von Hand setzen und kontrollieren. Bei einer automatischen Beschriftung hat Word etwas, worauf es zugreifen kann. Einen Querverweis auf die Tabelle setzen Sie, wie bereits gezeigt, mit → Referenzen [2010: Verweise] → Querverweis.

5.4 Fußnoten/Anmerkungen

5.4.1 Verschiedene Funktionen von Fußnoten

Zunächst denkt man bei dem Wort „Fußnoten" an Literaturnachweise für (direkte oder indirekte) Zitate im Text.

Fußnoten mit Literaturnachweisen

> 3 Vgl. Schmitz, Eberhard, *Leier*, S. 28.

Ob Sie in Ihrer Arbeit zu diesem Zweck wirklich Fußnoten benötigen, hängt von Ihrer Zitierweise ab (s. den Abschnitt zu den Belegmethoden, S. 99): Sie entfallen, wenn Sie die Belege nach dem Muster (*Müller 2000: 28*) in den Fließtext integriert haben.

Fußnoten werden Sie ungeachtet der Belegmethode dennoch benötigen, wenn Sie Zusatzinformationen liefern wollen, die aber den Textfluss nicht stören sollen. Diese Informationen dürfen in der Regel nicht notwendig zum Verständnis des Textes sein. Zu diesen Anmerkungen gehören beispielsweise:

Fußnoten mit ergänzenden Informationen

- Verweise auf ergänzende, weiterführende Literatur oder auch abweichende Auffassungen in der Forschung,
- Verweis auf Material mit besonderen bibliographischen Angaben, etwa archivalische Quellen,
- weiterführende Erläuterungen und Definitionen zu Sachverhalten, die im Text beschrieben wurden, oder biographische Angaben zu neu eingeführten Personen,
- kurze Originaltexte oder bei fremdsprachlichen Texten der Originaltext oder die Übersetzung, je nachdem, was Sie in Ihrem Text angeführt haben. Längere Passagen dieser Art sollten Sie im Anhang unterbringen.

Eine Anmerkung als weiterführende Erläuterung findet sich ab S. 99 im Abschnitt zu den Belegmethoden (der Kessel von Gundestrup). Weitere Beispiele:

- **Erläuterungen zur Forschung**

> Sie schreiben eine Arbeit über die Handelsbeziehungen zwischen Deutschland und Indonesien. Dabei kommen Sie auf die Auffassung zu sprechen, dass zurückkehrende Migranten durch ihre bessere Ausbildung im Ausland einen positiven Einfluss auf die Wirtschaft in ihrem Heimatland haben.

> *In einer Anmerkung führen Sie Autoren an, die in dieser Frage einen gegensätzlichen Standpunkt einnehmen.*
> **Aber:** In einer Arbeit, in dem die Auswirkungen der Migration im Mittelpunkt stehen, ist diese Auseinandersetzung ein zentraler Gesichtspunkt und gehört in den Fließtext.

- **Vorbeugen von Fragen und Missverständnissen**

> Sie haben im Anfangsstadium Ihrer Arbeit Zahlen genannt, die auf einem damals aktuellen Jahresbericht eines Verbands aus dem Jahr 2013 beruhten. Inzwischen sind aber einige Jahre vergangen.
> *Falls Sie keine aktuelleren Zahlen bekommen können, weisen Sie in einer Anmerkung darauf hin, dass der Verband seit 2013 keine Jahresberichte mehr herausgibt.*

- **Ergänzende Erläuterungen**

> Sie schreiben über das Kunstmäzenatentum von Papst Julius II. In diesem Zusammenhang kommen Sie auf die Moses-Statue von Michelangelo zu sprechen und erwähnen, dass Moses lange Zeit mit Hörnern dargestellt wurde.
> *In einer Anmerkung erläutern Sie, dass diese Auffassung auf eine falsche Bibelübersetzung zurückgeht.*
> **Aber:** Wenn Sie eine kunstgeschichtliche Arbeit über die bildliche Darstellung des Moses im Laufe der Jahrhunderte schreiben, ist diese fälschliche Bibelübersetzung ein zentraler Punkt Ihrer Arbeit, der selbstverständlich in den Fließtext gehört.

Kombinierte Fußnoten Es ist auch möglich, in einer Fußnote sowohl Literaturbelege als auch weiterführende Anmerkungen zu bringen. Die Abgrenzung übernimmt in diesem Fall ein Gedankenstrich; in Fußnoten werden keine Absätze gemacht.

> 4 Vgl. Schmidt 2007:28. – Eine andere Datierung hat Müller (2012:43–46) vorgelegt; er nimmt als Entstehungszeit das 11. Jh. an.

Bei Fußnoten müssen Sie nur einige wenige Regeln beachten:

Die
Rechtschreibung

- Am Anfang jeder Fußnote wird großgeschrieben.
- Am Ende jeder Fußnote steht ein Punkt. Das gilt auch dann, wenn Sie nur einen kurzen Literaturbeleg haben. Denken Sie daran, dass bei einem Punkt am Ende einer Abkürzung kein weiterer Satzschlusspunkt folgt.

Falsch: [4] Ebd..
Richtig: [4] Ebd.

5.4.2 Die Gestaltung von Fußnoten

Fußnoten unterscheiden sich deutlich vom Fließtext. Sie werden einzeilig und mit einer kleineren Schrift geschrieben. Sie stehen, getrennt vom Text durch einen horizontalen Strich, unten auf der Seite oder auch, als sogenannte Endnoten, gebündelt am Ende des Textes. Diese Charakteristika erhalten Sie, ohne dass Sie sich darum kümmern müssen, wenn Sie auf → REFERENZEN [2010: → VERWEISE] → FUSSNOTE EINFÜGEN gehen. Dabei steht nach der Fußnotenziffer ein Leerzeichen.

Bei einer zu langen Fußnote, die nicht mehr auf die Seite passt, befördert Word möglicherweise die Zeile mit der Fußnotenziffer auf die folgende Seite. In anderen Fällen führt es die Fußnote auf der nächsten Seite fort; dann erzeugt Word einen längeren horizontalen Strich (die Fußnoten-Fortsetzungstrennlinie), um darauf hinzuweisen. Sie können dann einen Fortsetzungshinweis einfügen (s. dazu S. 80).

Zu lange Fußnote

Versuchen Sie, in den Fußnoten Zusammenhängendes wie z. B. und Zahlen vor Maßeinheiten wie *200 t* mit einem geschützten Leerzeichen − Strg. + Shift + Leertaste − zusammenzuhalten. Haben Sie Fußnoten mit vielen derartigen Kombinationen, die dann am Zeilenende nicht getrennt werden, können im Blocksatz große Löcher entstehen. Wählen Sie in diesem Fall besser den Flattersatz (linksbündig), mehr dazu unten.

Zusammenhängendes zusammenhalten

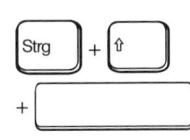

Um eine Fußnote zu löschen, reicht es nicht, wenn Sie nur die Fußnote unten auf der Seite (Fußnotenziffer und Fußnotentext) löschen. Löschen Sie stattdessen die Fußnotenziffer im Text.

Eine Fußnote löschen

Für *grundlegende* Änderungen in der Gestaltung der Fußnoten müssen Sie die Formatvorlage *Fußnotentext* bearbeiten. (Wie man Formatvorlagen findet, die nicht in der Menüleiste im Bereich

Grundlegende Änderungen per Formatvorlage

Formatvorlagen angezeigt werden, erfahren Sie auf S. 246, wie Sie sie ändern, auf S. 244).

→ Formatvorlage *Fußnotentext* → Ändern → Format. Sie können nun Ihre Änderungen eingeben.

Tabstopps und hängenden Einzug einfügen

Wenn Sie wollen, dass der Fußnotentext immer ganz genau an derselben Stelle beginnt, brauchen Sie nach der Fußnotenziffer einen Tabulator (Tabstopp). Dieser ist auch notwendig, wenn der Fußnotentext bei mehrzeiligen Fußnoten immer genau unter dem Text der ersten Zeile stehen soll (also mit einem sogenannten „hängenden Einzug"). Sie können den Text aber auch unter die Fußnotenziffer laufen lassen; beide Formen sind gebräuchlich. (Mehr zu Tabulatoren erfahren Sie auf S. 258, zum hängenden Einzug auf S. 267.)

→ Start → Gruppe Absatz (Pfeil rechts unten) → Einzüge und Abstände → unten links: Tabstopps. Setzen Sie nun den passenden Tabstopp. Er sollte so gewählt sein, dass der Fußnotentext auch bei zwei- oder sogar dreistelligen Fußnotenziffern noch nach der Ziffer beginnt.

1→Der Text der Fußnote 1 ist lang und umfasst zwei Zeilen. Die zweite Zeile läuft unter die Fußnotenziffer.

Setzen Sie zusätzlich mit → Start → Gruppe Absatz (Pfeil rechts unten) → Einzüge und Abstände → Sondereinzug → Hängend einen hängenden Einzug auf denselben Wert wie den Tabstopp. Dann erhalten Sie eine gerade Linie.

1→Der Text der Fußnote 1 ist lang und umfasst zwei Zeilen. Die zweite Zeile läuft dank des hängenden Einzugs nicht mehr unter die Fußnotenziffer.

Wenn Sie das durchgeführt haben, können Sie dann jeweils das Leerzeichen nach der Fußnotenziffer durch einen Tabsprung (Drücken der Tabulatortaste) ersetzen. So müssen Sie nicht jedes Mal den Wert für den Tabulator neu eingeben. Ebenso können Sie aber auch das Leerzeichen mit Suchen/Ersetzen hier generell ersetzen: s. dazu S. 328).

Blocksatz oder Flattersatz wählen

Wählen Sie den Block- oder Flattersatz (linksbündig) direkt im Menüband in der → Gruppe Absatz oder unter → Start → Gruppe Absatz (Pfeil rechts unten) → Einzüge und Abstände → Ausrichtung → Links (Flattersatz) oder → Blocksatz. Grundsätzlich sind beide Formen gebräuchlich. Beim Blocksatz ist der oben beschriebene Tabstopp nach der Fußnotenziffer besonders wichtig, denn hier sind die Zwischenräume zwischen den einzelnen Wörtern pro Zeile verschieden groß. Falls zwischen der Fußnotenziffer und dem Fußnotentext also nur ein Leerzeichen steht, hat auch dieses eine unterschiedliche Breite. Das erste Wort einer Fußnote beginnt somit nicht immer an derselben Stelle.

Auf die oben beschriebene Weise können Sie über die Formatvorlage *Fußnotentext* auch die Schriftart und -größe ändern. Wenn Ihre Fußnoten etwa mit einem kleinen Abstand voneinander getrennt sein sollen, geben Sie bei → ABSTAND NACH einen kleinen Wert ein, beispielsweise 3.

Normalerweise zählt Word die Fußnoten von vorne bis hinten automatisch durch. Wenn Sie eine andere Zählweise wünschen, gehen Sie unter → REFERENZEN [2010: VERWEISE] auf den kleinen Pfeil rechts unten im Bereich → FUSSNOTEN. Es erscheint eine Dialogbox, mit der Sie die gewünschte Nummerierung einstellen können (Abb. 24).

Weitere Formatierungen eingeben

Die Nummerierung ändern

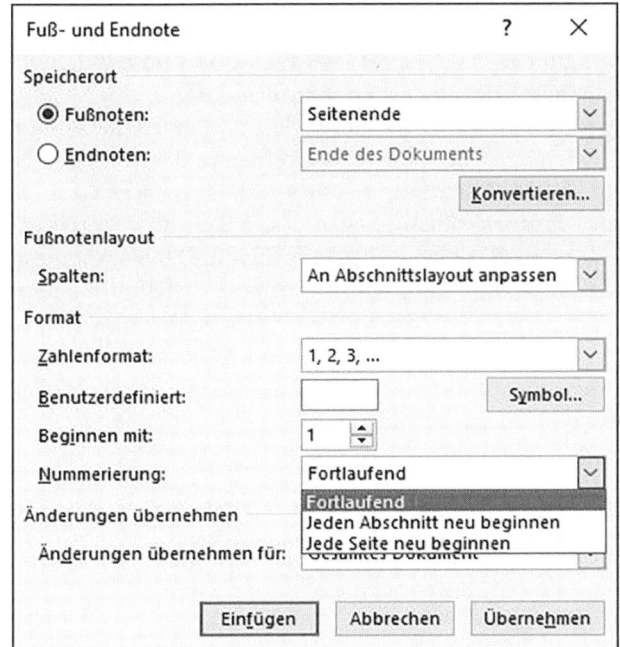

Abb. 24: Die Dialogbox *Fuß- und Endnote*

Den
Fußnotenbereich
bearbeiten

Mit dem Befehl → Ansicht → Bereich Dokumentansichten → Entwurf wechseln Sie zunächst in die Entwurfsansicht. Unter → Referenzen [Word 2010: Verweise] → Bereich Fussnoten → Notizen anzeigen stehen Ihnen nun einige interessante Funktionen zur Verfügung.

So können Sie die Abstände *Fließtext – Fußnotentrennlinie* und *Fußnotentrennlinie – Fußnotentext* ändern. Im erscheinenden Aufklappmenü wählen Sie statt → Alle Fussnoten nun → Fussnotentrennlinie. Sie kommen jetzt an alle (überflüssigen) Absatzmarken heran und können falls gewünscht mit → Start → Gruppe Absatz (Pfeil rechts unten) → Einzüge und Abstände → Abstand vor bzw. Abstand nach die Abstände vor und nach der Fußnotentrennlinie genau festlegen. Das ist vor allem dann interessant, wenn Sie wenig Platz haben und Ihnen die vorgegebenen Abstände zu groß sind.

Ebenso können Sie im Aufklappmenü auf → Fussnoten-Fortsetzungstrennlinie gehen und diese verändern, z. B. sie mit → Start → Gruppe Absatz (Pfeil rechts unten) → Einzüge und Abstände → Einzug rechts verkürzen, oder → Fussnoten-Fortsetzungshinweis anwählen und einen Text eingeben, der auf die Fortführung der Fußnote hinweist.

Die Fußnoten
überprüfen

Die Funktion → Alle Fussnoten im Aufklappmenü kann Ihnen ebenfalls gute Dienste leisten, nämlich dann, wenn Sie alle Fußnoten auf einen Blick haben wollen; sie erscheinen allerdings recht klein. (Eine Alternative: Sie können in der normalen Layout-Ansicht mit der Funktion → Start → Ersetzen → Gehe zu den Bereich Fussnote wählen; hier müssen Sie mit → Weiter von einer Fußnotenziffer zur nächsten springen. Der Vorteil dieser Methode ist, dass die Fußnoten in normaler Schriftgröße angezeigt werden.)

Mit einem → Ansicht → Bereich Dokumentansichten → Seitenlayout kommen Sie aus dem Notizen-anzeigen-Bereich zu Ihrer gewohnten Ansicht zurück.

6 Zitieren

Ein wichtiges Element Ihrer Arbeit ist die Auseinandersetzung mit der Literatur, also dem vorhandenen Wissen. Sie sichten und arbeiten heraus, was dazu beiträgt, Ihre Forschungsfrage zu beantworten. Dafür *zitieren* Sie Aussagen, die für Ihre Fragestellung wichtig sind.

Ebenso *belegen* Sie das Zitat, geben also die Fundstelle an (mehr dazu im folgenden Kapitel).[3]

Oft wird gefragt, wie häufig man denn zitieren müsse – mindestens zweimal pro Seite? Oder noch mehr? Diese Frage verkennt, *warum* man zitiert. Es geht darum, die für die eigene Arbeit wichtige Literatur heranzuziehen. Eine feste „Quote" kann es hier nicht geben. Eine empirische Arbeit, die auf eigenen Untersuchungen beruht, wird mit wesentlich weniger Zitaten auskommen als eine geisteswissenschaftliche Abhandlung. Wichtig ist, dass Sie das relevante Wissen zu Ihrem Thema anführen.

Wie viel zitieren?

- Sie zitieren kein Allgemeinwissen – etwa einen Lexikoneintrag, um zu belegen, wann der Zweite Weltkrieg stattgefunden hat.
- Zitieren Sie nicht, um die Seiten zu füllen, sondern nur in dem Umfang, wie es notwendig ist, um Ihre Fragestellung zu beantworten. Bei einer sehr langen Quelle beschränken Sie sich auf wesentliche Punkte, mit denen Sie sich dann auseinandersetzen.

Geht es um die genauere Betrachtung einer Quelle, wird in der Regel das Präsens verwendet – betrachten Sie sie, als läge sie vor Ihnen auf dem Schreibtisch. Das gilt auch, wenn übrige Teile im Imperfekt stehen.

Die Zeitform

> Umstritten **war** im 19. Jh. John Stuart Mill mit seinen Auffassungen zur Stellung der Frau. In seiner Schrift „Die Hörigkeit der Frau" **prangert** er die Unterdrückung der Frau an.

---

3 Die Originalbeispiele in diesem Kapitel stammen überwiegend von den Philosophen John Stuart Mill (*Die Hörigkeit der Frau*, 1869) und Amartya Sen (*Die Idee der Gerechtigkeit*, 2010) sowie aus einem Buch zu den historischen Hintergründen von Asterix-Comics (René van Royen und Sunnyva van der Vegt: *Asterix – die ganze Wahrheit*, 1999).

Fremdes Wissen können Sie so zitieren:

Direkte Zitate
Indirekte Zitate

- *direkt* (im genauen Wortlaut), mit Anführungszeichen· oder
- *indirekt* (sinngemäß), ohne Anführungszeichen.

Direkte wie indirekte Zitate werden in den laufenden Text integriert. Eine Ausnahme davon bildet das sogenannte *Blockzitat*, ein längeres direktes Zitat, das als eigener Abschnitt gestaltet wird.

Den Sinn nicht verfälschen

Eine wichtige Maxime für alle Arten von Zitaten lautet: *Sie dürfen den Sinn niemals verfälschen.*

Ein bekanntes Beispiel für eine Verfälschung ist das des römischen Philosophen Seneca über das Lernen. Seine Kritik an der lebensfernen Unterweisung in den damaligen Schulen drückte er so aus:

> „Nicht für das Leben, sondern für die Schule lernen wir" (Seneca)

Der Text ist erhalten. Das hat Generationen von Pädagogen aber nicht davon abgehalten, den Sinn in sein Gegenteil zu verkehren. Bekannt und vielfach in Schulen verewigt ist die Form:

> „Nicht für die Schule, sondern für das Leben lernen wir" (Pädagoge, der es mit der Wahrheit nicht so genau nimmt)

So sollten Sie in Ihrer Arbeit nicht mit Zitaten umgehen.

6.1 Direkte Zitate

Direkte (wörtliche) Zitate sollten Sie nur selten verwenden: Sie sind dann angebracht, wenn es auf den *genauen Wortlaut* der Textstelle ankommt, also etwa

- besonders prägnante Formulierungen und Kernaussagen,
- Definitionen,
- Gesetzestexte,
- Auszüge aus (historischen) Quellen.

Beispiel:

> Diese Bemühungen gehen auf das im Artikel 72 GG formulierte Gesetzgebungsrecht des Bundes zurück; hier ist von einer „Gleichwertigkeit der Lebensverhältnisse" die Rede.

6.1.1 Änderungen innerhalb eines wörtlichen Zitats

Der Inhalt muss bei direkten Zitaten wortgetreu wiedergegeben werden; schreiben Sie also das Zitat auch wirklich ganz genau ab. Hier schleichen sich schnell (sinnentstellende) Fehler ein.

Im Folgenden werden *erlaubte* Änderungen an direkten Zitaten erläutert. Die betreffenden Stellen sind zur Verdeutlichung im Original und im dazugehörigen Beispiel durch Fettdruck hervorgehoben.

Sie dürfen bei einem wörtlichen Zitat Teile weglassen, wenn dadurch der Sinn nicht verfälscht wird. Dazu verwenden Sie drei Punkte in eckigen Klammern. Gelegentlich werden dafür auch runde Klammern verwendet; das funktioniert dann, wenn im betreffenden Originaltext selbst keine runden Klammern vorhanden sind.

Auslassungen

Original:

> „Nach Poseidonios wird **nämlich** nicht allein dem Druiden, **wie bereits gezeigt,** sondern auch dem Barden von den Stammesgefährten Gehorsam geleistet" (Royen/Vegt 1999: 40).

Korrekt gekürzte Fassung:

> „Nach Poseidonios wird [...] nicht allein dem Druiden [...], sondern auch dem Barden von den Stammesgefährten Gehorsam geleistet" (Royen/Vegt 1999: 40).

Original:

> „Der keltische Barde sang den antiken Autoren zufolge Lob- und Spottlieder" (Royen/Vegt 1999: 39).

Falsch gekürzte Fassung:

> „Der keltische Barde sang [...] Lob- und Spottlieder" (Royen/Vegt 1999: 39).

Wird das „den antiken Autoren zufolge" weggelassen, wird unterschlagen, dass man die Art der keltischen Lieder nicht wirklich kennt, sondern auf die Berichte fremder Beobachter angewiesen ist.

Ergänzungen
durch Sie selbst Geben Sie einen Text als Zitat wieder, überprüfen Sie, ob der Leser weiß, wer bzw. was gemeint ist. Falls nein, ergänzen Sie den Begriff in einer eckigen Klammer und setzen Ihre Initialen oder die Erläuterung *d. Verf.* hinzu. Hießen Sie *Laura Meyer*, könnte das so aussehen:

> „Allerdings hat diese Kraft **[der Mistel, L. M.]** nichts mit dem spielerischen Zerbröseln römischer Heerlager zu tun, womit sich Asterix und Co. immer wieder vergnügen" (Royen/Vegt 1999:32).

Davon zu unterscheiden sind Ergänzungen, die sich durch einfache Verschiebungen im Text ergeben. Es geht hier um Ausdrücke, die schon vorher im Original standen und nur an eine andere Stelle gewandert sind. Initialen sind hier nicht notwendig.

> Die Autoren erläutern, dass „diese Kraft nichts mit dem spielerischen Zerbröseln römischer Heerlager zu tun **[hat]**, womit sich Asterix und Co. immer wieder vergnügen" (Royen/Vegt 1999:32).

Hervorhebungen
im Zitat
Bei einer Hervorhebung in einem Zitat hat die Leserin das Recht zu erfahren, ob diese Hervorhebung schon im Original vorhanden war – und damit auf eine besondere Betonung durch den Autor schließen lässt – oder ob sie nachträglich gesetzt wurde.

- **Hervorhebung im Original:** Sie setzen hinter das Zitat eine entsprechende Anmerkung, die auch abgekürzt sein kann: *Hervorhebung im Original* oder *Hervorh. i. Orig.*

> Mill betont den Vorteil, den die Männer durch die Konkurrenz der Frauen erhalten würden: „die Notwendigkeit, den Vorrang vor diesen zu *verdienen*" (Mill 1997 [1869]:137, **Hervorh. i. Orig.).**

Sie müssen derartige Hervorhebungen nicht genau wie im Original darstellen; in der Regel nimmt man *Kursivschrift*.

- **Hervorhebung durch Sie selbst:** Hier setzen Sie ebenfalls einen entsprechenden Hinweis, z. B. *Hervorh. d. Verf.* oder *Hervorh.* mit Ihren Initialen.

> Laut Mill bestimmt allein das Verhalten des Menschen die Achtung, die ihm gebührt: „nicht, was er *ist*, sondern was er *tut*" (Mill 1997 [1869]:135) **(Hervorh. L. M.)**

Sic = so lautet die Quelle (also: *„nicht mein Fehler"*). Mit diesem Zusatz kennzeichnen Sie eindeutige Rechtschreib- und sonstige offensichtliche Fehler wie falsche Jahreszahlen, Zahlendreher oder Namensverwechslungen. Im folgenden Beispiel müsste es natürlich „Entlassung" heißen. | **Sic!**

> Der Kommentar erläutert, dass laut § 38 Abs. 1 GmbHG „zur Entlausung **[sic!]** die Gesellschafter bzw. die Gesellschafterversammlung berechtigt sind."

Das *sic!* sollte aber auf keinen Fall dazu benutzt werden, eine abweichende Meinung abzuqualifizieren; in diesem Fall wäre eine begründete Kritik notwendig.

Bei einer abweichenden Rechtschreibung können Sie | **Übernahme der Rechtschreibung**

- alte Schreibweisen genau übernehmen. Diese müssen Sie dann nicht jeweils mit *[sic!]* als falsch markieren,
- Texte, die durchgehend in einer anderen Rechtschreibung als der heutigen verfasst sind, an die heutige Rechtschreibung anpassen. Machen Sie einen entsprechenden Vermerk, wie Sie vorgegangen sind, ganz am Anfang Ihrer Arbeit oder in einer Fußnote beim ersten Erscheinen eines solchen Zitats.

Welches Vorgehen Sie wählen, hängt auch von der Art Ihrer Arbeit ab. In einer sprachwissenschaftlichen oder historischen Arbeit kann die originale Wiedergabe des Textes sehr wichtig sein, während etwa in der Soziologie die Argumentationen Max Webers unabhängig von ihrer Schreibweise betrachtet werden können.

Falls Word bei Texten mit veralteter Rechtschreibung dauernd an der Schreibweise herummäkelt und sie als vermeintliche Fehler unterkringelt, gehen Sie so vor:

- Markieren der betreffenden Passage.
- → Überprüfen → Sprache → Sprache für die Korrekturhilfen festlegen.
- → Rechtschreibung und Grammatik nicht prüfen aktivieren. Bei der Prüfung wird dieser markierte Teil übergangen.

Stehen im Originaltext schon doppelte Anführungszeichen, weil die Autorin einen anderen Autor zitiert oder etwas hervorhebt, setzen Sie innerhalb des Zitats *einfache* Anführungszeichen. | **Zitat im Zitat**

> „Benthams Diagnose, dass die ‚Menschenrechte' nur ‚Unfug'
> [...] sind, ist nur lautstarker Ausdruck einer allgemeinen [...]
> Skepsis" (Sen 2010: 384).

Wie man diese einfachen Anführungszeichen erzeugt, erfahren
Sie weiter unten (S. 89).

Verweise im Originaltext Wenn Sie im Text, den Sie zitieren, auf einen Quellenverweis stoßen, den Ihre Autorin eingefügt hat, machen Sie das sprachlich
mit Formulierungen wie „unter Berufung, unter Verweis auf XY"
deutlich.

> Sen (2010) verweist in diesem Zusammenhang auf Rawls' 1975
> erschienene *Theorie der Gerechtigkeit*.

Rawls müssen Sie dann nicht gesondert im Literaturverzeichnis
angeben.

6.1.2 Sprachliche Einbindung der Zitate in den Text

Zitate können auf vielfältige Weise in den Text eingebunden werden. Es ist auch möglich, nur einzelne Teile eines Satzes als wörtliches Zitat einzubauen. Das wird im Folgenden anhand eines
Zitats der Autoren des Buches über die historischen Hintergrün-
de der Asterix-Comics demonstriert; sie bedauern, dass vielen Ge-
schichtsbüchern keine „Übersetzung" historischer Fakten für den
allgemeinen Leser gelinge.

Beachten Sie, dass bei einer Quellenangabe im laufenden Text,
wie bei der Harvard-Methode *(Autorenname – Erscheinungsjahr –
Seitenzahl)*, der Schlusspunkt des Zitats entfällt; der Satzschlusspunkt steht nach der Quellenangabe.[4] Auch hier werden wichtige
Stellen durch Fettdruck hervorgehoben.

- Bei der einfachsten Form wird das Zitat durch einen Satz eingeleitet, bleibt aber ansonsten unverändert stehen.

> Die Autoren erläutern: „Das Bild der Vergangenheit wird
> nicht in eine farbenfrohe Welt umgesetzt, so wie wir sie täg-
> lich vor Augen haben" (Royen/Vegt 1999: 12).

---

4 Wie das bei Belegmethoden mit Fußnoten gemacht wird, erfahren Sie ab
S. 102.

- Wenn das Zitat innerhalb eines Satzes steht, passt es sich an und wird gegebenenfalls (falls es nicht mit einem Substantiv beginnt) am Anfang kleingeschrieben.

> Die Autoren erläutern, dass „das Bild der Vergangenheit wird nicht in eine farbenfrohe Welt umgesetzt, so wie wir sie täglich vor Augen haben" (Royen/Vegt 1999:12).

- Im Beispiel oben passt die Grammatik nicht mehr *(dass ... das Bild der Vergangenheit wird)*. Stellen Sie das Zitat in solchen Fällen um. Dazu dienen die oben beschriebenen eckigen Klammern. Weitere Angaben (Initialen) sind in diesem Fall nicht notwendig.

> Die Autoren erläutern, **dass** „das Bild der Vergangenheit [...] nicht in eine farbenfrohe Welt umgesetzt **[wird]**, so wie wir sie täglich vor Augen haben" (Royen/Vegt 1999:12).

Aber das wirkt doch reichlich pingelig. Die Auslassungs- und Ergänzungsklammern sollten eher für die vernünftige Verkürzung eines Zitats und notwendige Ergänzungen verwendet werden. Eleganter ist es, nur Teile des Zitats in den Satz einzubauen.

> Die Autoren erläutern, dass das Bild der Vergangenheit „nicht in eine farbenfrohe Welt" umgesetzt wird, „so wie wir sie täglich vor Augen haben" (Royen/Vegt 1999:12).

Nützliche Formulierungen für den Einleitungssatz:
XY behauptet, macht deutlich, führt an, merkt an, nimmt an, legt dar, stellt dar, beschreibt, verweist auf, geht davon aus, dass ...
XY ist der Auffassung/Meinung, vertritt die Auffassung, dass ...
XY betont, hebt hervor, kritisiert, gibt zu bedenken, dass ...
XY schlussfolgert, gelangt zu dem Ergebnis, dass ...

- Zitate müssen aber nicht immer mit derartigen Einleitungen versehen sein.

> Mills Bewertung der Lage der Frau als „Leibeigene ihres Mannes" (Mill 1997 [1869]:52) war zur damaligen Zeit eine Provokation.

6.1.3 Das Blockzitat

Längere direkte Zitate werden nicht in den Fließtext eingebaut: Sie bilden einen eigenen Absatz und werden durch eine andere Gestaltung vom umgebenden Text abgehoben.

> Sen erläutert zur Frage von Menschenrechten und Gesetzgebung:
> „Auch die Freiheit eines Stotterers, in öffentlichen Versammlungen zu reden, ohne verhöhnt oder ausgelacht zu werden, ist wichtig und muss geschützt werden, aber das ist eine ethische Forderung, und wahrscheinlich fällt der Verstoß gegen die Redefreiheit des Stotterers auch nicht in den Bereich des Strafrechts (schlechtes Benehmen wird nicht mit Geldstrafen oder Gefängnis geahndet)." (Sen 2010:392)

Als Faustregel für diese Form eines Zitats gilt: Ein Blockzitat ist alles, was mehr als 40 Wörter umfasst oder länger als zwei bis drei Zeilen ist. Ein mögliches Vorgehen:

- Markieren Sie Ihr Zitat.
- Geben Sie unter → START → Gruppe ABSATZ (Pfeil rechts unten) → EINZÜGE UND ABSTÄNDE → EINZUG LINKS einen Wert ein; mit etwa 1–1,5 cm liegen Sie ganz richtig.
- Ein entsprechender → EINZUG RECHTS mit demselben Wert hebt das Zitat noch deutlicher vom übrigen Text ab.
- Sie können auch eine kleinere Schrift und einen geringeren Zeilenabstand wählen.
- Erhöhen Sie jeweils den Abstand zwischen dem regulären Text und dem Blockzitat, z. B. um → ABSTAND VOR bzw. NACH: *6 pt*.
- Anführungszeichen am Anfang und Ende des Blockzitats können gesetzt werden, müssen das aber nicht, da es sich deutlich genug abhebt.
  - Lassen Sie die Anführungszeichen am Anfang und Ende des Blockzitats weg, stehen Zitate *innerhalb* des Blockzitats in doppelten Anführungszeichen.
  - Setzen Sie die Anführungszeichen, stehen Zitate *innerhalb* des Blockzitats in einfachen Anführungszeichen.
- Die Quellenangabe steht hinter dem abschließenden Punkt des Zitats.

6.1.4 Die Anführungszeichen

Die gebräuchlichen Formen von typographischen Anführungszeichen sind:

Richtige Anführungszeichen

- die sogenannten *Gänsefüßchen*: „Wort" (Merkhilfe: $_{99}$ und ^{66}), in der einfachen Form: ‚Wort' (Merkhilfe: $_9$ und ^{6}),
- die spitzen Anführungszeichen, auch *Guillemets* genannt: »Wort«, in der einfachen Form: ›Wort‹. Die umgekehrte Verwendung mit nach außen zeigenden Spitzen – «Wort» und ‹Wort› – ist im Französischen und in der Schweiz gebräuchlich.
- Die Zollzeichen – "Wort" – sind falsch. Hinzu kommt: Die korrekten typographischen Anführungszeichen, ob nun Gänsefüßchen oder Guillemets, geben durch ihre verschiedene Form am Anfang und am Ende einer Passage genau an, wann ein Zitat beginnt und wann es endet. Das können die Zollzeichen nicht.

Falsche Anführungszeichen

- Falsch sind auch Akzente als Anführungszeichen, ebenso ein doppeltes *Größer-als-* bzw. *Kleiner-als*-Zeichen – es ist viel zu groß und zerreißt den Text förmlich.

> **Richtig:** „Ja." – »Ja.« – «Ja.»
> **Falsch:** "Nein." – ` Nein. ´ – >>Nein.<<

Die korrekten Gänsefüßchen und die Guillemets gibt es nicht auf der Tastatur. Was tun?

Erzeugen der richtigen Anführungszeichen

- Bei den **Gänsefüßchen** hilft Word weiter: Es gibt eine Funktion, mit der Word die Zollzeichen automatisch umwandelt. Dabei setzt es sie korrekt nach links unten und rechts oben. Dazu aktivieren Sie unter → Datei → Optionen → Dokumentprüfung → Autokorrektur-Optionen → Autoformat während der Eingabe die Funktion "Gerade" Anführungszeichen durch „typographische". Sie brauchen dann nichts weiter zu tun: Sie drücken wie gewohnt auf Ihre Taste mit den Zollzeichen, und Word wandelt sie automatisch in Gänsefüßchen um.

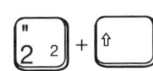

- Bei den **Guillemets** geben Sie die Anführungszeichen per ANSI-Code ein. Dazu drücken Sie die Alt -Taste und geben auf dem Nummernblock eine bestimmte Zahl ein.

  Alt + 0187: »
  Alt + 0171: «
- Bei einem **Zitat innerhalb eines Zitats** werden einfache Anführungszeichen gesetzt. Mischen Sie dabei nicht die beiden ver-

schiedenen Formen: Setzen Sie also nicht bei doppelten Gänsefüßchen die einfachen Guillemets und umgekehrt.

> **Richtig:** „So ‚geht' es." – »So ›geht‹ es.«
> **Falsch:** „So geht es ›gar‹ nicht." – »So geht es ‚gar' nicht.«

Alt + 0130: ‚
Alt + 0145: '
Alt + 0155: ›
Alt + 0139: ‹

- Bei längeren **englischen Zitaten** wird empfohlen, die korrekten englischen Anführungszeichen zu benutzen: "Wort" (Merkhilfe: ⁶⁶ und ⁹⁹) bzw. bei einfachen Anführungszeichen 'Wort' (Merkhilfe ⁶ und ⁹).

Alt + 0147: "
Alt + 0148: "
Alt + 0145: '
Alt + 0146: '

- Wenn Sie etwa bei einem Laptop schlecht an die Ziffern des Nummernblocks kommen, können Sie die Zeichen auch über die *Einfügen*-Funktion erzeugen. Gehen Sie auf → Einfügen → Symbol → Weitere Symbole → Symbole und stellen Sie zunächst Ihre Schriftart ein. In der Tabelle sehen Sie verschiedene Sonderzeichen, eben auch die Anführungszeichen.[5]
- Setzen Sie nicht statt des einfachen schließenden Gänsefüßchens einen Apostroph. Dieser ist genau andersherum gebogen (Merkhilfe: ⁹).

> ' (Apostroph) versus ' (einfaches Gänsefüßchen)

- Möglicherweise brauchen Sie aber tatsächlich Zollzeichen. Wenn Word die Zollzeichen in Gänsefüßchen umgewandelt hat, können Sie das jeweils mit Strg. + Z rückgängig machen.

Nachträgliches Ersetzen durch richtige Anführungszeichen

Wenn Sie aber immer Zollzeichen gesetzt haben, weil Sie die Word-Funktion nicht kannten, können Sie die Zollzeichen auch

---

5 Falls Sie nicht sicher sind, ob Sie das richtige Anführungszeichen erwischt haben, wählen Sie über das Aufklappmenü statt der Angabe → Unicode (hex) die Angabe → ASCII (dezimal). Dann erscheint links bei → Zeichencode eine Nummer, die Sie mit den oben angegebenen Nummern abgleichen können.

später noch durch doppelte Gänsefüßchen ersetzen. Auch Guillemets lassen sich mit *Suchen und Ersetzen* nachträglich einfügen. Wie das funktioniert, erfahren Sie ab S. 322.

6.2 Indirekte Zitate

Indirektes Zitieren ist das *sinngemäße, nicht wörtliche* Wiedergeben fremden Gedankenguts. Der Sinn darf dabei genauso wie bei den direkten (wörtlichen) Zitaten nicht verändert werden. Als *Paraphrase* werden indirekte Zitate bezeichnet, die sich gar nicht mehr am Originalwortlaut orientieren. Indirekte Zitate stehen nicht in Anführungszeichen.

Indirektes, sinngemäßes Zitieren ist die bei Weitem häufigste Zitierweise in wissenschaftlichen Arbeiten. Wenn es sich um eine Sprache handelt, deren Kenntnis Sie nicht voraussetzen können, *müssen* Sie den Inhalt sogar zusammenfassen. Eine wörtliche Übersetzung können Sie dann in einer Fußnote oder, bei längeren Zitaten, im Anhang hinzufügen.[6]

Jede sinngemäße Wiedergabe muss, ganz egal, ob sie sich am Wortlaut der Quelle orientiert oder vollständig mit eigenen Worten formuliert wird, genauso wie ein wörtliches Zitat mit einem Literaturverweis belegt werden – fremdes Gedankengut bleibt es ja trotzdem. Dieser Verweis wird mit *vgl.* eingeleitet.[7]

Reihen Sie nicht einfach nur wörtliche Zitate um Zitate aneinander. Die Gefahr ist groß, dass das über das reine Referieren nicht hinausgeht. Beispiel für ein zu ausführliches wörtliches Zitat:

Lieber indirekt als direkt

> Mill verweist auf die „Spaßvögel", die das Bild eines Kabinetts oder Parlaments entwerfen, „in dem junge Mädchen von sechzehn bis achtzehn Jahren oder Frauen Anfang der Zwanziger sitzen [...]. Sie vergessen, daß Männer in so jungen Jahren gewöhnlich nicht ins Parlament gewählt oder zu einem wichtigen Staatsamt berufen werden" (Mill 1997 [1869]: 163).

---

6 In philologischen Fächern können Sie dagegen die Kenntnis der jeweiligen Sprache voraussetzen und wörtlich zitieren.

7 Es gibt Fachbereiche, die dieses generelle „vgl." ablehnen und es nur dann empfehlen, wenn tatsächlich etwas verglichen werden soll oder wenn es sich um Autoren handelt, die abweichende Auffassungen haben. Richten Sie sich da nach den Vorgaben in Ihrem Fachbereich.

Das indirekte Zitat lässt sich besser in den Gesamtzusammenhang stellen.

> Mill wendet sich gegen Kritiker, die keine sachlichen Argumente vorbringen, sondern stattdessen Zerrbilder entwerfen: etwa das von jungen Mädchen und Frauen im Parlament. Er verweist darauf, dass auch die Männer erst in höherem Alter ins Parlament gewählt oder zu einem hohen Staatsamt berufen würden (vgl. Mill 1997 [1869]: 163).

Es ist möglich, ein indirektes Zitat mit wörtlichen Zitaten zu ergänzen. In diesen Fällen entfällt das *vgl.*

> Die Schilderung des kleinen Dorfes in Aremorica ist, so die Autoren, also nicht einfach eine Phantasie von einem „irrealen Feriendorf" (Royen/Vegt 1999: 69).

6.2.1 Fremdes Gedankengut oder eigene Stellungnahme?

Bei indirekten Zitaten werden keine Anführungszeichen gesetzt. Es muss aber an jeder Stelle der Arbeit deutlich sein: Handelt es sich um die Gedankengänge eines Autors oder um Ihre eigenen Worte? Dazu dienen weitere Mittel, die verdeutlichen, dass es sich um fremdes Gedankengut handelt. Das sind

- die immer notwendigen Literaturverweise (Belege) und zusätzlich
- der Konjunktiv *(sei, habe)*,
- kurze Verweise auf den Autor *(so Mill)* oder
- Verweise auf längere zitierte Gedankengänge einer Autorin *(die folgenden Ausführungen beruhen auf ...)*.

Ihnen sind die in Ihrer Arbeit beschriebenen Sachverhalte geläufig, und Unklarheiten bei der Zuordnung fallen Ihnen nicht mehr auf. Bitten Sie daher Ihren Korrekturleser, ganz besonders darauf zu achten, ob jeweils klar ist, wer spricht – Sie oder ein anderer Autor.

Literaturverweise Sehr häufig werden Tatsachen referiert, gefolgt von der **Literaturangabe**; sie verweist auf die Wiedergabe fremden Wissens.

> Eine systematische Analyse derartiger Theorien bietet die Studie von Müller **(vgl. Müller 2009)**.

Wechselt nach jedem Satz die Quelle, muss auch nach jedem Satz eine Quellenangabe stehen.

> Eine systematische Analyse derartiger Theorien bietet die Studie von Müller (**vgl. Müller 2009**). Eine veränderte Verteilung zugunsten Benachteiligter wird als grundlegende Bedingung des modernen Sozialstaats gesehen (**vgl. Schuster 1998; Meyer 1999; Schmitz 2012**).

Bezieht sich der Quellenverweis auf einen Gedankengang eines Autors, wird er an das Ende gesetzt.

> Eine breite Akzeptanz neuerer Herangehensweisen konstatiert Vogt. Exemplarisch führt er an, dass der Befähigungsansatz bereits 2005 Eingang in den 2. Armuts- und Reichtumsbericht der Bundesregierung gefunden hat (**vgl. Vogt 2011: 33**).

Ein weiteres Hilfsmittel ist der **Konjunktiv**. Der Konjunktiv I wird gebildet, indem bei der dritten Person Singular *(er, sie, es)* statt des *t* ein *e* gesetzt wird: Statt *schreiben – er/sie/es schreib-t* (Indikativ) nun *schreiben – er/sie/es schreib-e* (Konjunktiv). Häufig gebrauchte Wörter sind: *er/sie/es habe, könne, lasse, müsse, sei, solle, werde, wolle.*

  Bei der dritten Person Plural *(sie)* sind beide Formen identisch: *sie schreib-en* (Indikativ) und *sie schreib-en* (Konjunktiv). Will man hier den Konjunktiv deutlich machen, kann man die speziellen Formen des Konjunktivs II nehmen, sofern sie eindeutig sind. Häufig gebrauchte Wörter sind: *sie hätten, könnten, müssten, wären, würden.*

  Sind aber die Konjunktiv-II-Formen identisch mit den Formen des Imperfekts – *sie ließen* (Indikativ) und *sie ließen* (Konjunktiv) –, kann man auf die *würde*-Form ausweichen: *sie würden lassen.*

Der Konjunktiv bei indirekten Zitaten kann dann angewendet werden, wenn die Quelle (also etwa der Name der Autorin oder Formulierungen wie *der Bericht XY*) angesprochen wird. Wichtige einleitende Begriffe sind etwa *betont, äußert, sagt* usw. und die Entsprechungen als Substantiv, wie *Auffassung*. In diesen Fällen kann aber auch der Indikativ belassen werden, da durch den Einleitungssatz klar ist, dass es sich um fremdes Gedankengut handelt.

Die Bildung des Konjunktivs

Die Anwendung des Konjunktivs

> Müller betont, die Datenlage **sei** ausreichend.
> Müller betont, **dass** die Datenlage ausreichend **ist**.

Nützlich ist der Konjunktiv vor allem bei Sätzen *nach* dem Einleitungssatz. Hier wird es möglicherweise nicht mehr deutlich, ob es sich um eine Weiterführung des Zitats oder um Ihre eigene Stellungnahme handelt. Die Leserin geht beim Indikativ zunächst von Ihrer Stellungnahme aus. Verdeutlichen Sie es ihr mit dem Konjunktiv, wenn es sich stattdessen um eine Weiterführung des Zitats handelt. Beispiel:

> Der Bericht **kritisiert** die derzeitige Situation. Eine Vielzahl konkurrierender Qualitätssiegel **erschwert** dem Verbraucher die Übersicht.

Wird der zweite Satz in den Konjunktiv gesetzt, ist es klar, dass das Zitat fortgesetzt wird.

> Der Bericht **kritisiert** die derzeitige Situation. Eine Vielzahl konkurrierender Qualitätssiegel **erschwere** dem Verbraucher die Übersicht.

Zitieren mit kurzen Verweisen

Mit **Verweisen auf die Quelle** können Sie ebenfalls klarmachen, was fremdes Gedankengut ist und was nicht. Außerdem können Sie auf diese Weise dem (manchmal schwierigen) Konjunktiv ausweichen.
Kein Konjunktiv steht bei:
Nach XY ist ..., nach Auffassung von XY ist ...
Laut XY ist ...
XY zufolge ist ...
Gemäß der Auffassung von XY ist ...
Aus Sicht von XY ist ...

Der Konjunktiv *kann* stehen bei:
..., so XY [weiter], ...
Anwendungsmöglichkeiten für diese Art von Verweisen können sein:
- **Ein Konjunktiv wäre missverständlich.**

> **Die Kritiker** der Gleichstellung der Frauen argumentieren, diese **seien** mit ihrer Situation einverstanden. Es **gebe** aber eine immer größere Zahl von Protesten (vgl. Mill 1997 [1869]: 26).

Hier denkt der Leser im ersten Moment, die Argumentation der Kritiker gehe im folgenden Satz weiter – wegen des Konjunktivs *gebe*. Durch die nachfolgende Quellenangabe wird aber deutlich, dass sich der zweite Satz auf Mill bezieht. Besser:

> **Die Kritiker** der Gleichstellung der Frau argumentieren, diese **seien** mit ihrer Situation einverstanden. **Mill zufolge** gibt es aber eine immer größere Zahl von Protesten (vgl. Mill 1997 [1869]: 26).

Oder mit einem erläuternden Zusatz:

> **Die Kritiker** der Gleichstellung der Frau argumentieren, diese seien mit ihrer Situation einverstanden. Es **gebe** aber, **so Mill,** eine immer größere Zahl von Protesten (vgl. Mill 1997 [1869]: 26).

Sie können natürlich auch einen weiteren Einleitungssatz einbauen, um die Sachlage zu verdeutlichen.

> **Die Kritiker** der Gleichstellung der Frau argumentieren, diese **seien** mit ihrer Situation einverstanden. **Mill wendet dagegen ein,** dass es eine immer größere Zahl von Protesten **gebe** (vgl. Mill 1997 [1869]: 26).

- **Die Zuordnung wird unklar.**
  Beginnen Sie nach einem Zitat einen neuen Absatz, geht die Leserin automatisch davon aus, dass nun Ihre eigenen Worte folgen. Geht aber das Zitat weiter, machen Sie das mit einem der oben genannten Mittel deutlich.

> Hinweise auf die Lebensweise der Gallier findet man in Texten von Griechen und Römern sowie in archäologischen Materialien (vgl. Royen/Vegt 1999).
> Man muss sich aber, **so die Autoren weiter,** der Probleme bei der Interpretation dieser Überbleibsel aus der vergangenen Zeit bewusst sein.

- Ein Originalzitat umfasst bereits etwas Vorgestelltes mit *hätte*, *würde* usw.

> „Ein anderer großer Vorteil, der zu erwarten stünde, wenn [...]
> man ihnen die ungehinderte Wahl ihres Berufes überließe
> [...], würde die Verdopplung der dem Dienst der Menschheit
> zu Gebote stehenden Summe der Intelligenz sein" (Mill 1997
> [1869]: 136).

In einem indirekten Zitat macht ein eingefügtes *laut ...* deutlich,
dass das Vorgestellte bereits im Originalzitat vorhanden ist.

> Wenn es für alle Frauen möglich wäre, frei einen Beruf zu
> wählen, so hätte dies **laut Mill** zur Folge, dass der Mensch-
> heit die doppelte Summe an Intelligenz zur Verfügung ste-
> hen würde (Mill 1997 [1869]: 136).

Zitieren mit einem Verweis auf längere zitierte Passagen

Referieren Sie längere Gedankengänge eines Autors, sollten Sie
am Anfang darauf hinweisen. Die Quellenangabe kann dann am
Ende dieser Ausführungen stehen oder auch wie im folgenden
Beispiel beim Autorennamen.

> Im Folgenden werden die Grundlagen des Ansatzes von Sen
> (2010: 44 f.) näher beschrieben. Danach sind ...

Mögliche weitere Formulierungen:
*Im Folgenden wird/werden die grundsätzliche Herangehensweise [Po-
sition/Grundgedanken/Auffassungen] von XY wiedergegeben.*
*Der folgende Abschnitt beruht/basiert auf der Herangehensweise [Posi-
tion/Grundgedanken/Auffassungen] von XY.*
*Die grundsätzliche Herangehensweise [Position/Grundgedanken/Auf-
fassungen] von XY kann [können] wie folgt zusammengefasst werden:*
Die anschließende Darstellung folgt XY, der ...

6.2.2   Zitate aus zweiter Hand

Sie haben in einem Artikel ein interessantes Zitat gefunden. Leider stammt es nicht von der Autorin des Artikels, Meyer, sondern
diese hat es selbst zitiert, nämlich aus einem Buch von Huber.

Was tun? Versuchen Sie, das Buch von Huber zu bekommen und direkt daraus zu zitieren. Der Grund: Viel zu oft werden Zitate falsch abgeschrieben oder aus dem Zusammenhang gerissen. Normalerweise wird von Ihnen erwartet, dass Sie sich das Buch besorgen; selbstverständlich werden hier bei einer Dissertation größere Anstrengungen verlangt als bei einer Hausarbeit.

Nur in Ausnahmefällen dürfen Sie sich auf Meyer beschränken: wenn etwa vom Buch des Autors Huber nur ein einziges Exemplar in einer Bibliothek in Österreich lagert. Dann dürfen Sie nach Meyer zitieren:

> „berichtet vom ‚Wehklagen' der Opfer" (Huber 1903: 34, zitiert nach Meyer 2011: 67).

6.3 Formulierungen zur Interpretation und Kritik

Für die Interpretation sind geeignet: Interpretation
Die Äußerung zeigt, dass …
Bemerkenswert an dieser Aussage ist die Feststellung, dass …
Dieser Textstelle ist zu entnehmen, dass …
Diese Aussagen machen deutlich, dass …
Diese Auffassung wird gestützt durch XY, der …
Anderer Auffassung ist XY, die …
Diese Interpretation wird gestützt durch die Aussage von XY, der …
Als Beleg dafür können die Aussagen von XY herangezogen werden, dass …
Diese Interpretation ist schlüssig, denn im Text wird angeführt, dass …
Diese Interpretation lässt sich erschließen aus der Aussage, dass …

Für die kritische Beurteilung kann man so formulieren: Kritische
XY irrt, wenn sie annimmt, dass …   Beurteilung
XY berücksichtigt nicht [zu wenig, nicht in ausreichendem Maße], dass …
XY lässt außer Acht, dass …
Diese Auffassung erscheint problematisch [ist als problematisch zu beurteilen, ist fraglich, nicht überzeugend], denn/weil …
Dagegen spricht, dass …
Zu Unrecht meint XY, dass …
Hier ist zu bemängeln, dass …
Kritisch [skeptisch] muss gesehen werden, dass …

Es wird m. E. [meines Erachtens] nicht hinreichend belegt, dass ...
Meiner Auffassung dagegen ...
Zuzustimmen ist XY, wenn sie ...
Diese Auffassung erscheint berechtigt [nachvollziehbar, plausibel],
   denn/weil ...
XY erklärt nachvollziehbar, dass ...
XY führt stichhaltige Argumente dafür an, dass ...

6.4 Häufige Fehler beim Zitieren

- **Fehlerhaftes Abschreiben eines Zitats.**

> In einem Abschnitt zur **Ratifikation** eines Vertrages schreiben Sie fälschlicherweise **Reaktion** und verwirren damit Ihre Leserin.

- **Vergessen des schließenden Anführungszeichens.**

Ohne schließendes Anführungszeichen weiß der Leser nicht, wann das Zitat aufhört und der eigentliche Text weitergeht. Das kann zu Missverständnissen führen.

> Sen erläutert, sein Ansatz konzentriere sich „auf das Leben, das Menschen führen können, und nicht auf ihre Ressourcen. Es geht um die tatsächlichen Chancen einer Person (Sen 2010: 281).

Sie können überprüfen, ob Sie alle Anführungszeichen richtig gesetzt haben. Mehr dazu erfahren Sie auf S. 324.

- **Falsch gesetztes schließendes Anführungszeichen.**

> Der Vorsitzende betont, dass „die anfängliche Entscheidung endgültig **sei.**"

Ein Konjunktiv in einem wörtlichen Zitat ist selten. Überprüfen Sie das Originalzitat noch einmal. Richtig:

> Der Vorsitzende betont, dass „die anfängliche Entscheidung endgültig" **sei.**

7 Die verarbeitete Literatur belegen

Die verschiedenen Fachrichtungen haben unterschiedliche Methoden, die Fundstellen verarbeiteter Literatur anzugeben. Das sollte Sie aber nicht verwirren – Sie müssen lediglich herausfinden, welche Methode in Ihrem Bereich verwendet wird, und diese dann entsprechend anwenden.

7.1 Die verschiedenen Belegmethoden für verwendete Literatur

Bei wissenschaftlichen Arbeiten gibt man die Fundstellen der verarbeiteten Literatur an. Sie müssen also sämtliche Quellen nennen, auf die Sie Bezug genommen haben, genauer: die Sie – direkt oder indirekt – zitiert haben. Auch wenn Sie etwa eine Abbildung aus einem fremden Werk als Grundlage für Ihre eigene Darstellung verwendet haben, haben Sie das Werk „verarbeitet" und geben es als Quelle[8] an.

Die unterschiedlichen Methoden einzelner Fachrichtungen resultieren daraus, dass man versuchte, den notwendigen Platzbedarf für die Angabe der Fundstellen (Belegstellen) zu reduzieren.

> Eine Wissenschaftlerin schreibt einen Fachaufsatz von fünf Seiten und zitiert dabei aus sieben verschiedenen Quellen, aus jeder nur einmal. Das ergibt überschaubare sieben Fußnoten.
>
> Dieselbe Autorin schreibt später einen längeren Aufsatz von 35 Seiten. Hier zitiert sie schon 15 Quellen. Was entscheidend ist: Sie zitiert sie mehrere Male und muss sie darum auch mehrere Male angeben. Da kommt schon einiges zusammen.
>
> Wie mag es ihr gehen, wenn sie eine noch längere Arbeit schreibt?

Solche unbefriedigende Situationen bildeten den Ausgangspunkt für heftiges Nachdenken. Man wollte auf die lästigen Wiederholungen der kompletten Angaben verzichten.

---

8 Mit dem Begriff *Quelle* ist hier all das Material gemeint, das Informationen für Ihre Arbeit geliefert hat, sei es in gedruckter oder ungedruckter Form: Bücher, Aufsätze, Internettexte usw. Es geht hier also sowohl um die Sekundärliteratur als auch um die Primärliteratur.

Daraufhin sind verschiedene Methoden entwickelt worden. Der wesentliche Unterschied:

- Einige geben die Quelle in einer Fußnote einmal vollständig an (wie im Literaturverzeichnis) und beziehen sich danach in einer Kurzform auf diese erste Erwähnung.
- Andere arbeiten ausschließlich mit einer Kurzform und verweisen auf ein angehängtes Literaturverzeichnis.

Die Beispielseiten Anhand von jeweils zwei Beispielseiten einer erfundenen Arbeit – jeweils die Seite 2 und die Seite 31 – werden im Folgenden die gängigen *Grundtypen* von Belegmethoden dargestellt.[9] Selbstverständlich gibt es Mischformen und Unterschiede in den Details. Entscheidend ist letztlich immer: Die Quelle, aus der zitiert worden ist, muss eindeutig zu identifizieren sein.

- Vollständige Angaben der Quelle in sämtlichen Fußnoten
- Verweis auf eine vorangegangene Fußnote: „a. a. O."
- Verweis auf eine vorangegangene Fußnote: „Fußnote [FN] xy"
- Angaben mit einem Stichwort in der Fußnote
- Autorenname und Erscheinungsjahr in der Fußnote
- Autorenname und Erscheinungsjahr im laufenden Text
- Verkürzter Autorenname und verkürztes Erscheinungsjahr im laufenden Text
- Referenznummern im laufenden Text

Im jeweils anschließenden Erklärungstext finden Sie Näheres zu den einzelnen Belegmethoden.

Wichtig: die Vorgaben Erkundigen Sie sich bei Ihrer Betreuerin, welche Methode gewünscht ist und ob es Vorgaben gibt.

Wenn Sie keine genauen Vorgaben bekommen, versuchen Sie zumindest herauszufinden, zu welcher Methode Ihr Fachbereich neigt, etwa anhand von vorliegenden Arbeiten. So ist es beispielsweise nicht schwer zu erkennen, dass die Form, Quellenangaben durchzunummerieren (mit sogenannten *Referenznummern*), bei Naturwissenschaftlern gängig, für Geisteswissenschaftler hingegen unüblich ist.

Haben Sie genauere Vorgaben erhalten, achten Sie darauf, wie verbindlich sie sind – manche Anleitungen verstehen sich als

---

9 Davon unberührt sind selbstverständlich (Primär-)Quellen mit einer eigenen Systematik wie etwa die Bibel.

Empfehlungen, bei anderen wird die exakte Befolgung der angegebenen Regeln verlangt.

Wenn Sie herausgefunden haben, welche Belegmethode gewünscht ist, suchen Sie sich die entsprechende Beispielseite heraus und sehen Sie sich die dazugehörigen Erläuterungen an.

Es kann Ihnen passieren, dass Ihre Betreuerin nur allgemein
auf eine bestimmte Belegmethode verweist. Sollte Ihnen also nur
gesagt werden: „Verwenden Sie Fußnoten mit einem Stichwort",
haben Sie bei bestimmten *Details* die Entscheidungsfreiheit.
Schreiben Sie aber nicht den Vornamen eines Autors in einer
Fußnote aus und in einer anderen dann wieder nicht. Das sind
genau die Fehler, die eine Arbeit nachlässig wirken lassen.

Wichtig: die
einheitliche Form
der Angaben

7.1.1 Vollständige Angaben der Quelle in sämtlichen Fußnoten

1.1 Die Musik der Kelten

Aussagen über die Kelten sind schon für das 6./5. Jh. v. Chr. möglich.[1] Später, im 1. Jh. v. Chr., kamen Berichte griechischer Historiker wie Diodor hinzu.[2]

Wesentlich präzisere Angaben, auch zur Musik, stammen aus römischer Zeit; zu nennen sind hier Cäsar, Lukan und Ammianus Marcellinus.[3]

Mit der Musik der Kelten hat sich insbesondere FRANK BÖSEMÜLLER befasst.[4]

----

1 Vgl. Ebert, Kai: *Die Kelten in zeitgenössischen Schilderungen.* Mainz 1986.
2 Vgl. Ebert, Kai: *Die Kelten in zeitgenössischen Schilderungen.* Mainz 1986.
3 Vgl. Badenius, Susanne: *Die Überlieferungen zur keltischen Kultur.* Leipzig 2003, S. 37.
4 Vgl. Bösemüller, Frank: *Von der Carnyx zur Leier. Keltische Musikinstrumente in antiken Darstellungen.* München 2005.

2

3.3.1 Keltische Instrumente

Für die von Diodor erwähnte Leier ist aus der La-Tène-Zeit nur eine in Stein gehauene Statuette bekannt.[54]

Charakteristische Instrumente waren metallene Hörner von einer, so Diodor, „eigentümlich barbarischen Art"[55], unter anderem dargestellt auf einer Tafel des Kessels von Gundestrup.[56] Bei diesen sogenannten Carnyxen handelte es sich um lang aufragende Instrumente mit einem Schallstück in Form eines Tierkopfes. Besonders beliebt war ein Wildschweinkopf.[57] Aber auch die Form von Drachen ist bekannt.[58]

Diese Instrumente wurden, so hat ARNO KLEIN herausgearbeitet, vor allem zur Einschüchterung von Gegnern eingesetzt.[59]

----

54 Vgl. Bösemüller, Frank: *Von der Carnyx zur Leier. Keltische Musikinstrumente in antiken Darstellungen.* München 2005, S. 24–27.
55 Badenius, Susanne: *Die Überlieferungen zur keltischen Kultur.* Leipzig 2003, S. 59.
56 Es handelt sich um Platte E. – Bei dem 1891 geborgenen Kessel wurden insgesamt 13 Platten gefunden.
57 Vgl. Bösemüller, Frank: „Keltische Instrumente in der Archäologie. Ein neuer Fund in Coesfeld", in: *Zeitschrift für archäologische Forschungen in Westfalen* 14 (2005), S. 33–87.
58 Vgl. Klein, Arno: *Cäsar und die Gallier.* Kiel 1954; Klein, Arno: *Die Kriegstaktik der Gallier.* Kiel 1955.
59 Vgl. Klein, Arno: *Cäsar und die Gallier.* Kiel 1954.

31

Die bibliographischen Angaben zur zitierten Quelle werden *immer* vollständig in der Fußnote angeführt.

Ein Literaturverzeichnis ist bei dieser Methode kein *Muss*, weil die Angaben komplett in den Fußnoten erscheinen. Selbstverständlich kann es aber beigefügt werden.

Sie sehen den enormen Platz, den die Wiederholungen der vollständigen Angaben zur verarbeiteten Quelle einnehmen. Daher wird diese Belegmethode bestenfalls in kurzen Aufsätzen verwendet, bei denen die Zahl der angeführten Quellen überschaubar ist.

Großer
Platzbedarf

7.1.2   Verweis auf eine vorangegangene Fußnote: „a.a.O."

1.1 Die Musik der Kelten

Aussagen über die Kelten sind schon für das 6./5. Jh. v. Chr. möglich.[1] Später, im
1. Jh. v. Chr., kamen Berichte griechischer Historiker wie Diodor hinzu.[2]

Wesentlich präzisere Angaben, auch zur Musik, stammen aus römischer Zeit;
zu nennen sind hier Cäsar, Lukan und Ammianus Marcellinus.[3]

Mit der Musik der Kelten hat sich insbesondere Frank Bösemüller befasst.[4]

----

1 Vgl. Ebert, Kai: *Die Kelten in zeitgenössischen Schilderungen.* Mainz 1986.
2 Vgl. Ebert, K., a.a.O.
3 Vgl. Badenius, Susanne: *Die Überlieferungen zur keltischen Kultur.* Leipzig 2003, S. 37.
4 Vgl. Bösemüller, Frank: *Von der Carnyx zur Leier. Keltische Musikinstrumente in antiken Darstellungen.* München 2005.

                                                                                        2

3.3.1 Keltische Instrumente

Für die von Diodor erwähnte Leier ist aus der La-Tène-Zeit nur eine in Stein gehauene Statuette bekannt.[54]

Charakteristische Instrumente waren metallene Hörner von einer, so Diodor,
„eigentümlich barbarischen Art"[55], unter anderem dargestellt auf einer Tafel des
Kessels von Gundestrup.[56] Bei diesem sogenannten Carnyxen handelte es sich um
lang aufragende Instrumente mit einem Schallstück in Form eines Tierkopfes.
Besonders beliebt war ein Wildschweinkopf.[57] Aber auch die Form von Drachen ist
bekannt.[58]

Diese Instrumente wurden, so hat Arno Klein herausgearbeitet, vor allem zur
Einschüchterung von Gegnern eingesetzt.[59]

----

54 Vgl. Bösemüller, F., *Carnyx,* a.a.O., S. 24–27.
55 Badenius, S., a.a.O., S. 59.
56 Es handelt sich um Platte E. – Bei dem 1891 geborgenen Kessel wurden insgesamt 13 Plat-
    ten gefunden.
57 Vgl. Bösemüller, Frank: „Keltische Instrumente in der Archäologie. Ein neuer Fund in
    Coesfeld", in: *Zeitschrift für archäologische Forschungen in Westfalen* 14 (2005), S. 33–87.
58 Vgl. Klein, Arno: *Cäsar und die Gallier.* Kiel 1954; Klein, Arno: *Die Kriegstaktik der Gallier.*
    Kiel 1955.
59 Vgl. Klein, A., *Cäsar,* a.a.O.

                                                                                        31

Bei dieser Belegmethode wird jede Quelle, aus der zitiert wurde, nur *bei der ersten Erwähnung* vollständig angegeben. *Ab der zweiten Erwähnung* stehen dort die folgenden Angaben:
* *Nachname des Autors / der Autorin*
* *Vorname des Autors / der Autorin (kann abgekürzt werden)*
* *Kürzel „a. a. O." (= am angegebenen Ort)*
* *(gegebenenfalls) Seitenzahl*

> 1 Vgl. Ebert, Kai: *Die Kelten in zeitgenössischen Schilderungen.* Mainz 1986.

wird in der Fußnote ab einer zweiten Erwähnung zu

> 2 Vgl. Ebert, K., a. a. O.

Manchmal bezieht sich der Hinweis „a. a. O." auf eine kurz zuvor in einer Fußnote vollständig angegebene Quelle.

Hat die Leserin aber Pech, muss sie länger suchen. Bei dem Buch *Von der Carnyx zur Leier* von Bösemüller in der Fußnote 54 muss sie lange zurückblättern, um die Fußnote 4 zu finden, in der der Titel vollständig aufgeführt ist.

Bei dieser Methode ist es wichtig, dass Sie Ihre Fußnoten im Auge behalten: Die Fußnote, auf die Sie sich mit dem „a. a. O." beziehen, muss bei der *ersten* Erwähnung ganz ausgeschrieben werden. Fügen Sie *davor* eine weitere Fußnote mit derselben Quelle ein, ist nun diese (neue) Fußnote die Ersterwähnung und muss ausgeschrieben werden, die (alte) Ersterwähnung bekommt stattdessen ein „a. a. O.". Fällt die Fußnote mit der Ersterwähnung weg, etwa weil ein Abschnitt gestrichen wurde, müssen Sie für eine neue ausgeschriebene Ersterwähnung sorgen.

Ein Literaturverzeichnis ist bei dieser Methode kein *Muss,* weil die Angaben komplett in den Fußnoten erscheinen. Selbstverständlich kann es aber beigefügt werden.

Diese Belegmethode empfiehlt sich nur bei kürzeren Arbeiten von lediglich einigen Seiten Länge. Bei einer längeren Arbeit erweckt sie bestenfalls den heftigen Wunsch, das Buch als Wurfgeschoss zu verwenden. Daher ist diese Belegmethode inzwischen weitgehend unüblich geworden und gilt als veraltet. **Großer Suchaufwand**

Wurden in einer Arbeit mehrere Werke eines Autors verarbeitet, kann es passieren, dass die gemeinte Quelle nicht eindeutig zu identifizieren ist: **Verwechslungsgefahr**

In Fußnote 58 ist der Autor Arno Klein mit zwei Werken vertreten. Wird später auf diese Fußnote verwiesen, ist nicht klar, welches von beiden Werken gemeint ist.

Daher setzt man in einem solchen Fall einen passenden Kurztitel als Unterscheidungsmerkmal in der Fußnote hinzu, hier:

59 Vgl. Klein, A., *Cäsar*, a. a. O.

Auch der fleißige Frank Bösemüller ist in den Beispielseiten mit zwei Werken vertreten, in den Fußnoten 4 und 54 mit *Von der Carnyx zur Leier*, in der Fußnote 57 mit seinem Aufsatz *Keltische Instrumente*. Was passiert, wenn der Zusatz vergessen wird?

Eine Leserin wird nun in einer späteren Fußnote mit „Bösemüller, F., a. a. O." auf ein Werk von Bösemüller verwiesen. Sie stößt beim Zurückblättern auf den Artikel *Keltische Instrumente* (in der Fußnote 57), besorgt sich den Artikel – und flucht, weil sie nicht die gesuchte Passage findet. Die befindet sich im Buch *Von der Carnyx zur Leier* (in der Fußnote 54), aber so weit hatte sie nicht zurückgeblättert. Ein Zusatz hätte ihr das erspart.

Gelegentlich finden sich anstelle der Angabe „a. a. O." auch die gleichbedeutenden lateinischen Begriffe „l. c." (= *loco citato*, „an der angeführten Stelle [eines Werks]") und „op. cit." (*opere citato*, „im angegebenen Werk"). Wenn Sie die hier besprochene Belegmethode verwenden, sollten Sie sich für einen dieser Begriffe entscheiden und diesen durchgängig verwenden.

7.1.3 Verweis auf eine vorangegangene Fußnote: „Fußnote [FN]xy"

1.1 Die Musik der Kelten

Aussagen über die Kelten sind schon für das 6./5. Jh. v. Chr. möglich.[1] Später, im 1. Jh. v. Chr., kamen Berichte griechischer Historiker wie Diodor hinzu.[2]

Wesentlich präzisere Angaben, auch zur Musik, stammen aus römischer Zeit; zu nennen sind hier Cäsar, Lukan und Ammianus Marcellinus.[3]

Mit der Musik der Kelten hat sich insbesondere FRANK BÖSEMÜLLER befasst.[4]

---

1   Vgl. Ebert, Kai: *Die Kelten in zeitgenössischen Schilderungen*. Mainz 1986.
2   Vgl. Ebert, K. **(FN 1)**.
3   Vgl. Badenius, Susanne: *Die Überlieferungen zur keltischen Kultur*. Leipzig 2003, S. 37.
4   Vgl. Bösemüller, Frank: *Von der Carnyx zur Leier. Keltische Musikinstrumente in antiken Darstellungen*. München 2005.
                                                                2

3.3.1 Keltische Instrumente

Für die von Diodor erwähnte Leier ist aus der La-Tène-Zeit nur eine in Stein gehauene Statuette bekannt.[54]

Charakteristische Instrumente waren metallene Hörner von einer, so Diodor, „eigentümlich barbarischen Art"[55], unter anderem dargestellt auf einer Tafel des Kessels von Gundestrup.[56] Bei diesen sogenannten Carnyxen handelte es sich um lang aufragende Instrumente mit einem Schallstück in Form eines Tierkopfes. Besonders beliebt war ein Wildschweinkopf.[57] Aber auch die Form von Drachen ist bekannt.[58]

Diese Instrumente wurden, so hat ARNO KLEIN herausgearbeitet, vor allem zur Einschüchterung von Gegnern eingesetzt.[59]

---

54   Vgl. Bösemüller, F. **(FN 4)**, S. 24–27.
55   Badenius, S. **(FN 3)**, S. 59.
56   Es handelt sich um Platte E. – Bei dem 1891 geborgenen Kessel wurden insgesamt 13 Platten gefunden.
57   Vgl. Bösemüller, Frank: „Keltische Instrumente in der Archäologie. Ein neuer Fund in Coesfeld", in: *Zeitschrift für archäologische Forschungen in Westfalen* 14 (2005), S. 33–87.
58   Vgl. Klein, Arno: *Cäsar und die Gallier*. Kiel 1954; Klein, Arno: *Die Kriegstaktik der Gallier*. Kiel 1955.
59   Vgl. Klein, A., *Cäsar* **(FN 58)**.
                                                                31

Bei dieser Belegmethode wird die Leserin gezielt auf die Fußnote verwiesen, in der die vollständigen bibliographischen Angaben der Quelle *erstmals erwähnt* sind. Ab der zweiten Erwähnung stehen in der Fußnote die folgenden Angaben:

- *Nachname des Autors / der Autorin*
- *Vorname des Autors / der Autorin (kann abgekürzt werden)*
- *Ziffer der Fußnote, in der die vollständigen bibliographischen Angaben zu finden sind (Ersterwähnung)*
- *(gegebenenfalls) Seitenzahl*

> 1 Vgl. Ebert, Kai: *Die Kelten in zeitgenössischen Schilderungen.* Mainz 1986.

wird in der Fußnote ab einer zweiten Erwähnung zu

> 2 Vgl. Ebert, K. (FN 1).

Bei dieser Belegmethode müssen die Fußnoten in der gesamten Arbeit durchnummeriert sein; sie können nicht pro Seite / pro Kapitel durchgezählt werden. Auch müssen Sie auf Folgendes achten: Fügen Sie vorne eine weitere Fußnote ein, ändert sich die Fußnotennummerierung, und dann stimmt der Verweis nicht mehr, wenn er von Hand eingegeben wurde. Sicherer ist es mit automatischen Verweisen: → Referenzen [2010: Verweise] → Querverweis. Sie können dabei auswählen, dass auf die Fußnotenziffer verwiesen wird. Sie müssen die Verweise lediglich immer wieder aktualisieren.

Außerdem müssen Sie darauf achten, dass wirklich die *erste* Fußnote zur betreffenden Quelle ausgeschrieben wird. Fügen Sie *vor* dieser Ersterwähnung eine weitere Fußnote mit derselben Quelle ein, ist nun diese (neue) Fußnote die Ersterwähnung und muss ausgeschrieben werden, die (alte) Ersterwähnung bekommt stattdessen einen Verweis (FN xy). Fällt die Fußnote mit der Ersterwähnung weg, müssen Sie für eine neue ausgeschriebene Ersterwähnung sorgen.

Ein Literaturverzeichnis ist bei dieser Methode kein *Muss,* weil die Angaben komplett in den Fußnoten erscheinen. Selbstverständlich kann es aber beigefügt werden und sollte es bei entsprechenden Vorgaben auch.

Verwechslungs- gefahr

Werden in einer Fußnote als Ersterwähnung *mehrere* Werke ein und desselben Autors angegeben, kann man nicht später mit einem einfachen „FN xy" darauf verweisen. Beispiel:

In der Fußnote 58 sind zwei Titel des Autors Arno Klein angegeben:

58 Vgl. Klein, Arno: *Cäsar und die Gallier.* Kiel 1954; Klein, Arno:
Die Kriegstaktik der Gallier. Kiel 1955.

Verweist man in einer späteren Fußnote bei einem Titel des Autors Klein nun auf die Fußnote 58, weiß der Leser nicht, welcher
der beiden Titel gemeint ist. Daher setzt man einen passenden
Kurztitel des betreffenden Werkes hinzu, z. B.:

59 Vgl. Klein, A., *Cäsar* (FN 58).

7.1.4 Angaben mit einem Stichwort in der Fußnote

1.1 Die Musik der Kelten

Aussagen über die Kelten sind schon für das 6./5. Jh. v. Chr. möglich.[1] Später, im 1. Jh. v. Chr., kamen Berichte griechischer Historiker wie Diodor hinzu.[2]

Wesentlich präzisere Angaben, auch zur Musik, stammen aus römischer Zeit; zu nennen sind hier Cäsar, Lukan und Ammianus Marcellinus.[3]

Mit der Musik der Kelten hat sich insbesondere Frank Bösemüller befasst.[4]

----

1 Vgl. Ebert, K., *Schilderungen*, 1986.
2 Vgl. Ebert, K., *Schilderungen*, 1986.
3 Vgl. Badenius, S., *Überlieferungen*, 2003, S. 37.
4 Vgl. Bösemüller, F., *Carnyx*, 2005.   2

3.3.1 Keltische Instrumente

Für die von Diodor erwähnte Leier ist aus der La-Tène-Zeit nur eine in Stein gehauene Statuette bekannt.[54]

Charakteristische Instrumente waren metallene Hörner von einer, so Diodor, „eigentümlich barbarischen Art"[55], unter anderem dargestellt auf einer Tafel des Kessels von Gundestrup.[56] Bei diesen sogenannten Carnyxen handelte es sich um lang aufragende Instrumente mit einem Schallstück in Form eines Tierkopfes. Besonders beliebt war ein Wildschweinkopf.[57] Aber auch die Form von Drachen ist bekannt.[58]

Diese Instrumente wurden, so hat Arno Klein herausgearbeitet, vor allem zur Einschüchterung von Gegnern eingesetzt.[59]

----

54 Vgl. Bösemüller, F., *Carnyx*, 2005, S. 24–27.
55 Badenius, S., *Überlieferungen*, 2003, S. 59.
56 Es handelt sich um Platte E. – Bei dem 1891 geborgenen Kessel wurden insgesamt 13 Platten gefunden.
57 Vgl. Bösemüller, F., *Keltische Instrumente*, 2005, S. 33–87.
58 Vgl. Klein, A., *Cäsar*, 1954; Klein, A., *Kriegstaktik*, 1955.
59 Vgl. Klein, A., *Cäsar*, 1954.   31

In den Fußnoten erscheinen grundsätzlich, d. h. von der ersten Erwähnung einer Quelle an, nur verkürzte bibliographische Angaben. Man gibt an:

- *Nachname des Autors / der Autorin*
- *Vorname des Autors / der Autorin (kann abgekürzt werden)*
- *Stichwort*
- *Erscheinungsjahr*
- *(gegebenenfalls) Seitenzahl*

Es erscheint in der Fußnote *ab der ersten Erwähnung* eine Angabe wie

> 1   Vgl. Ebert, K., **Schilderungen**, 1986.

Ein aussagekräftiges Stichwort wählen Sie selbst – in der Regel nimmt man dazu das erste Substantiv (Hauptwort) in der Titelangabe des Werks. Sie können aber auch ein anderes prägnantes Wort oder mehrere Wörter wählen, etwa *demographische Entwicklung*. Die Angabe sollte nur nicht zu lang werden.

Selbstverständlich müssen Sie sorgfältig nachhalten, welches Stichwort Sie für eine bestimmte Quelle gewählt haben.

Ein Literaturverzeichnis ist bei dieser Belegmethode ein *Muss*: Nur dort findet die Leserin die vollständigen Angaben zur den verarbeiteten Quellen.

Diese Belegmethode ist sehr beliebt und gut zu handhaben; sie spart Platz, vermeidet aber Verwechslungsgefahren. Zudem deutet das Stichwort an, womit sich das Werk beschäftigt.

Das Erscheinungsjahr kann auch weggelassen werden. Das bietet sich vor allem dann an, wenn man es mit älteren Werken zu tun hat, bei denen das Erscheinungsjahr der aktuellen Ausgabe irritierend wirkt (s. dazu S. 129).

Bei einer Variation dieser Belegmethode führt man *bei der ersten Erwähnung* einer Quelle deren *vollständige bibliographischen Angaben* in der Fußnote an. Wird diese Quelle dann später noch einmal zitiert, gibt man wie oben beschrieben das Stichwort an.

> Variation – vollständige Angaben bei der ersten Erwähnung

Sie müssen darauf achten, dass wirklich die erste Fußnote zu einer Quelle die vollständigen Angaben enthält. Fügen Sie *vor* dieser Ersterwähnung eine weitere Fußnote mit derselben Quelle ein, ist nun diese (neue) Fußnote die Ersterwähnung und muss ausgeschrieben werden, die (alte) Ersterwähnung bekommt stattdessen die Kurzfassung. Fällt die Fußnote mit der Ersterwähnung weg, müssen Sie für eine neue ausgeschriebene Ersterwähnung sorgen.

Ein Literaturverzeichnis wird in der Regel bei dieser Variation beigefügt, auch wenn der Leser zur Not die Angaben auch – anhand der Fußnoten mit den Ersterwähnungen – herausfinden könnte. Dann müsste er unter Umständen aber lange suchen. Mit einem Literaturverzeichnis ist diese Methode auch für längere Arbeiten geeignet.

7.1.5 Angaben Autorenname und Erscheinungsjahr in der Fußnote

1.1 Die Musik der Kelten

Aussagen über die Kelten sind schon für das 6./5. Jh. v. Chr. möglich.[1] Später, im 1. Jh. v. Chr., kamen Berichte griechischer Historiker wie Diodor hinzu.[2]

Wesentlich präzisere Angaben, auch zur Musik, stammen aus römischer Zeit; zu nennen sind hier Cäsar, Lukan und Ammianus Marcellinus.[3]

Mit der Musik der Kelten hat sich insbesondere FRANK BÖSEMÜLLER befasst.[4]

---

1 Vgl. **Ebert 1986.**
2 Vgl. **Ebert 1986.**
3 Vgl. **Badenius 2003**, S. 37.
4 Vgl. **Bösemüller 2005a.**

3.3.1 Keltische Instrumente

Für die von Diodor erwähnte Leier ist aus der La-Tène-Zeit nur eine in Stein gehauene Statuette bekannt.[54]

Charakteristische Instrumente waren metallene Hörner von einer, so Diodor, „eigentümlich barbarischen Art"[55], unter anderem dargestellt auf einer Tafel des Kessels von Gundestrup.[56] Bei diesen sogenannten Carnyxen handelte es sich um lang aufragende Instrumente mit einem Schallstück in Form eines Tierkopfes. Besonders beliebt war ein Wildschweinkopf.[57] Aber auch die Form von Drachen ist bekannt.[58]

Diese Instrumente wurden, so hat ARNO KLEIN herausgearbeitet, vor allem zur Einschüchterung von Gegnern eingesetzt.[59]

---

54 Vgl. **Bösemüller 2005a**, S. 24–27.
55 **Badenius 2003**, S. 59.
56 Es handelt sich um Platte E. – Bei dem 1891 geborgenen Kessel wurden insgesamt 13 Platten gefunden.
57 Vgl. **Bösemüller 2005b**, S. 33–87.
58 Vgl. **Klein 1954; Klein 1955.**
59 Vgl. **Klein 1954.**

Diese Belegmethode ist eine noch stärkere Verkürzung der bibliographischen Angaben – jetzt wird auch auf die (abgekürzte) Angabe des Vornamens und ein Stichwort verzichtet. Es werden nur noch angegeben:

- *Nachname des Autors / der Autorin*
- *Erscheinungsjahr*
- *(gegebenenfalls) Seitenzahl*

Es erscheint in der Fußnote *immer* eine Angabe wie

1 Vgl. Ebert 1986.

Ein Literaturverzeichnis ist hier ein *Muss:* Nur dort findet die Leserin die vollständigen Angaben zu den verarbeiteten Quellen.

Bei Literatur- bzw. Primärquellenangaben, bei denen das Erscheinungsjahr weit zurückliegt oder nicht bekannt ist (z. B. bei antiken Autoren), gibt man besser statt des Erscheinungsjahrs ein Stichwort an, s. dazu auch S. 129.

Verwechslungsgefahr

Kommen mehrere Titel eines Autors aus demselben Jahr vor, sind sie in dieser Kurzform nicht mehr zu unterscheiden. Daher setzt man zur Verdeutlichung einen Buchstaben *(a, b …)* hinter das Erscheinungsjahr.

Auf den Beispielseiten zeigt sich das Problem bei den Fußnoten 4 und 57.

Frank Bösemüller ist mit zwei Titeln vertreten, die aus dem Jahr 2005 stammen; die einfache Angabe *Bösemüller 2005* reicht nicht aus, um den Titel, der in der Fußnote jeweils gemeint ist, eindeutig zu identifizieren.

In diesem Fall wurde gewählt:

für den Titel *Von der Carnyx …:* Bösemüller 2005a
für den Titel *Keltische Instrumente …:* Bösemüller 2005b

Wenn Sie also während Ihrer Arbeit auf einen zweiten oder sogar mehrere Titel eines Autors aus ein und demselben Jahr stoßen, müssen Sie *beiden* (bzw. *allen*) einen Buchstaben geben: also auf gar keinen Fall *Bösemüller 2005* und *Bösemüller 2005a!* Mit einem Suchlauf bekommen Sie diese Titel heraus (s. dazu S. 329).

Bei verschiedenen Autoren mit dem gleichen Nachnamen und demselben Erscheinungsjahr könnte es ebenfalls zu Irritationen kommen. Ein Titel von *Gernot Müller* aus dem Jahr 2008 und einer von *Hanna Müller* ebenfalls von 2008 würde jeweils *Müller 2008* ergeben. Daher wird der abgekürzte Vorname hinzugefügt, um Verwechslungen zu vermeiden.

43 Vgl. Müller, G., 2008, S. 3–11.
48 Vgl. Müller, H., 2008, S. 17.

Reicht auch das nicht zur Unterscheidung *(z. B.* bei *Hanna Müller* und *Heinrich Müller),* setzen Sie einfach statt des abgekürzten Vornamens den ausgeschriebenen Vornamen ein.

67 Vgl. Müller, Hanna, 2006, S. 13–24.
89 Vgl. Müller, Heinrich, 2006, S. 89.

Es kommt letztlich darauf an, dass die Leserin das Werk, das Sie verarbeitet haben, eindeutig identifizieren kann.

7.1.6 Angaben Autorenname und Erscheinungsjahr im laufenden Text

1.1 Die Musik der Kelten
Aussagen über die Kelten sind schon für das 6./5. Jh. v. Chr. möglich **(Ebert 1986).** Später, im 1. Jh. v. Chr., kamen Berichte griechischer Historiker wie Diodor hinzu **(Ebert 1986).**

Wesentlich präzisere Angaben, auch zur Musik, stammen aus römischer Zeit; zu nennen sind hier Cäsar, Lukan und Ammianus Marcellinus **(Badenius 2003: 37).**

Mit der Musik der Kelten hat sich insbesondere FRANK BÖSEMÜLLER **(2005a)** befasst.   2

3.3.1 Keltische Instrumente
Für die von Diodor erwähnte Leier ist aus der La-Tène-Zeit nur eine in Stein gehauene Statuette bekannt **(Bösemüller 2005a: 24–27).**

Charakteristische Instrumente waren metallene Hörner von einer, so Diodor, „eigentümlich barbarischen Art" **(Badenius 2003: 59)**, unter anderem dargestellt auf einer Tafel des Kessels von Gundestrup.[1] Bei diesen sogenannten Carnyxen handelte es sich um lang aufragende Instrumente mit einem Schallstück in Form eines Tierkopfes. Besonders beliebt war ein Wildschweinkopf **(Bösemüller 2005b: 33–87)**. Aber auch die Form von Drachen ist bekannt **(Klein 1954; 1955)**.

Diese Instrumente wurden, so hat ARNO KLEIN herausgearbeitet, vor allem zur Einschüchterung von Gegnern eingesetzt **(Klein 1954).**

----

1   Es handelt sich um Platte E. – Bei dem 1891 geborgenen Kessel wurden insgesamt 13 Platten gefunden.   31

Fast alle Fußnoten sind nun weg. Diese Belegmethode, auch als *Harvard-Methode* bekannt, unterscheidet sich ganz entscheidend von den bisher vorgestellten Belegmethoden: Die bibliographischen Angaben werden in den Text integriert: *Ebert 1986:33*. Angegeben werden:

- *Nachname des Autors / der Autorin*
- *Erscheinungsjahr*
- *(gegebenenfalls) Seitenzahl*

In einer Variation (APA Style) werden die einzelnen Elemente durch Satzzeichen getrennt und *S.* für *Seite* angegeben: *Ebert, 1986, S.33.*

Ein Literaturverzeichnis ist bei dieser Belegmethode ein *Muss*: Nur dort findet die Leserin die vollständigen Angaben zur den verarbeiteten Quellen.

Die sehr platzsparende Harvard-Methode erfreut sich größter Beliebtheit. Sie ist allerdings nicht geeignet bei Publikationen mit weit zurückliegendem oder gar nicht anzugebendem Ersterscheinungsjahr (z. B. bei antiken Autoren), s. dazu S.129.

Bei dieser Methode stehen die Angaben bei dem Satz, auf den sich der Quellenverweis bezieht.

Position der Angaben

- Oft steht der Klammerausdruck am Ende eines Satzes. Beachten Sie, dass dann der Satzschlusspunkt **nach** der Klammer folgt.

> ... sowie von Herodot (Ebert 1986).

- Bei wörtlich zitierten Quellen stehen die Angaben direkt im Anschluss an das Zitat. Wörtliche Zitate erfordern immer eine Nennung der Seitenzahl.

> ... von einer, so Diodor, „eigentümlich barbarischen Art" (Badenius 2003:59), unter anderem ...

- Wird der *Nachname des Autors* bereits im laufenden Text genannt, kann er in der Klammer entfallen. Bei Bedarf wird eine Seitenzahl hinzugefügt.

> ... bewies Ebert (1986), dass ...
> ... bewies Ebert (1986:45), dass ...

- Erscheinen die Angaben *Nachname des Autors* und *Erscheinungsjahr* bereits im Text, können auch sie in der Klammer entfallen. Dann wird nur eine Seitenzahl in Klammern angegeben.

> … aber bereits 1986 betonte Ebert (55), dass …

- Wenn der *Nachname des Autors* und das *Erscheinungsjahr* in den Text integriert sind und keine Seitenangabe erforderlich ist, wird kein zusätzlicher Hinweis in Klammern gesetzt.

> … aber bereits 1986 betonte Ebert, dass …

- Werden mehrere Titel eines Autors mit verschiedenen Erscheinungsjahren angegeben, muss der Autorenname nicht wiederholt werden.

> Ebert (1986; 1991: 45) betonte, dass …

- Es ist auch möglich, die Klammer mit den Angaben Nachname des Autors – Erscheinungsjahr – (gegebenenfalls) Seitenzahl *immer* an das Ende des Satzes zu setzen, unabhängig davon, ob eine der Angaben bereits im Text erschienen ist.

> … aber bereits 1986 betonte Ebert, dass diese Berichte sorgsam zu prüfen seien (Ebert 1986: 45).

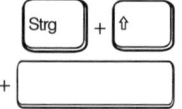

Setzen Sie bei Angaben wie *Ebert 1986: 45* nach dem Doppelpunkt mit Strg. + Shift + Leertaste ein geschütztes Leerzeichen als Trennsperre am Zeilenende.

Verwechslungsgefahr

Auch bei der Harvard-Methode wird wie bei der Methode zuvor (s. die Methode *Angaben Autorenname und Erscheinungsjahr in der Fußnote*, S. 113) mit Buchstaben gearbeitet, wenn mehrere Titel eines Autors aus einem Erscheinungsjahr vorliegen.

> Für die von Diodor erwähnte Leier ist aus der La-Tène-Zeit nur eine in Stein gehauene Statuette bekannt (Bösemüller 2005a: 24–27).

Zusätze in der Klammer

Es ist möglich, den Verweis *vgl.* zur Kennzeichnung eines indirekten, nicht wörtlichen Zitats in die Klammer aufzunehmen, also: … *(vgl. Ebert 1986)*. Wird generell auf diesen Verweis *vgl.* verzichtet, unterscheidet sich das direkte, wörtliche Zitat nur durch die Anführungszeichen vom indirekten Zitat. Beide Formen sind gebräuchlich.

Ebenso ist es möglich, kurze Hinweise in die Klammer aufzunehmen, etwa: ... *(vgl. dazu auch Ebert 1986)*. Diese Zusätze sollten aber kurz bleiben, sonst stören sie zu sehr den Lesefluss des Textes. Für längere Ausführungen bieten sich dann ergänzende Fußnoten an (mehr dazu s. unten).

Erkundigen Sie sich bei Ihrer Betreuerin, wie diese Vorgehensweise beurteilt wird. Manche Fachbereiche lehnen Zusätze in der Klammer grundsätzlich ab.

Es fallen nur die Fußnoten mit *bibliographischen Angaben* weg. Selbstverständlich steht Ihnen weiterhin die Möglichkeit offen, für weiterführende Erläuterungen, Definitionen, Übersetzungen, Hinweise auf andere Literatur, Querverweise usw. Fußnoten zu nutzen. Sie können beispielsweise auch Sekundärliteratur mit der Harvard-Methode angeben und Primärquellen in Fußnoten.

Nach wie vor Fußnoten möglich

Einen Fall mit ergänzenden Fußnoten sehen Sie auf der Beispielseite 31. Hier wurde ein Hinweis zu den Platten des im Text erwähnten Kessels gegeben.

> 1 Es handelt sich um Platte E. – Bei dem 1891 geborgenen Kessel wurden insgesamt 13 Platten gefunden.

Haben Sie in der erläuternden Fußnote wiederum eine Quellenangabe, verfahren Sie wie im Text.

> 1 Es handelt sich um Platte E. – Bei dem 1891 geborgenen Kessel wurden insgesamt 13 Platten gefunden. **Meyer (2001)** geht allerdings davon aus, dass eine der Platten später ergänzt wurde.

7.1.7 Abgekürzte Angaben im laufenden Text

1.1 Die Musik der Kelten

Aussagen über die Kelten sind schon für das 6./5. Jh. v. Chr. möglich (Eber86). Später, im 1. Jh. v. Chr., kamen Berichte griechischer Historiker wie Diodor hinzu (Eber86).

Wesentlich präzisere Angaben, auch zur Musik, stammen aus römischer Zeit; zu nennen sind hier Cäsar, Lukan und Ammianus Marcellinus (Bade03: 37).

Mit der Musik der Kelten hat sich insbesondere Frank Bösemüller (Böse05a) befasst.

2

3.3.1 Keltische Instrumente

Für die von Diodor erwähnte Leier ist aus der La-Tène-Zeit nur eine in Stein gehauene Statuette bekannt (Böse05a: 24–27).

Charakteristische Instrumente waren metallene Hörner von einer, so Diodor, „eigentümlich barbarischen Art" (Bade03: 59), unter anderem dargestellt auf einer Tafel des Kessels von Gundestrup.[1] Bei diesen sogenannten Carnyxen handelte es sich um lang aufragende Instrumente mit einem Schallstück in Form eines Tierkopfes. Besonders beliebt war ein Wildschweinkopf (Böse05b: 33–87). Aber auch die Form von Drachen ist bekannt (Klei54; Klei55).

Diese Instrumente wurden, so hat Arno Klein herausgearbeitet, vor allem zur Einschüchterung von Gegnern eingesetzt (Klei54).

----

1   Es handelt sich um Platte E. – Bei dem 1891 geborgenen Kessel wurden insgesamt 13 Platten gefunden.

31

Eine beliebte Variation der Harvard-Methode ist die Form mit verkürztem Autorennamen und ebenfalls verkürzter Angabe des Erscheinungsjahrs. Beim Namen werden nur die ersten Buchstaben genannt, und beim Erscheinungsjahr beschränkt man sich auf zwei Zahlen.

Angegeben werden:

* *abgekürzter Nachname des Autors / der Autorin*
* *abgekürztes Erscheinungsjahr*
* *(gegebenenfalls) Seitenzahl*

> ... möglich *(Eber86)* oder *(Eber86: 33)*.

Es werden in der Regel vom Fachbereich genaue Vorgaben gemacht, wie diese verkürzten Namen gebildet werden, beispielsweise:

* bei **einem Autor** die ersten vier Buchstaben *(Eber* für *Ebert)*,
* bei **zwei Autoren** jeweils die ersten beiden Buchstaben *(MüRe* für *Müller und Reich)*,
* bei **drei Autoren** jeweils die ersten beiden Buchstaben des ersten Autors und jeweils der Anfangsbuchstabe der beiden anderen Autoren *(MüRT* für *Müller, Reich und Tetzlaff)*,
* bei **vier Autoren** jeweils der erste Buchstabe *(MRTS* für *Müller, Reich, Tetzlaff und Schmitt)*,
* bei **mehr als vier Autoren** die Anfangsbuchstaben nur der ersten vier Autoren *(MRTS* für *Müller, Reich, Tetzlaff, Schmitt und Zanker)*.

Bei einer Verwechslungsgefahr, also wenn mehrere Titel eines Autors aus einem Erscheinungsjahr vorliegen, wird wie oben beschrieben (s. die Methode *Angaben Autorenname und Erscheinungsjahr in der Fußnote*, S. 113) mit einem nachgestellten Buchstaben *a*, *b* ... unterschieden, also z. B. *Eber86a*.

Verwechslungsgefahr

Setzen Sie nach dem Doppelpunkt mit Strg. + Shift + Leertaste ein geschütztes Leerzeichen (Trennsperre), um zu verhindern, dass die Seitenzahl allein am Anfang einer neuen Zeile steht.

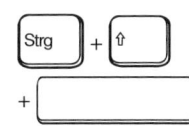

Ein Literaturverzeichnis ist hier ein *Muss:* Nur dort findet die Leserin die vollständigen Angaben zu den verarbeiteten Quellen.

Das Problem von Werken, bei denen das Erscheinungsjahr weit zurückliegt oder nicht bekannt ist, stellt sich im naturwissenschaftlichen Bereich eher nicht, in dem diese Belegmethode verbreitet ist.

7.1.8   Referenznummern im laufenden Text

1.1 Die Musik der Kelten

Aussagen über die Kelten sind schon für das 6./5. Jh. v. Chr. möglich [1]. Später, im 1. Jh. v. Chr., kamen Berichte griechischer Historiker wie Diodor hinzu [1].

Wesentlich präzisere Angaben, auch zur Musik, stammen aus römischer Zeit; zu nennen sind hier Cäsar, Lukan und Ammianus Marcellinus [2:37].

Mit der Musik der Kelten hat sich insbesondere Frank Bösemüller [3] befasst.

2

Seite 31 der Beispielarbeit

3.3.1 Keltische Instrumente

Für die von Diodor erwähnte Leier ist aus der La-Tène-Zeit nur eine in Stein gehauene Statuette bekannt [3: 24–27].

Charakteristische Instrumente waren metallene Hörner von einer, so Diodor, „eigentümlich barbarischen Art" [2: 59], unter anderem dargestellt auf einer Tafel des Kessels von Gundestrup.[1] Bei diesen sogenannten Carnyxen handelte es sich um lang aufragende Instrumente mit einem Schallstück in Form eines Tierkopfes; besonders beliebt war ein Wildschweinkopf [22: 21]. Aber auch die Form von Drachen ist bekannt [23, 24].

Diese Instrumente wurden, so hat Arno Klein [23] herausgearbeitet, vor allem zur Einschüchterung von Gegnern eingesetzt.

----

1   Es handelt sich um Platte E. – Bei dem 1891 geborgenen Kessel wurden insgesamt 13 Platten gefunden.   31

Bei dieser Belegmethode, die auch als *Vancouver Style* bekannt ist, erhält jede Quelle lediglich eine Nummer.

Die Nummerierung erfolgt nach der erstmaligen Erwähnung der Quellen – der Titel, aus dem zuerst zitiert wird, erhält die Nummer 1 usw. Die Quellen werden also fortlaufend nummeriert. Falls notwendig, kommt die Angabe einer Seitenzahl hinzu.

Die Angaben werden im laufenden Text in eckigen Klammern hinzugefügt. Das kann am Ende eines Satzes sein oder auch unmittelbar bei einem Begriff. Angegeben werden:

- *Referenznummer*
- *(gegebenenfalls) Seitenzahl*

Es erscheint im Text *ab der ersten Erwähnung*, also von Anfang an, eine Angabe wie

... möglich [1].

Ein Literaturverzeichnis ist bei dieser Belegmethode ein *Muss*: Nur dort findet die Leserin die vollständigen Angaben zu den verarbeiteten Quellen. Das Problem älterer Werke stellt sich hier so gut wie nicht, da diese Belegmethode vor allem im naturwissenschaftlichen Bereich angewendet wird.

Wird eine Quelle gelöscht oder eine neue eingefügt, ändert sich die Nummerierung. Daher ist bei dieser Belegmethode ein Literaturverwaltungsprogramm sinnvoll.

Mehrere Quellenangaben können bei dieser Belegmethode einfach mit Komma oder Semikolon getrennt werden.

Mehrere Quellenangaben

... Drachen ist bekannt [23, 24].

[23] steht hier für den Titel Klein, Arno: *Cäsar und die Gallier*, Kiel 1954;
[24] für den Titel Klein, Arno: *Die Kriegstaktik der Gallier*, Kiel 1955. Dass es sich in diesem Fall um ein und denselben Autor handelt, spielt keine Rolle, denn jedes einzelne Werk bekommt seine eigene Nummer. Ebenso besteht auch keine Verwechslungsgefahr bei mehreren Werken eines Verfassers aus einem Erscheinungsjahr.

Bei dieser Belegmethode spielen die Seitenzahlen eine eher untergeordnete Rolle – es wird argumentiert, dass man, anders als etwa

Die Angabe von Seitenzahlen

in geisteswissenschaftlichen Arbeiten, ohnehin die Quelle vollständig lesen müsse, etwa zu einem eingesetzten Messverfahren.

Will man aber dennoch, etwa bei einem längeren Buch, eine bestimmte Seitenzahl angeben, setzt man einen Doppelpunkt oder ein Komma hinter die Referenznummer der Quelle. Es ist auch möglich, *S.* für *Seite* hinzuzufügen.

> ... bekannt [3: 24–27]
> ... bekannt [3, S. 24–27]

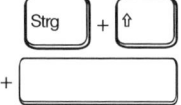

Setzen Sie bei Angaben wie *3: 24–27* vor die Seitenzahl mit Strg + Shift + Leertaste ein geschütztes Leerzeichen (Trennsperre), damit sie nicht allein am Anfang einer neuen Zeile stehen kann.

7.2 Besonderheiten bei der Angabe von Literatur

7.2.1 Das „Zauberwort" *ebd.*

Den Abkürzungen *ebd.* (= ebenda) oder lateinisch *ibid.* (= ibidem) sind Sie sicherlich schon in wissenschaftlichen Texten begegnet. Es bedeutet „die gleiche Quellenangabe wie *direkt* zuvor" und kann viel Platz einsparen.

Ebd. bei Fußnoten *Ebd.* ist eine klassische Abkürzung bei Fußnoten. Auf den Beispielseiten sehen Sie einen Fall für das mögliche Ersetzen durch *ebd.* in der Fußnote 2. Die Quellenangabe entspricht hier genau derjenigen in der vorangegangenen Fußnote 1 und kann durch *ebd.* ersetzt werden:

> 1 Vgl. Ebert, Kai: *Die Kelten in zeitgenössischen Schilderungen.* Mainz 1986.
> ~~2 Vgl. Ebert, Kai: *Die Kelten in zeitgenössischen Schilderungen. Mainz 1986.*~~
> → 2 Vgl. ebd.

Beim Ersetzen mit *ebd.* spielt es keine Rolle, welche Belegmethode für Quellen Sie in der Fußnote generell verwenden: das *ebd.* ersetzt auch eine Quellenangabe in abgekürzter Form.

Ebd. bei Quellenangaben im laufenden Text Ob *ebd.* auch bei Belegmethoden mit Quellenangaben im laufenden Text verwendet werden sollte, ist umstritten.

Wenn Sie es dort verwenden, achten Sie darauf, es nur innerhalb eines überschaubaren Abschnittes einzusetzen. Steht eine Zäsur, etwa eine Überschrift, zwischen zwei aufeinanderfolgenden gleichen Quellenangaben, sollten Sie auf das *ebd.* verzichten. Da Quellenangaben im laufenden Text sowieso sehr kurz sind, sollte das in puncto Platzersparnis kein Problem darstellen.

Fallen Quellenangaben weg oder kommen neue hinzu, stimmt womöglich die Zuordnung nicht mehr.

Notwendige Anpassungen bei Textveränderungen

> Sie haben in einer Fußnote 17 auf Kai Ebert verwiesen. Die folgende Fußnote 18 bezog sich auf denselben Titel, also passte das *ebd.* Nun ist aber der Abschnitt mit dem zweiten Verweis auf Kai Ebert (Fußnote 18) weggefallen, und das *ebd.* bezieht sich plötzlich fälschlicherweise auf Frank Bösemüller.

Bei Fußnoten ist das noch überschaubar. Schwieriger ist es bei Angaben im laufenden Text.

Seien Sie aber grundsätzlich immer vorsichtig: Ersetzen Sie gleichlautende Quellenangaben, ob in der Fußnote oder im laufenden Text, erst nachdem der Text fertig ist und sich die Quellenangaben nicht mehr ändern.

Wird nur *ebd.* gesetzt, bedeutet es: die identische Quellenangabe wie zuvor. Das Kürzel meint also die gleiche Quelle und auch die gleiche Seitenzahl.

Ebd. und die Angabe der Seitenzahl

Die Seitenangabe wird dann hinzugefügt, wenn sie nicht mit derjenigen der vorangegangenen Quellenangabe übereinstimmt.

> 1 Vgl. Ebert, Kai: *Die Kelten in zeitgenössischen Schilderungen.* Mainz 1986, S. 17.
> 2 ~~Vgl. Ebert 1986, S. 21.~~ → 2 Vgl. ebd., S. 21.

Solange die gleiche Quelle gemeint ist, kann das Ersetzen mit *ebd.* wiederholt werden, entsprechend mit oder ohne Seitenangabe.

Ebd. funktioniert nicht, wenn in der vorangegangenen Fußnote mehrere Werke genannt werden.

Verbotenes ebd.

> 58 Vgl. Klein, Arno: *Cäsar und die Gallier.* Kiel 1954; Klein, Arno: *Die Kriegstaktik der Gallier.* Kiel 1955.
> 59 Vgl. Klein, Arno: *Cäsar und die Gallier.* Kiel 1954.

Würde man in der Fußnote 59 ein *ebd.* setzen, wüsste die Leserin nicht, welches der beiden Werke gemeint ist. Daher ist *ebd.* in einem solchen Fall nicht erlaubt.

7.2.2 Die Stellung der Fußnotenziffer

Bei wörtlichen Zitaten steht die Fußnotenziffer hinter dem Anführungszeichen.

> ..., denn: „Der keltische Barde sang den antiken Autoren zufolge Lob- und Spottlieder."[22]
> „Der keltische Barde sang den antiken Autoren zufolge Lob- und Spottlieder"[22], betont er.
> „Sang der keltische Barde den antiken Autoren zufolge Lob- und Spottlieder?"[22], fragt er.

Sie steht normalerweise ganz am Schluss, hinter dem Satzzeichen, wenn sie sich auf einen ganzen Satz bzw. Gedankengang bezieht.

> Die Autoren betonen die Stellung des keltischen Barden. Ihm wurde von den Stammesgefährten Gehorsam geleistet.[22]

Bezieht sich die Fußnotenziffer nur auf ein bestimmtes Wort oder eine Wortgruppe, steht sie direkt danach. Es geht hier vor allem um Wort- oder Begriffserläuterungen.

> Barack Obama war der Erste, der den sogenannten Long Tail[34] des Internets aktivierte.
> ---------
> 34 Der Begriff geht auf die grafische Darstellung beim Verkauf von Produkten zurück, bei der die Nischenprodukte in der Kurve einen langgezogenen Verlauf, einen „langen Schwanz", auf niedrigem Niveau zeigen.

7.2.3 Die Seitenzahlangabe

Bezieht sich die Fundstelle auf das ganze Werk, steht keine Seitenangabe. Die Seite wird nur angegeben, wenn wirklich eine oder mehrere bestimmte Seite(n) gemeint sind.

Ohne Seitenangabe

> Rawls betont, dass man jedem Menschen eine Gerechtigkeitsvorstellung zuschreiben könne (vgl. Rawls 1975: 21).

Bei der Angabe *Seitenzahl + f.* steht das *f* für *f(olgende) Seite: S. 13 f.* = *S. 13–14.* Diese Angabe wird allgemein als genau akzeptiert. *Seitenzahl + ff.* dagegen wird häufig als zu ungenau abgelehnt. Hier steht das *ff.* für *folgende (Seiten).* In dem Beispiel *13 ff.* könnte das dann *S. 13–15* bedeuten, aber auch *S. 13–17.* Wenn Ihr Fachbereich die Angabe mit *ff.* bevorzugt, können Sie sie verwenden; andernfalls geben Sie die genauen Zahlen an.

f. und ff.

Achten Sie darauf, zwischen der Ziffer und dem *f.* bzw. *ff.* mit Strg. + Shift + Leertaste ein geschütztes Leerzeichen zu setzen, damit die Angaben am Zeilenende nicht auseinandergerissen werden können.

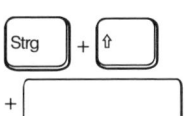

7.2.4 Besonderheiten bei der Autorenangabe

Mehrere Autoren eines Werks werden bei den einzelnen Belegmethoden im Prinzip so behandelt wie ein Einzelautor.

Ein Werk – mehrere Autoren

- *Bis zu drei Autoren* werden in der Regel mit Komma sowie mit *und* aufgezählt.

> Ebert, Müller und Reich haben dazu bahnbrechende Forschungen geleistet.

Man kann die Autorennamen aber ebenso mit Schrägstrichen angeben:

> Ebert/Müller/Reich haben dazu bahnbrechende Forschungen geleistet.

Bei der Harvard-Methode wird in der Klammer häufig auch das &-Zeichen eingesetzt:

> ... Forschungen geleistet (EBERT & MÜLLER 1989).

- Bei *mehr als drei Autoren* werden in der Regel nur der erste Autorenname und der Zusatz *et al. (= et alii:* und andere) oder *u. a.* (und andere) verwendet:

> EBERT et al. haben eine neue Studie vorgelegt.

Angabe verschiedener Quellen

Will man mehrere Quellen angeben, wird dabei nicht anders verfahren als bei der Angabe einer einzelnen Quelle: Es werden einfach alle Quellen aufgeführt und mit einem Semikolon oder einem Komma abgetrennt.

> ... Dieses Thema ist kontrovers diskutiert worden (vgl. Otto 1989; Müller 2007; Meyer 2008).

Die Reihenfolge richtet sich in der Regel alphabetisch nach den Autorennamen, aber auch die chronologische Reihung nach Erscheinungsjahr ist möglich.

Autor ist keine Person

Nicht immer hat man es mit Personen als Autoren zu tun. So kann etwa eine **Institution** an die Stelle des Autors treten. Sie sollten dabei auf Folgendes achten:
- Institutionen sind grundsätzlich Herausgeber. Der Zusatz *(Hrsg.)* erscheint in der Regel aber nur bei vollständigen bibliographischen Belegen, z. B. bei der Ersterwähnung in einer Fußnote, und auch im Literaturverzeichnis. Bei Kurzbelegen wie *Autorenname + Erscheinungsjahr* wird er nicht gesetzt, also z. B.

> ... erklärten die Verantwortlichen (Robert Koch-Institut 2005).

- Die Leserin sollte das Werk im Literaturverzeichnis identifizieren können – und zwar ohne langes Suchen.

> Sie haben bei Ihrer Quellenangabe im laufenden Text an der Stelle des Autorennamens die Angabe *(BMFSFJ 2008: 13)*. Der Leser wird im Literaturverzeichnis unter *Bm...* nachsehen. Dort ist der Titel, alphabetisch korrekt, unter *Bundesministerium für Familie, Senioren, Frauen und Jugend* aufgeführt. Der

> Leser sucht aber nicht unter *Bu...*, sondern unter *Bm...*, findet den Titel nicht und glaubt, Sie hätten ihn vergessen – ein Minuspunkt für Sie, obwohl Sie den Titel doch aufgeführt haben.

Nehmen Sie im Literaturverzeichnis den Kurztitel so auf, dass die Zuordnung passt:

> [BMFSFJ] Bundesministerium für Familie, Senioren, Frauen und Jugend (Hrsg.): *Mädchen und Frauen in den Freiwilligen Feuerwehren*, Berlin 2008.

Möglich ist auch:

> BMFSFJ – Bundesministerium für Familie, Senioren, Frauen und Jugend (Hrsg.): *Mädchen und Frauen in den Freiwilligen Feuerwehren*, Berlin 2008.

Ähnliches gilt dann, wenn der **Autor nicht genannt** wurde, etwa bei Artikeln aus Zeitungen und Zeitschriften. Haben Sie eine Quelle im Literaturverzeichnis unter o. V. (= *ohne Verfasser*) oder unter dem Titel des Artikels sortiert, sollte das mit den Verweisen in den Fußnoten / im laufenden Text übereinstimmen.

7.2.5 Besonderheiten beim Erscheinungsjahr

Bei einigen Belegmethoden gehört das Erscheinungsjahr zu den Angaben im Kurzbeleg. Das kann Probleme bereiten.

Wollen Sie nur *gelegentlich* ein Werk angeben, bei dem das Jahr der Ersterscheinung und das der benutzten Auflage weit auseinanderliegen, können Sie das Jahr der benutzten Auflage *und* das der Erstveröffentlichung (das dann in eckigen Klammern) setzen. Beispiel:

Ältere Werke

In Ihrer Arbeit kommen Sie auch auf John Deweys 1916 erschienenes Werk *Demokratie und Erziehung* zu sprechen. Ihre Ausgabe stammt von 1999. Mit der Harvard-Methode:

> ... (vgl. Dewey 1999 [1916]: 34).

Eckige Klammern signalisieren immer eine erläuternde Einfügung von Ihnen.

Bei häufiger angeführten älteren Quellen und besonders dann, wenn diese Ihre Hauptquellen sind, können Sie so verfahren, dass Sie nur den Nachnamen, das Stichwort und gegebenenfalls die Seitenzahl angeben; das Erscheinungsjahr entfällt. Diese Angaben können Sie dann in eine Fußnote oder in den laufenden Text setzen:

> 4 Vgl. Hegel, G. W. F., *Aesthetik III, S. 128f.*
>
> ... betont er in seiner Betrachtung (Hegel, G. W. F., *Aesthetik III*, S. 128 f.).

Noch nicht erschienene Arbeiten

Bei Werken, die zur Publikation angenommen wurden, aber noch nicht erschienen sind, setzt man an die Stelle des Erscheinungsjahrs *im Druck.*

> ... legte er eindringlich dar (Meyer, im Druck, S. 34).

Erscheinungsjahr unbekannt

Ist Ihnen das Erscheinungsjahr einer Publikation nicht bekannt, ersetzen Sie es durch *o. J.* = ohne Jahr. Wenn Sie über genügend Informationen verfügen, um das Jahr zu schätzen, geben Sie das an. Eckige Klammern machen dabei deutlich, dass es sich um eine Einfügung von Ihnen handelt.

> ... legte er eindringlich dar (Althus o. J. [ca. 1756]).

7.2.6 Nicht als Text vorliegende Quellen

Außergewöhnliches Material

Nicht als Text vorliegendes Material, z. B. Fernseh- oder Radiosendungen, kann auch als Quelle dienen und lässt sich in einer Kurzform angeben.

> ... das war in einem Experiment deutlich zu beobachten („Warum engagieren sich Menschen?", ZDF, 23. 4. 2008).

Persönliche Mitteilungen wie Briefe oder E-Mails an die Verfasserin werden in der Regel als Fußnote angegeben. Sie erscheinen, da nicht vom Leser nachprüfbar, nicht im Literaturverzeichnis.

> 89 J. Meyer, persönliche Mitteilung vom 2. 3. 2017.

8 Teile nach dem Hauptteil

Zu den Teilen, die nach dem Hauptteil folgen, gehört insbesondere das Literaturverzeichnis. Vielen flößt es Furcht ein. Mit ein wenig Genauigkeit ist aber auch diese Aufgabe zu meistern.

8.1 Das Literaturverzeichnis

Bei den Details eines Literaturverzeichnisses gibt es je nach Fachbereich Variationen. Wichtig ist vor allem, konsequent bei einer Version zu bleiben.

Legen Sie Ihr Literaturverzeichnis nicht erst am Schluss an, sondern halten Sie es immer auf dem neuesten Stand. Fehlende Angaben können Ihnen hier einen enormen zusätzlichen Zeitaufwand bescheren – das gesuchte Buch ist längst zurückgegeben, oder die Kopie befindet sich „irgendwo" in einem Ihrer zahlreichen Ordner. Auch Internetquellen verschwinden gelegentlich.

Wann erstellen?

Literaturverwaltungsprogramme erleichtern Ihnen die Arbeit sehr. Wenn Sie allerdings Ihre Arbeit ohne ein solches Programm schon fertiggeschrieben haben, müssen Sie das Literaturverzeichnis händisch erstellen.[10]

In das Literaturverzeichnis wird nur das aufgenommen, was wirklich im Text *verarbeitet* wurde. Das sind jene Werke, die Sie direkt oder indirekt zitiert haben und die Sie entsprechend als Fundstelle angegeben haben. Ebenso zählen dazu Verweise auf diese Werke in einer Tabelle oder in einer Abbildung.

Aufnahme in das Literaturverzeichnis

Auf gar keinen Fall dürfen Sie Titel aufnehmen, die Sie nicht verarbeitet haben.

Bei einem Buch wird man auf dem **inneren Titelblatt** (nicht dem Cover!) fündig: Hier sind mindestens der *Autor* (bzw. *Herausgeber*) und der *Titel/Untertitel* verzeichnet.

Die benötigten Angaben finden

---

10 Man kann mit Word ein Literaturverzeichnis automatisch erstellen. Voraussetzung ist allerdings, dass die Belege schon entsprechend *in Word erfasst* worden sind. Stehen Sie aber noch am Anfang des Schreibens, besorgen Sie sich lieber ein Literaturverwaltungsprogramm wie *Citavi* mit seinen vielfältigen Möglichkeiten – so legt es nicht nur ein Literaturverzeichnis an, sondern verbindet u. a. auch Zitate mit dem Kontext.

Falls das Buch in eine *Reihe* aufgenommen worden ist (mehr dazu s. S.154), findet man diese Angabe auf dem sogenannten **Schmutztitel**, der Seite vor dem Titelblatt.

Zusätzliche Publikationsdaten eines Buches sind auf der **Impressumsseite** (eine linke Anfangsseite des Buchs, meist S. 4) vermerkt: Hier sind die „technischen Details" wie das *Erscheinungsjahr* und die *Auflage* angegeben. Der *Erscheinungsort* ist der Sitz des Verlags oder der herausgebenden Institution. Bis Ende August 2002 stand hier auch die *CIP-Kurztitelaufnahme* der Deutschen Bibliothek; seitdem findet sich ein entsprechender Internethinweis – der zum Aufspüren noch fehlender Angaben sehr nützlich sein kann.

Angaben zu Artikeln finden sich in der Regel beim Artikel bzw. der Zeitschrift selbst; das Gleiche gilt für Internetquellen.

8.1.1 Welche Form erhalten die einzelnen Literaturangaben?

Die Form der einzelnen Literatureinträge nachträglich zu ändern, ist äußerst mühsam. Legen Sie sie schon zu Beginn fest.

Zeichensetzung und typographische Darstellung

Sie werden bei den Beispielen dieses Abschnitts einer bestimmten Form begegnen:

Der Autorenname steht in Kapitälchen, dann folgt ein Doppelpunkt. Kursiv gesetzt werden die Titel von selbstständigen Werken wie Büchern. Bei unselbstständigen Werken wie Aufsätzen erscheint der Titel des Sammelbands, der Zeitschrift o.Ä. – also des Werks, das den Aufsatz enthält – kursiv, der Aufsatz selbst steht in Anführungszeichen. Am Ende jedes Eintrags steht ein Punkt.

> Bösemüller, Frank (Hrsg.): *Von der Carnyx zur Leier. Keltische Musikinstrumente in antiken Darstellungen.* München 2005.
> Bösemüller, Frank: „Keltische Instrumente in der Archäologie. Ein neuer Fund in Coesfeld", in: *Zeitschrift für archäologische Forschungen in Westfalen* 14 (2005), S.33–87.

Das ist nur *eine* Variante. Es gibt durchaus andere – so wird etwa manchmal empfohlen, nur den Autorennamen kursiv oder gar in VERSALIEN (Großbuchstaben) zu setzen. Auch der Punkt am Ende kann weggelassen werden.

Gleichen Sie die gezeigte Form mit den Vorgaben Ihrer Betreuerin ab bzw. mit dem, was in Ihrem Fachbereich üblich ist.

Je nach Belegmethode sollten die Literaturangaben zudem angepasst werden.

- Bei den ersten drei genannten Belegmethoden *Vollständige Angaben der Quelle in sämtlichen Fußnoten, Verweis auf eine vorangegangene Fußnote: „a. a. O.“* und *Verweis auf eine vorangegangene Fußnote: „Fußnote [FN] xy"* werden die Titel wie folgt angegeben:

> EBERT, Kai: *Die Kelten in zeitgenössischen Schilderungen.* Mainz 1986.

- Bei Angaben mit einem *Stichwort in der Fußnote* wird das Stichwort zusätzlich gesetzt oder hervorgehoben, beispielsweise mit Fettdruck.

> EBERT, Kai [Schilderungen, 1986]: *Die Kelten in zeitgenössischen Schilderungen.* Mainz 1986.

oder

> EBERT, Kai: *Die Kelten in zeitgenössischen* **Schilderungen.** Mainz 1986.

- Bei Belegmethoden mit Autorenname und Erscheinungsjahr – *Angaben Autorenname und Erscheinungsjahr in der Fußnote* und *Angaben Autorenname und Erscheinungsjahr im laufenden Text* – werden die bibliographischen Angaben, die die Leserin aus den Fußnoten / aus dem Text „mitgenommen" hat, wie *Ebert 1986*, besonders hervorgehoben, indem sie an den Anfang gesetzt oder zusätzlich in eckigen Klammern angegeben werden. Gängige Formen:

> EBERT, Kai (1986): *Die Kelten in zeitgenössischen Schilderungen.* Mainz.

oder

> [Ebert 1986] EBERT, Kai: *Die Kelten in zeitgenössischen Schilderungen.* Mainz 1986.

Zusatzbuchstaben bei der Jahreszahl werden einfach an diese angehängt: *Ebert, Kai (1986a)* oder *[Ebert 1986a]*.

- Bei der Belegmethode *Abgekürzte Angaben im laufenden Text* werden diese Angaben in eckigen Klammern vorangestellt. Entsprechend wird alphabetisch nach Kürzeln sortiert.

> [Eber86]   EBERT, Kai: *Die Kelten in zeitgenössischen Schilderungen.* Mainz 1986.
> [MüRe71]   MÜLLER, Marc/REICH, Otto: *Keltische Instrumente in der Archäologie.* Bonn 1971

Bei Bedarf wird ein *a, b* ... an die Jahreszahl angehängt.

> [Böse05a] BÖSEMÜLLER, Frank: *Von der Carnyx zur Leier. Keltische Musikinstrumente in antiken Darstellungen.* München 2005.

- Bei der Belegmethode *Referenznummern im laufenden Text* wird die Nummer vorangestellt. Die Quellen werden in der Reihenfolge der Referenznummern angeführt, nicht alphabetisch nach Autorennamen sortiert.

> 1. EBERT, Kai: *Die Kelten in zeitgenössischen Schilderungen.* Mainz 1986.
> 2. BADENIUS, Susanne: *Die Überlieferungen zur keltischen Kultur.* Leipzig 2003.

8.1.2 Wie gibt man die verschiedenen Arten benutzter Literatur an?

Grundmuster Alle Literatureinträge lassen sich auf zwei **Grundmuster** reduzieren.

Bei **selbstständigen** Veröffentlichungen sind das:
- Autor/Autorin
- Titel
- Erscheinungsdaten

Nicht angegeben werden technische Daten wie die Art des Einbands, die Zahl der Tabellen/Abbildungen oder die ISBN. Typisches Beispiel: *Buch*

Unselbstständige Veröffentlichungen sind ein Teil eines größeren Ganzen. Hier gibt man an:

* Autor/Autorin
* Titel
* „in" + Erscheinungsdaten des größeren Ganzen
* Seitenzahlen

Typisches Beispiel: *Artikel in einer Zeitschrift*

Im Folgenden werden – anhand des bereits bekannten fiktiven Autors Frank Bösemüller und seiner Werke – die **Grundelemente** von Literatureinträgen beschrieben.

Weitere Erläuterungen zu den einzelnen Punkten *Autor/Autorin, Titel, Auflage, Band, Erscheinungsort, Erscheinungsjahr, Verlag, Reihe, Seite* finden Sie weiter unten unter „Spezielle Fragen".

Nach Abschluss seines Studiums verfasst Bösemüller eine **Dissertation** zum Thema der keltischen Carnyx und betritt zum ersten Mal die Bühne der wissenschaftlichen Forschungsarbeit. Eine Dissertation wird so angegeben:

Dissertation

* *Name, Vorname des Autors / der Autorin*
* *Titel der Dissertation*
* *Untertitel, falls vorhanden*
* *Angabe „Diss." mit Universität und Ort*
* *Erscheinungsjahr*

> Bösemüller, Frank: *Die Carnyx in der Musik der Festlandkelten. Untersuchungen zur Darstellung in der römischen Reliefkunst.* Diss. Humboldt-Universität. Berlin 2002.

Bösemüllers Arbeit hat Anklang gefunden, und er hat einen Verlag gefunden. Zu den normalen Angaben für ein Buch (s. unten) wird *(= Diss. + Universität + Ort)* hinzugesetzt.

> Bösemüller, Frank: *Die Carnyx in der Musik der Festlandkelten. Untersuchungen zur Darstellung in der römischen Reliefkunst* (= Diss. Humboldt-Universität Berlin). Berlin 2003.

Bösemüller ist weiterhin fleißig und schreibt ein Buch, in dem er das Thema seiner Dissertation erweitert, eine sogenannte **Monographie.**

Buch
(Monographie)

Die Literaturangabe eines Buchs besteht in der Regel aus folgenden Bausteinen:

- *Name, Vorname des Autors / der Autorin*
- *Titel des Buchs*
- *Untertitel, falls vorhanden*
- *Erscheinungsort*
- *Erscheinungsjahr*

> BÖSEMÜLLER, Frank: *Von der Carnyx zur Leier. Keltische Musikinstrumente in antiken Darstellungen.* München 2005.

Aufsatz in einer (Fach-)Zeitschrift In den folgenden Jahren setzt unser Autor seine akademische Karriere fort, unter anderem verfasst er regelmäßig **Aufsätze** zur keltischen Musik in Fachzeitschriften.

Ein derartiger Aufsatz wird so angegeben:

- *Name, Vorname des Autors / der Autorin*
- *Titel des Aufsatzes*
- *Untertitel, falls vorhanden*
- *Zusatz „in:"*
- *Name der Zeitschrift*
- *Band, Jahr, evtl. Heft*
- *Seitenzahlen*

> BÖSEMÜLLER, Frank: „Keltische Instrumente in der Archäologie. Ein neuer Fund in Coesfeld", in: *Zeitschrift für archäologische Forschungen in Westfalen* 14 (2005), S. 33–87.

2005 ist das Erscheinungsjahr, die Zahl 14 gibt den Band an (in einem Band werden die Hefte eines Jahres zusammengefasst). Die Angabe der einzelnen Heftnummer ist nicht notwendig, wenn in einem Jahrgang komplett durchgezählt wird. Fängt die Seitenzählung bei jedem Heft neu an, gibt man nach der Bandnummer auch die Heftnummer (abgekürzt „H.") an.

Der Aufsatz ist nur ein Teil der Zeitschrift. Durch das „in" wird angezeigt, dass er zu einem größeren Ganzen gehört und keine eigenständige Publikation darstellt. Die Seitenzahlen stehen am Schluss.

Der *Erscheinungsort* und der *Verlag* werden bei Zeitschriften grundsätzlich nicht angegeben, auch kein *Herausgeber*.

Handelt es sich um ein Sonder- oder Themenheft, wird das anstelle der Heftnummer angegeben.

Es ist möglich, statt des (oft langen) Titels der Zeitschrift eine Abkürzung zu verwenden, eine sogenannte Sigle; sie wird normalerweise mit den Anfangsbuchstaben der Einzelwörter gebildet. Sie können also statt *in: Kölner Zeitschrift für Soziologie und Sozialpsychologie* dann jeweils *in: KZfSS* schreiben. Dies muss im Abkürzungsverzeichnis aufgelöst werden.

Unser Autor hat inzwischen seine Habilitation geschrieben (diese wird angegeben wie eine Dissertation, nur steht dort statt *Diss.* die Bezeichnung *Habil.-Schr.*) und wurde auf einen Lehrstuhl berufen.

Da Prof. Dr. Bösemüller ein Experte auf dem Gebiet der keltischen Musik ist, macht ihm ein Verlag den Vorschlag, ein Buch mit verschiedenen Artikeln zu diesem Thema herauszugeben. Bösemüller bittet sieben Kolleginnen und Kollegen, jeweils einen Artikel für das geplante Werk zu verfassen, will aber auch selbst einen beisteuern.

In der Folgezeit erkundigt sich Bösemüller bei den einzelnen Autoren nach dem Fortgang der Arbeiten, erinnert an den Abgabetermin, streitet sich mit Prof. Dr. Hermannskötter, die viel zu viel über die keltische Trommel geschrieben hat, bittet um Kürzung und hat endlich, nach vielen Telefonaten, alle Aufsätze in passender Länge vor sich liegen.

Bösemüller ist der *Herausgeber*. Das endlich fertige Buch ist ein sogenannter **Sammelband**, denn es vereinigt mehrere getrennte Aufsätze. Es wird so angegeben:

* *Name, Vorname des Herausgebers / der Hausgeberin mit dem Zusatz „Hrsg." oder „Hg."*
* *Titel des Sammelbandes*
* *Untertitel, falls vorhanden*
* *Erscheinungsort*
* *Erscheinungsjahr*

BÖSEMÜLLER, Frank (Hrsg.): *Die Musik der Kelten. Ein unbekanntes Kapitel der europäischen Musikgeschichte.* München 2010.

Ein Doktorand, der über Trommeln in der Musikgeschichte schreibt, hat einen äußerst interessanten Satz von Frau Prof. Dr. Hermannskötter in seiner Arbeit zitiert und muss ihren Aufsatz in das Literaturverzeichnis aufnehmen. Ein **Aufsatz in einem Sammelband** wird so angegeben:

Sammelband

Aufsatz in einem Sammelband

- *Name, Vorname des Autors / der Autorin des Aufsatzes*
- *Titel des Aufsatzes*
- *Untertitel, falls vorhanden*
- *Zusatz „in:"*
- *Vorname und Name des Herausgebers / der Herausgeberin des Sammelbands mit dem Zusatz „Hrsg." oder „Hg."*
- *Titel des Sammelbands*
- *Untertitel, falls vorhanden*
- *Erscheinungsort*
- *Erscheinungsjahr*
- *Seitenzahlen*

Wie bei einem Aufsatz in einer Fachzeitschrift will man dem Leser nicht zumuten, im Inhaltsverzeichnis des Sammelbandes nach dem einzelnen Aufsatz zu fahnden, daher gibt man die genauen Seitenzahlen (erste und letzte Seite) an.

> Hermannskötter, Adele: „Die keltische Trommel", in: Frank Bösemüller (Hrsg.), *Die Musik der Kelten. Ein unbekanntes Kapitel der europäischen Musikgeschichte.* München 2010, S. 122–187.

Artikel mit Verfasserangabe in einer Wochen- oder Tageszeitung

Bösemüller ist gebeten worden, für eine **Wochenzeitung** einen Artikel über das Studium der Keltologie zu schreiben. Ein solcher Artikel wird so angegeben:

- *Name, Vorname des Autors / der Autorin*
- *Titel des Artikels*
- *Untertitel, falls vorhanden*
- *Zusatz „in:"*
- *Name der Zeitung*
- *Datum*
- *Seitenzahl(en)*

Meist erstrecken sich derartige Artikel nicht über mehrere Seiten. Wenn doch, werden wie gewohnt die erste und die letzte Seite angegeben.

> Bösemüller, Frank: „Auf den Spuren der Vergangenheit. Die Keltologie – ein ganz spezielles Fach", in: *Die Zeit*, 12. 8. 2011, S. 23.

Lexikoneintrag

Kurz danach verfasst Bösemüller auch noch einen Lexikoneintrag.

Das **Lexikon** besteht aus mehreren Bänden, von denen jeder einen eigenen Titel hat – dieser wird dann entsprechend auch angegeben. Ansonsten würde die Bandnummer reichen. Es werden aufgeführt:

- *Name und Vorname des Autors / der Autorin*
- *Titel des Eintrags*
- *Untertitel, falls vorhanden*
- *Zusatz „in:"*
- *Vorname und Name des Herausgebers / der Herausgeberin mit dem Zusatz „Hrsg." oder „Hg."*
- *Titel des Lexikons*
- *Untertitel, falls vorhanden*
- *Bandnummer. Falls vorhanden: zusätzlich Angabe des Titels des einzelnen Bandes*
- *Erscheinungsort*
- *Erscheinungsjahr*
- *Seitenzahlen*

> BÖSEMÜLLER, Frank: „Keltische Musik", in: Christoph HÖFLER (Hrsg.): *Samsons Lexikon der Keltologie*, Bd. II: *Die Kultur der Kelten*. Tübingen 2012, S. 87–91.

Bei Lexikoneinträgen ist oftmals kein Verfasser angegeben. Siehe dazu S. 146 unter *Spezielle Fragen – Besonderheiten: Werke ohne Verfasser*.

Handelt es sich bei einer **Internetquelle** um eine gedruckte Publikation, die online abrufbar ist, werden die Daten wie bei der Publikation (z. B. Buch, Aufsatz) angegeben. Hinzu kommen jedoch die Internetadresse (URL), sowie das Datum des Abrufs. Bei einem Zeitschriftenaufsatz etwa wäre das:

Internetquelle

- *Name, Vorname des Autors / der Autorin*
- *Titel des Aufsatzes*
- *Untertitel, falls vorhanden*
- *Zusatz „in:"*
- *Name der Zeitschrift*
- *Band, Jahr, evtl. Heft*
- *Seitenzahlen*
- *„Abrufbar unter:" oder „Online unter:" (mit oder ohne Doppelpunkt)*
- *Internetadresse (URL)*
- *Datum des Abrufs in Klammern (wenn gewünscht, auch mit einem Zusatz, z. B. „Download" oder „Zugriff")*

Beispiel: Der oben genannte Zeitschriftenaufsatz Bösemüllers ist online als Veröffentlichung eines Archäologieportals abrufbar.

> BÖSEMÜLLER, Frank: „Keltische Instrumente in der Archäologie. Ein neuer Fund in Coesfeld", in: *Zeitschrift für archäologische Forschungen in Westfalen* 14 (2006), S. 23–87. Abrufbar unter http://www.archaelogie_in_heutiger_Zeit-online.de/xy/Musik/xyz/pdf (Abruf: 2.10.2008).

Ist eine Quelle ausschließlich im Internet veröffentlicht, werden angegeben (sofern verfügbar):
* *Name, Vorname des Autors / der Autorin*
* *Titel der Quelle*
* *Untertitel, falls vorhanden*
* *Datum oder Versionsnummer*
* *Seitenzahl(en)*
* *„Abrufbar unter:" oder „Online unter:" (mit oder ohne Doppelpunkt)*
* *Internetadresse (URL)*
* *Datum des Abrufs (wenn gewünscht, auch mit einem Zusatz, z. B. „Download" oder „Zugriff")*

> BÖSEMÜLLER, Frank: *Das Studium der Keltologie.* Vortrag beim Institut für Ur- und Frühgeschichte der Universität Dortmund am 23.9.2003. Abrufbar unter: http://www.institut_fuer_ur-_und_fruehgeschichte.de/xy/Warum_Keltologie_studieren/xyz.html (Abruf: 23.4.2009).

Geben Sie bei Internetquellen neben dem Titel der Quelle nach Möglichkeit den Urheber an – das ist wichtig für die Beurteilung im Hinblick auf deren Seriosität.

Achten Sie auch darauf, dass Sie die komplette URL angeben – der Leser sollte direkt auf die entsprechende Seite geführt werden, nicht etwa nur auf eine Startseite.

Das Datum des Abrufs bei Internetquellen ist deshalb von Bedeutung, weil sich im Internet vieles im Fluss befindet: Veröffentlichungen werden aktualisiert oder wieder herausgenommen, manche Websites verschwinden völlig. Machen Sie deshalb Kopien der benutzten Quellen und fügen Sie sie, falls das gefordert wird, im Anhang oder auf CD-ROM bei.

Internetadressen sind oftmals sehr lang. Sie dürfen aber nicht regulär getrennt werden, weil dann ein Trennungsstrich eingefügt wird, der die URL unbrauchbar macht. Setzen Sie stattdessen mit (⌇Shift⌇ + ⌇Return⌇) einen weichen Zeilenumbruch, am besten nach einem Schrägstrich. Auf diese Weise wird kein Trennungsstrich erzeugt.

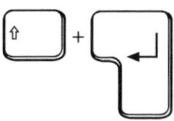

Als Student der Keltologie hat Frank Bösemüller ordnungsgemäß neben mehreren Seminararbeiten eine **Masterarbeit** verfasst. Sie ist aber im Archiv der Universität verschwunden: Prüfungsarbeiten müssen nicht veröffentlicht werden, und aus ihnen wird in der Regel nicht zitiert.

Prüfungsarbeit (z. B. Bachelor- oder Masterarbeit)

Wenn das Zitieren aber doch unumgänglich ist, gibt man einen solchen Titel wie eine Dissertation an, schreibt aber statt *Dissertation* nun *Masterarbeit* und setzt hinter den Namen der Hochschule zusätzlich den des Fachbereichs.

Eine **Festschrift** ist keine Sammlung von Lobreden auf die gefeierte Person. Vielmehr haben sich hier Wissenschaftler zusammengetan, um ganz reguläre Aufsätze aus ihrem Fach zu einem Sammelband beizusteuern – und dieser wird dann zu Ehren des genannten Wissenschaftlers herausgegeben. Man gibt eine solche Festschrift wie einen Sammelband an, ergänzt durch die Angabe *Festschrift für XY ... (Festgabe für XY; XY zum ... Geburtstag usw.).*

Festschrift

Das Bild der Gallier in römischen Reliefs. Festschrift für Arno Klein zu seinem 65. Geburtstag. Hrsg. von Susanne BADENIUS und Otto REICH. München 1969.

Unter dem Begriff **graue Literatur** wird eine Vielzahl sehr unterschiedlicher Schriftstücke zusammengefasst. Diese Bezeichnung klingt (zu Unrecht) etwas negativ – sie bedeutet letztlich nur, dass es sich um Veröffentlichungen handelt, die bei den jeweiligen Urhebern (meist Institutionen) zu erhalten sind.

Graue Literatur

Dazu gehören etwa

• Jahresberichte von Unternehmen
• Publikationen von Ministerien, Parteien, Stiftungen, Nichtregierungsorganisationen
• Jubiläumsschriften von Vereinen
• Arbeitsberichte
• Broschüren

Derartige Schriften können sehr wertvoll für Ihre Arbeit sein – nehmen Sie etwa ein Parteiprogramm, das Sie für Ihre politikwissenschaftliche Arbeit ausgewertet haben.

Geben Sie diese Schriften möglichst genau an, mit Urheber (Verfasser und/oder Herausgeber), Titel und sonstigen Details (z. B. gegebenenfalls Nummer des Berichts), Erscheinungsort und Erscheinungsjahr – was Sie eben zusammentragen können. Es sollte ausreichen, dass die interessierte Leserin weiß, wer verantwortlich ist und wo sie möglicherweise die Publikation erhalten kann. Die Adresse der Institution müssen Sie nicht angeben; ihr Sitz ist der Erscheinungsort.

Zu einem Großteil sind derartige Publikationen im Internet abrufbar. Beispiel:

> SozioTest (Hrsg.): *Anerkannt oder ausgegrenzt? Ergebnisse einer repräsentativen Umfrage unter Menschen mit Migrationshintergrund in Deutschland vom 1. bis 31. Januar 2009.* Berlin 2010. Berichte zur Migrationsforschung 28. Abrufbar unter: http://...

Nicht als Text vorliegende Quellen

Bei besonderen Publikationsformen, die **nicht als Text** vorliegen, z. B. Fernseh- oder Radiosendungen, kommt es darauf an, dass Sie dem Leser ein möglichst genaues Bild der Quelle vermitteln, insbesondere: Wer ist der Urheber, um was handelt es sich – z. B. CD, Film, Fernsehsendung, Vortrag –, aus welcher Zeit stammt die Quelle?

> „Warum engagieren sich Menschen?", Dokumentation im Zweiten Deutschen Fernsehen (ZDF), 23. 4. 2008.

Persönliche Mitteilungen

Persönliche Mitteilungen wie Telefongespräche, E-Mails oder Briefe können wichtige Informationen für die Arbeit liefern. Sie sind aber nicht für den Leser zugänglich und werden daher in der Regel auch nicht in das Literaturverzeichnis aufgenommen.

Quellen aus zweiter Hand (Sekundärzitate)

Wenn Sie trotz aller Mühe ein Werk nicht auftreiben konnten und den gewünschten Text stattdessen indirekt aus dem Werk eines anderen Verfassers zitiert haben (s. dazu auch S. 96), geben Sie am besten beides an: das Werk, das Sie gern gehabt hätten, und das Werk, das Sie zum Zitieren verwendet haben.

> Meyer-Holtkamp, Ignaz: *Römische Beschreibungen keltischer Sitten.* Tübingen 1877, zit. nach: Badenius, Susanne: *Die Überlieferungen zur keltischen Kultur.* Leipzig 2003.

8.1.3 Spezielle Fragen

Besonderheiten: *Autor/Autorin*

Bei mehreren Autoren als Verfasser können verschiedene Fragen auftreten.

Mehrere Autoren

- **Die Reihenfolge der Autorennamen:** Hier folgt man den vorgegebenen Angaben, auch wenn man darüber spekulieren kann, ob die Reihenfolge nach Wichtigkeit, Alter, Schönheit oder sonst etwas gewählt wurde.
- **Die Zeichensetzung:** Gebräuchlich ist die Aneinanderreihung mit Schrägstrich, mit Semikolon oder mit Komma plus *und*:

> SORPE, Sebastian/KRAUSE, Nina
> SORPE, Sebastian; KRAUSE, Nina
> SORPE, Sebastian, und KRAUSE, Nina

Beachten Sie, dass vor und nach den Schrägstrichen normalerweise kein Abstand steht. Wollen Sie aber doch einen Abstand setzen, dann vor *und* nach dem Namen.

- **Die Reihenfolge Nachname/Vorname** bleibt in der Regel bei allen Autoren erhalten. Gelegentlich aber werden Koautoren in der Reihenfolge Vorname/Nachname angegeben. Das erschwert die alphabetische Sortierung, wenn man sowohl Titel hat, die eine Autorin allein verfasst hat, als auch solche, die sie zusammen mit einem/mehreren Koautor(en) geschrieben hat.

> SORPE, Sebastian/Nina KRAUSE

- Bei der **Höchstzahl** anzugebender Autoren gibt es ebenfalls unterschiedliche Auffassungen. In der Regel sagt man für diesen Fall: Maximal werden drei genannt.
  Haben Sie es mit einem Rudel von mehr als drei Autoren zu tun, setzen Sie nur den ersten Namen und fügen entweder *u. a.* *(und andere)* oder das lateinische *et al. (et alii = und andere)* an. Manchmal wird vom Betreuer auch verlangt, im Literaturverzeichnis alle Autoren anzugeben. Dann richten Sie sich danach.
- **Akademische Grade** werden ebenso wie Adelstitel nicht aufgeführt. Die früheren **Adelstitel** sind in Deutschland seit 1919 Bestandteil des Familiennamens (wie *Graf* und/oder *von*) und werden deshalb nach dem Vornamen angegeben. (Zu besonderen Namensformen s. auch S. 147.)

(Adels-)Titel und akademische Grade

MAURITZ, Clemens Graf von

Herausgeber
- **Ein Herausgeber** wird mit dem nachgestellten Zusatz *(Hrsg.)* oder *(Hg.)* bzw. mit *hrsg. von* oder *hg. von* gekennzeichnet.

  Ein klassisches Beispiel für die Arbeit eines Herausgebers ist der *Sammelband,* wie oben dargestellt. Hier war Bösemüller der Herausgeber des Buches *Die Musik der Kelten* mit verschiedenen Artikeln.

  Herausgeber treten auch dann auf den Plan, wenn die Werke eines – häufig bereits verstorbenen – Autors neu veröffentlicht werden. Die Herausgeberin entscheidet dann etwa, welche Schriften in das Buch aufgenommen werden, und kann auch Erläuterungen zum Text hinzufügen.

  Der Autor steht bei in diesem Fall bei der Literaturangabe an erster Stelle, während der Herausgeber mit dem Zusatz *hrsg. von* oder *hg. von* angegeben wird.

  > LAUENSTEIN, Wilhelm. *Auf dem Amazonas. Entdeckungsreisen in Brasilien 1855–1859.* Hrsg. von Werner HOFSCHMIDT. Baden-Baden 1987.

- Für **mehrere Herausgeber** gilt das, was oben für mehrere Autoren gesagt wurde. Dabei wird der Zusatz *(Hrsg.)* oder *(Hg.)* nur einmal gesetzt, und zwar hinter dem letzten Namen.

  > BAUER, Ina, und GRIEBECK, Marc (Hrsg.): *Mythos Kelten. Eine alte Kultur ins Rampenlicht gerückt.* Weinheim 2009.

- **Institutionen** sind in der Regel ebenfalls Herausgeber. Auch wenn sicherlich ein einzelner Mitarbeiter – oder ein Team – die Publikation verfasst hat, so ist doch die Institution dafür verantwortlich. Daher ersetzt in einem solchen Fall der Name der Institution den des Autors, gefolgt vom Zusatz *(Hrsg.)* oder *(Hg.)*.

  > BUNDESAMT FÜR DENKMALPFLEGE (Hrsg.): *Förderungsmaßnahmen bei der Erhaltung schützenswürdiger Industrieanlagen. Übersicht 2002–2008.* Berlin 2009.

Manchmal findet man auch beides, Autor und Herausgeber – beispielsweise wenn ein Autor/Autorenteam eine Studie im Auftrag einer Institution verfasst hat. Die Institution wird dann mit dem Zusatz *hrsg. von* oder *hg. von* angegeben.

> Bösemüller, Frank/Wagner, Franz: *Keltische Gräber in Niedersachsen. Eine Bestandsaufnahme.* Hrsg. im Auftrag des Bundesamtes für Denkmalpflege. Berlin 2015.

Es ist nicht unüblich, dass der Herausgeber eines Sammelbandes auch selbst einen Aufsatz beisteuert – schließlich hat er ebenfalls etwas zum Thema zu sagen. Im Literaturverzeichnis erscheint dann derselbe Name als Autor *und* als Herausgeber:

Autor und zugleich Herausgeber

> Bösemüller, Frank: „Die Entwicklung der Carnyx in der Hallstattkultur", in: Frank Bösemüller (Hrsg.), *Die Musik der Kelten. Ein unbekanntes Kapitel der europäischen Geschichte.* München 2010, S. 18–64.

Und wenn Bösemüller nur die Einleitung geschrieben hat, weil er so wenig Zeit hatte? Dann heißt der Aufsatz eben *Einleitung.*

Es ist nicht freundlich der Leserin gegenüber, den/die Vornamen des Autors abzukürzen: Wer möchte *Müller, E.* in einem Katalog identifizieren? Schreiben Sie zumindest den ersten Vornamen aus – *Müller, Eduard D.* ist in Ordnung.

Unvollständige Autorennamen

Liegt Ihnen nur ein unvollständiger Autorenname vor, sollten Sie ihn ergänzen.

Haben Sie den abgekürzten Autorennamen nicht durch das Werk selbst, sondern auf anderem Wege herausbekommen, beispielsweise durch ein Lexikon, setzen Sie die Ergänzung in eckigen Klammern hinzu.

> Grasegger, M[oritz] L[eopold]: *Bedeutende Ausgrabungsstätten in Österreich.* Wien 1895.

Gelegentlich sind mehrere Personen an einem Werk beteiligt, z. B. neben dem Herausgeber eine Übersetzerin. Eine Übersetzung stellt auch in gewissem Maße eine Auseinandersetzung und Interpretation des Werkes dar. Entsprechend sollte man diese geistige Leistung durch die Angabe der betreffenden Person anerkennen. Geben Sie solche Personen hinter dem Titel an, wie auf dem Titelblatt vermerkt.

Weitere Mitwirkende

> Clarke, Jonathan S.: *The Art of Painting in the Middle Ages.* Übers. von Sandra Mittert. Tübingen 2017.

Werke ohne Verfasser

Bei Werken ohne **namentlich** gekennzeichneten Verfasser gibt es mehrere Möglichkeiten. Wichtig ist vor allem, dass die Verweise in der Fußnote / im Text mit denen im Literaturverzeichnis übereinstimmen, damit die Leserin, die nach Alphabet vorgeht, sie finden kann.

- Wollen Sie Werke ohne Verfasserangabe anführen, z. B. einen nicht mit Namen gekennzeichneten Zeitungsartikel, können Sie *o. V. = ohne Verfasser* angeben. Setzen Sie nach dem o. bzw. (nach Punkt) *O.* mit `Strg.` + `Shift` + `Leertaste` ein geschütztes Leerzeichen, damit die Angabe nicht am Zeilenende auseinandergerissen wird.

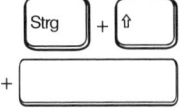

> O. V.: „Die Finanzkrise fordert ihre Opfer", in: *Frankfurter Allgemeine Zeitung*, Nr. 62, 9. 3. 2009, S. 5.

Im Text (hier im Harvard-System mit einer Ergänzung):

> ... die Folgen des Zusammenbruchs der Banken (o. V., Die Finanzkrise fordert, 9. 3. 2009: 5).

- Sie können derartige Artikel im Literaturverzeichnis auch unter der jeweiligen *Artikelüberschrift* einordnen.

> „Die Finanzkrise fordert ihre Opfer", in: *Frankfurter Allgemeine Zeitung*, Nr. 62, 9. 3. 2009, S. 5.

Im Text (hier im Harvard-System):

> ... die Folgen des Zusammenbruchs der Banken (Die Finanzkrise fordert, 9. 3. 2009: 5).

- In **Lexika** und vergleichbaren Werken nimmt man bei einzelnen Einträgen in der Regel das Stichwort, wenn kein Verfasser als dafür verantwortlich angegeben ist.

> „Festlandkelten", in: *Lexikon früher Kulturen*, hrsg. von Friedhelm Janssen u. a., Bd. 7. Wien 1988, S. 799–812.

Manche Werke wie **Wörterbücher** oder **Lexika** sind unter ihrem Titel bekannter als unter dem Namen der Verfasser/Herausgeber. Derartige Werke werden meist unter dem Sachtitel aufgeführt.

Unter dem Sachtitel bekannte Werke

> *Das historische Wörterbuch der keltischen Sprache,* hrsg. von Jost Büb u. a., 13 Bde., Nürnberg 1971–2005.

Namen mit Namenszusätzen: Namenszusätze wie etwa im Deutschen *von* bereiten immer wieder Probleme im Literaturverzeichnis.

Besondere Namensformen

- Ist der Namenszusatz eine Präposition (z. B. *aus, auf, bei, hinter, in, nach, über, von*) oder eine Präposition, der ein Artikel folgt (z. B. *von der*), wird er im Literaturverzeichnis nachgestellt.

> Katharina aus der Au → *Au, Katharina aus der*

- Das Gleiche gilt für durch *und* verbundene Namenszusätze.

> Karl vom und zum Stein → *Stein, Karl vom und zum*

- Sind Präposition und Artikel verschmolzen (z. B. *am, auf'm, aus'm, im, vom, zum, zur*), so werden sie zum Namen gerechnet:

> Friedrich vom Berg → *Vom Berg, Friedrich*

Verwandtschaftsbezeichnungen: Zusätze wie *Mac, Fitz, O'* oder *Sankt* (*St., San* usw.) bleiben vor dem Familiennamen stehen.

> Anne MacLeish → *MacLeish, Anne*

Zusammengesetzte Familiennamen: Sie bleiben als Gesamtheit erhalten.

> Federico García Lorca → *García Lorca, Federico*

Ist die Person unter dem **Namen und** dem nachfolgenden **Beinamen** bekannt, wird sie so angegeben.

> Martianus Capella

Besonderheiten: *(Werk-)Titel*

Für die Angabe des Titels ist nicht das Cover entscheidend, sondern die Angabe im Buchinnern.

• Der Titel eines Werks endet bei der Literaturangabe mit einem Schlusspunkt. Besitzt er aber ein Fragezeichen oder ein Ausrufezeichen, entfällt der Punkt.

> Bösemüller, Frank: *Keltologie – ein verkanntes Fach?* München 2005.

• Besitzt ein Titel einen Teil in Anführungszeichen, bleiben diese erhalten.

> Bösemüller, Frank: *„Ein so großes, furchtbares Getöse".* *Die Musik der Kelten in der Sicht des Polybios.* Tübingen 2007.

Kommen aber Anführungszeichen hinzu, weil es sich um einen *Artikel* handelt, so steht dieser Teil in einfachen Anführungszeichen (zu Anführungszeichen s. S. 89).

> Klein, Arno: „Das ‚furchtbare Getöse' der Kelten in griechischen Darstellungen", in: *Zeitschrift für historische Musikforschung* 23 (1971), S. 67–98.

Vor allem längere wissenschaftliche Arbeiten haben in der Regel einen **Untertitel**. Der Grund liegt darin, dass man gern einen „griffigen" Haupttitel wählt, während der Untertitel das Thema genauer bestimmt.
Hier ein echtes Beispiel:

> Reindl, Josef, et al.: *Für immer jung? Wie Unternehmen des Maschinenbaus dem demografischen Wandel begegnen.* Frankfurt am Main 2004.

Der Haupttitel *Für immer jung?* allein ließe den Leser rätseln: eine Abhandlung über die Vorstellung vom Jungbrunnen? Eine Geschichte der Rockmusik? Erst der Untertitel macht klar, um was es wirklich geht.

Untertitel werden mit einem Punkt oder mit einem Doppelpunkt vom Haupttitel getrennt. Dieser entfällt aber, wenn der Haupttitel mit einem Fragezeichen oder einem Ausrufezeichen endet.

> BÖSEMÜLLER, Frank: *Warum Keltologie studieren? Plädoyer für ein verkanntes Fach*. München 2005.

Bei der Groß- und Kleinschreibung **angloamerikanischer Titel** gibt es keine unbedingt zu befolgende Regel. Großgeschrieben werden zumeist das erste Wort des Titels und jedes andere Wort außer Artikeln *(the, a, an)*, Präpositionen wie *at, by, for, from, of, to, with* und Konjunktionen wie *and, but, for, nor, or, yet* oder *so*. Klein bleiben auch das *to* beim Infinitiv *(to do)* und das Wort *as*.

Fremdsprachige Titel

> DALTON, Penelope: *The Impact of Electoral Rights for Hispanic Immigrants in Canada and the USA. A Comparative Survey*. Ann Arbor, Mich., 2009.

Bei **Titeln in romanischen Sprachen** werden in der Regel nur das erste Wort und Eigennamen großgeschrieben. Eine Ausnahme im Französischen: Ist dieses erste Wort ein bestimmter oder unbestimmter Artikel *(l', la, le, les – un, une)*, dann wird auch das folgende Substantiv großgeschrieben. Schiebt sich dann noch ein Adjektiv (z. B. *grand, ancien*) dazwischen, wird auch das großgeschrieben.

> MAUBUISSON, Jacques: *Les Grandes Étapes de l'économie française*. Grenoble 1987.

Wird auch noch die Angabe des **Originaltitels** verlangt, sehen Sie auf der Impressumsseite nach. Geben Sie den Originaltitel nach dem Titel der Übersetzung oder ganz am Ende des Literatureintrags an.

Originaltitel bei Übersetzungen

   Die Sprache, aus der übertragen wurde, kann man nennen, manchmal wird auch nur „*übers. von*" angegeben. Richten Sie sich auch hier nach den Angaben im Buch.

> ANDERSON, Susan: *Samuel Huntingtons „Kampf der Kulturen" – Konflikt oder Dialog?* Aus dem Amerikanischen von Holger MÜLLER. Berlin 2003 (Samuel Huntington's "Clash of Civilizations". Conflict or Dialogue?, New York 2002).

Angabe der Auflage

Besonderheiten: *Auflage*

Die erste Auflage wird nicht angegeben, nur die nachfolgenden Auflagen.

Bei weiteren Auflagen werden dazu noch eventuell vorgenommene Veränderungen gegenüber der ersten Auflage (Verbesserung, Überarbeitung, Erweiterung usw.) angeführt, wie sie im Buch selbst vermerkt sind.

Die Angabe der Auflage folgt nach dem Titel bzw. Untertitel.

> BÖSEMÜLLER, Frank: *Von der Carnyx zur Leier. Keltische Musikinstrumente in antiken Darstellungen.* 3., überarb. und erw. Aufl. München 2007.

Manchmal wird die Auflage in Form einer hochgestellten Zahl *vor* dem Erscheinungsjahr angegeben: *München ³2007* [= 3. Auflage, München 2007].

Zusätze

Zusätze wie „Nachdruck", „unv. Nachdruck der Ausgabe von 1902", „Faksimile", wie sie im Buch angegeben sind, werden hinter den (Unter-)Titel gesetzt.

> SURMANN, Friedrich: *Atlas der keltischen Grabbeilagen.* Nachdruck der Leipziger Ausgabe von 1902. Hamburg 2008.

Mehrbändiges Werk mit Gesamttitel

Besonderheiten: *Band*

Haben Sie es mit einem **mehrbändigen Werk** zu tun, das Sie als *Gesamtheit* für Ihre Arbeit herangezogen haben, geben Sie die Zahl der Bände nach dem (Unter-)Titel an:

> HERMANNSKÖTTER, Adele: *Rom und die Kelten. Geschichte einer Begegnung.* 2 Bde., Regensburg 2002.

Nun haben Sie aber nur *Band 2* für Ihre Arbeit benutzt. Dann geben Sie auch nur diesen Band mit seiner Nummer an (also statt *2 Bde.* nun *Bd. 2*):

> HERMANNSKÖTTER, Adele: *Rom und die Kelten. Geschichte einer Begegnung.* Bd. 2, Regensburg 2002.

Mehrbändiges Werk mit gesonderten Bandtiteln

Größere mehrbändige Werke besitzen manchmal **pro Band einen eigenen Titel**, der dann zusätzlich angeführt wird:

> Wigand, Otto: *Die Kelten. Eine Bestandsaufnahme.* Bd. 2: *Heiligtümer und Opferkulte.* 3., verb. Aufl. Konstanz 2003.

Bei den ganz großen mehrbändigen Werken schafft eine einzelne Person die Arbeit nicht allein. Man hat dann in der Regel einen Herausgeber für das Gesamtwerk und für jeden Band einen speziellen Bandtitel sowie eine eigene Verfasserin oder Herausgeberin. Entsprechend geben Sie zunächst den Gesamttitel und dann den einzelnen Band an. Sie finden all diese Angaben im Buch.

Herausgeber bei mehrbändigen Werken

> Niemann, Theo (Hrsg.): *Die keltische Welt. Geschichte und Kultur.* Bd. 7: Ewald Stormann: *Heiligtümer und Opferkulte.* 3., erw. Aufl. Konstanz 2003.

Besonderheiten: *Erscheinungsort*
Der Erscheinungsort ist der Verlagsort. Bei Institutionen wird deren Sitz angegeben. Wenn Sie unsicher sind, können Sie im Internet bei der Angabe der Deutschen Nationalbibliothek (http://dnb.ddb.de) nachsehen.

Eine gängige Regel lautet: Bis zu drei Erscheinungsorte gibt man an, getrennt durch Kommas. Bei mehr als drei gibt man nur den ersten und *u. a.* an.

Mehrere Erscheinungsorte

> Bornen, Heidrun: *Keltische Namen. Eine sprachwissenschaftliche Untersuchung.* Stuttgart u. a. 2009.

Ist in Ihrer Literaturquelle selbst kein Ort angegeben, vermerken Sie: *o. O.* (bzw. *O. O.* nach Punkt) = *ohne Ort*.[11]

Erscheinungsort unbekannt

> ... *Gräberfunde.* 2. Aufl., o. O. 1899.

Haben Sie den Ort durch andere Quellen ermittelt, geben Sie ihn in eckigen Klammern an. Ist diese Angabe nicht zweifelsfrei, fügen Sie ein Fragezeichen hinzu.

> ... *Gräberfunde.* 2. Aufl. [Tübingen?] 1899.

---

11 In älteren Texten findet sich gelegentlich der lateinische Zusatz „s. l." = „sine loco", der ebenfalls „ohne Ort" bedeutet.

Besonderheiten: *Erscheinungsjahr*

Das Erscheinungsjahr finden Sie auf der Impressumsseite. Wie beim Erscheinungsort können Sie im Zweifelsfall im Internet bei der Angabe der Deutschen Nationalbibliothek (http://dnb.ddb.de) nachsehen.

Werke im Druck

Bei Werken, die gerade verlegt werden, können Sie *im Druck* oder *im Erscheinen* schreiben.

Übersetzungen, Nachdrucke, Neuauflagen

Bei Übersetzungen gilt wie bei Nachdrucken das Erscheinungsjahr der Übersetzung, nicht das der Originalausgabe. Auch bei späteren Neuauflagen gilt deren Erscheinungsjahr.

Werke mit weit zurückliegendem Ersterscheinungsjahr

Wenn das Jahr der Originalausgabe weit zurückliegt, kann es problematisch werden. Vielleicht haben Sie eine politikwissenschaftliche Arbeit geschrieben und wollen eine ältere Schrift angeben, weil ein Zitat daraus so gut passte. Hier haben Sie zwei Möglichkeiten:

- Sie können sich wie bei den Verweisen im Text mit dem zusätzlichen Ersterscheinungsjahr in eckigen Klammern *(Dewey 1999 [1916])* behelfen.

> Dewey, John (1999 [1916]): *Demokratie und Erziehung. Eine Einleitung in die philosophische Pädagogik.* Aus dem Amerikanischen übers. von Friederike Müller. Heidelberg 1999.

- Sie können aber auch die Angaben zum Ersterscheinungsjahr am Schluss anhängen, mit *Erstausgabe: ...* oder, falls im Buch so angegeben, Zusätzen wie *unver. Nachdruck der Erstausgabe von ...*

> Weber, Max (2016): *Politik als Beruf.* Hrsg. von Karl-Maria Guth. Berlin 2016 (Erstausgabe in: *Geistige Arbeit als Beruf.* München und Leipzig 1919).

- Bei Übersetzungen können Sie zusätzlich den Originaltitel mit Erscheinungsjahr angeben.

> Dewey, John (1999): *Demokratie und Erziehung. Eine Einleitung in die philosophische Pädagogik.* Aus dem Amerikanischen übers. von Friederike Müller. Heidelberg 1999 (*Democracy and Education. An Introduction to the Philosophy of Education.* New York 1916).

Bei Zeitungen gibt man das genaue Datum an.

Erscheinungsjahr
bei Zeitungen

> BÖSEMÜLLER, Frank: „Auf den Spuren der Vergangenheit. Die Keltologie – ein ganz spezielles Fach", in: *Die Zeit*, 12.8.2011, S. 23.

Ist das Erscheinungsjahr einer Publikation darin nicht angegeben, setzen Sie „o. J." = *ohne Jahr*. Setzen Sie nach dem o. bzw. (nach Punkt) O. mit Strg. + Shift + Leertaste ein geschütztes Leerzeichen, damit die Angabe nicht am Zeilenende auseinandergerissen wird.

Schriften ohne
Erscheinungsjahr

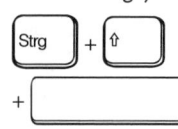

Können Sie das Jahr aus anderen Quellen ermitteln, geben Sie das zusätzlich in eckigen Klammern an (eckige Klammern, um deutlich zu machen, dass es sich um eine Einfügung von Ihnen handelt). Ist das Jahr fraglich, setzen Sie ein Fragezeichen, können Sie das Jahr schätzen, vermerken Sie das mit *ca.*

> ALTHUS, Jakob: *Die Herrnhuter Brüdergemeinde*. Görlitz o. J. [1756].

Entsprechend:

> ... o. J. [1756?], ... o. J. [ca. 1756].

Besonderheiten: *Verlag*

Die Angabe des Verlags ist keine zwingende Vorgabe. Manchmal wird sie gefordert, unter Verweis auf die angelsächsische Tradition. Im deutschsprachigen Raum ist man da zurückhaltender, oft wird er nicht genannt. Sie können sich dabei nach den Vorgaben Ihrer Betreuerin richten oder, wenn Sie dazu keine Informationen haben, sich selbst für das eine oder das andere entscheiden.

Wichtig ist vor allem: Wenn Sie den Verlag einmal angeben, müssen Sie es *immer* tun.

Nennen Sie den Verlag, steht er in der Regel mit einem Doppelpunkt nach dem Erscheinungsort. Zusätze wie „& Co.", „GmbH", „Co. Ltd." werden weggelassen.

Verlagsangabe

> HELLER, Mark: *Meine Dissertation und ich. Ein Leidensbericht.* Stuttgart 2010: Poeschke.

Besonderheiten: *Reihe*

Ist das Buch, das Sie angeben wollen, in einer Reihe erschienen, finden Sie die notwendigen Angaben dazu auf dem sogenannten „Schmutztitel", der Seite, die der eigentlichen Titelseite vorangeht. Eine Reihe ist eine Sammlung *eigenständiger Bücher* zu einem Themenbereich.

Die Angabe der Reihe ist nicht zwingend vorgeschrieben, wertet aber das Literaturverzeichnis auf.

Angabe des Reihentitels — Der Verantwortliche für die Reihe wird im Literatureintrag normalerweise nicht genannt, und auch auf ein „Nr." vor der Reihennummer kann verzichtet werden. Die Angabe der Reihe erfolgt in der Regel in Klammern am Schluss.

> HAUSMANN, Katharina: *Neue Funde der Hallstattkultur.* Luzern 2005 (= Luzerner Forschungen 23).

Achtung: Verwechslungsgefahr! — Würden Sie im Beispiel oben jedoch schreiben:

> ... *Hallstattkultur,* in: Luzerner Forschungen ...

hätten Sie aus einem *selbstständigen Buch* einen *(unselbstständigen) Aufsatz* in einem größeren Werk (z. B. Sammelband) gemacht. Wenn Sie hier unsicher sind, verwenden Sie wie oben das Gleich-Zeichen (=): als Erinnerungshilfe, dass das Buch *zugleich* zu einer Reihe gehört, aber doch ein Buch bleibt.

Besonderheiten: *Seite*

Selbstständige Werke — Bei **selbstständigen Werken** wie Büchern gibt man keine Seitenzahl an (auch wenn es vielleicht nützlich wäre zu erfahren, wie dick das Buch ist).

Unselbstständige Werke — Seitenangaben werden bei **unselbstständigen Werken** wie Aufsätzen in Sammelwerken und Zeitschriften gemacht (erkennbar am *in: ...*). Hier gibt man die *erste* und die *letzte* Seite an, niemals *f.* oder *ff.* oder gar die Seite eines Zitats. Haben Sie es mit abweichenden Angaben wie Spalten oder Randnummern zu tun, vermerken Sie das entsprechend: *München 2009, Sp. 23–25.*

8.1.4 Wie wird das Literaturverzeichnis aufgebaut und gestaltet?

Eine akzeptable Unterteilung des Literaturverzeichnisses ist die nach *Quellen* und nach *Sekundärliteratur*. Die Quellen können wiederum nach ungedruckten und gedruckten unterteilt werden. Auch andere Quellen wie Normen, Patente oder Verordnungen werden getrennt aufgeführt, und von Juristen wird in der Regel ein gesondertes Verzeichnis der Rechtsquellen verlangt. In diesem Fall spricht man vom *Literatur- und Quellenverzeichnis*.

Aufteilung

Unterteilen Sie das Literaturverzeichnis für die Sekundärliteratur aber keinesfalls nach den verschiedenen Literaturarten wie Büchern oder Aufsätzen. Woher soll die Leserin wissen, ob *Müller 1977* ein Buch, ein Aufsatz oder sonst etwas ist? Sie müsste dann jede Rubrik nach dem gewünschten Titel durchsuchen.

Die Gestaltung des Literaturverzeichnisses

Bei der Gestaltung des Literaturverzeichnisses als Ganzes sollten Sie einige grundlegende Empfehlungen beachten.

Empfehlungen für die Gestaltung

Zeilenabstand: Bei den einzelnen Literatureinträgen setzt man in der Regel einen einzeiligen Abstand.

Flattersatz (linksbündig): Er gibt Ihnen den nötigen Spielraum für akzeptable Trennungen, ohne dass zu große „Löcher" entstehen. (Wenn Sie nicht wissen, was ein Flattersatz ist, schauen Sie auf S. 256 nach.)

Sinnvolle Trennung: Längere Wörter und im Besonderen die oft sehr langen Internetadressen sollten sinnvoll getrennt werden. Soll kein Trennstrich erzeugt werden, nimmt man den sogenannten „weichen Umbruch" (Shift + Return).

Abgrenzung der einzelnen Literatureinträge: Hier gibt es mehrere Möglichkeiten.

- Sie können einen Einzug ab der zweiten Zeile setzen, einen sogenannten *hängenden Einzug:* → Start → Gruppe Absatz (Pfeil rechts unten) → Einzüge und Abstände → Sondereinzug: Hängend.

> Hausmann, Katharina: *Neue Funde der Hallstattkultur.* Luzern 2005 (= Luzerner Forschungen 23).
> Kurz, Dominik: *Archäologisches Tagebuch.* Hrsg. von Karin Wallner. Berlin 1987.

- Die umgekehrte Methode ist ein Einzug bei der ersten Zeile, der sogenannte *Erstzeileneinzug:* → Start → Gruppe Absatz (Pfeil rechts unten) → Einzüge und Abstände → Sondereinzug: Erste Zeile.

> Hausmann, Katharina: *Neue Funde der Hallstattkultur.* Luzern 2005 (= Luzerner Forschungen 23).
> Kurz, Dominik: *Archäologisches Tagebuch.* Hrsg. von Karin Wallner. Berlin 1987.

- Sie können auch (ggfs. zusätzlich) den Abstand zwischen den einzelnen Einträgen vergrößern: → Start → Gruppe Absatz (Pfeil rechts unten) → Einzüge und Abstände → Abstand nach.

> Hausmann, Katharina: *Neue Funde der Hallstattkultur.* Luzern 2005 (= Luzerner Forschungen 23).
>
> Kurz, Dominik: *Archäologisches Tagebuch.* Hrsg. von Karin Wallner. Berlin 1987.

Diese Formatierungen lassen sich in einem Zug für das gesamte Literaturverzeichnis durchführen: Markieren Sie es und geben Sie den entsprechenden Formatierungsbefehl ein. Die Voraussetzung ist, dass nur am Ende des jeweiligen *Eintrags* eine Absatzmarke (Return) steht, nicht etwa am Ende jeder einzelnen *Zeile.*
Größerer Abstand zum Folgebuchstaben: Ein vergrößerter Abstand beim Wechsel zu einer neuen Gruppe mit anderem Anfangsbuchstaben ist bei längeren Literaturverzeichnissen sinnvoll. Sie können dazu mit → Start → Gruppe Absatz (Pfeil rechts unten) → Einzüge und Abstände → Abstand nach einen größeren Abstand beim letzten Eintrag einer Gruppe setzen.

> Hausmann, Katharina: *Neue Funde der Hallstattkultur.* Luzern 2005 (= Luzerner Forschungen 23).
> Holten, Marcel (Hrsg.): *Die germanische Kultur und die Kelten.* Hannover 2010.
>
> Kurz, Dominik: *Archäologisches Tagebuch.* Hrsg. von Karin Wallner. München 1987.

Die Sortierung

Sie müssen Ihre Einträge noch sinnvoll sortieren.

Das Literaturverzeichnis wird grundsätzlich *alphabetisch nach Autorennamen* (bzw. *Institutionen*) aufgebaut.

Grundsortierung nach Alphabet

Beim Sortieren kann Word helfen: Markieren Sie das Literaturverzeichnis und gehen Sie auf → Start → Gruppe Absatz → Sortieren (AZ plus Pfeil) → Absätze → aufsteigend. Die Voraussetzung dafür ist, dass Sie nur am Ende jedes *Literatureintrags* eine Absatzmarke gesetzt haben, nicht etwa am Ende jeder *Zeile* (sonst sortiert Word jede Zeile extra und produziert ein heilloses Chaos). Wenn Sie Einrückungen haben wollen, machen Sie das nicht mit Absatzmarken am Ende einer Zeile, sondern mit einem hängenden Einzug (s. dazu S. 267).

Auch wenn Sie die Sortierung mit Word erledigt haben, ist noch etwas Feinarbeit notwendig.

Feinsortierung

Sachtitel: Bei Werken, die nicht unter dem Autor angegeben werden, bleiben Artikel wie *der, die, das* sowie *einer, eine, ein* bei der alphabetischen Sortierung unberücksichtigt. Verschieben Sie also *Das historische Wörterbuch der keltischen Sprache* ... unter den Buchstaben H.

Umlaute: Sie werden in der Regel wie aufgelöst betrachtet, „*ä*" also wie „*ae*" einsortiert. Beispiel: *Bubler* steht vor *Bübler* (*ub* vor *ue*). Lösen Sie die Schreibweise des Namens aber nicht auf: Herr *Bübler* bleibt Herr *Bübler* und wird nicht zu *Buebler!*

Buchstabe „ß": Er wird wie „ss" betrachtet, die Schreibweise mit „ß" bleibt aber. Beispiel: *Claßen* wird wie *Classen* betrachtet und steht vor *Clausmann.*

Mehrere Werke eines Autors: In diesem Fall müssen Sie noch feiner sortieren. Ein etwaiges nachgestelltes *(Hrsg.)* ändert dabei nichts.

1. Autor als Einzelautor

Die Werke werden chronologisch angegeben, das älteste zuerst. Bei mehreren Werken aus einem Jahr setzen Sie das mit *a* vor das mit *b*.

2. Autor mit einem Co-Autor

Sortiert wird nach dem Anfangsbuchstaben des jeweiligen Co-Autors.

Manchmal harmonieren Autor/Co-Autor so gut miteinander, dass sie mehrere Werke zusammen produzieren. Diese Werke werden dann chronologisch sortiert.

3. Autor mit mehreren Co-Autoren
Erst kommen die Angaben mit zwei Co-Autoren, dann die mit drei usw.

Innerhalb dieser Gruppe gilt weiter das oben genannte Prinzip: Es wird alphabetisch nach dem Nachnamen des ersten Co-Autors sortiert, dann nach dem des zweiten usw.

Erst wenn das nicht mehr ausreicht, also wenn der Autor zusammen mit genau denselben Co-Autoren mehrere Werke verfasst hat, werden diese wieder chronologisch sortiert.

4. Angaben mit „et al."
Die Angaben mit *et al.* kommen zum Schluss (chronologisch).

NIEMANN, Theo **(2001)**
NIEMANN, Theo/KLUGE, Edith (2004)
NIEMANN, Theo/SCHMITZ, Klaus (1999)
NIEMANN, Theo/VERVIERS, François **(1998)**
NIEMANN, Theo/VERVIERS, François **(2003)**
NIEMANN, Theo, et al. (1990)

Im Folgenden ein Beispiel für die Gestaltung eines Literaturverzeichnisses, wie sie (leider) oft anzutreffen ist:

Literaturverzeichnis
Bösemüller, Frank: Das Studium der Keltologie. Vortrag beim Institut für Ur- und Frühgeschichte der Universität Dortmund am 23.9.2003. Abrufbar unter http://www.institut_fuer_ur-_und_fruehgeschichte.de/xy/Warum_Keltologie_studieren/xyz.html (Abruf: 23.4.2009).
Bauer, Ina, und Griebeck, Marc (Hrsg.): Mythos Kelten. Eine alte Kultur ins Rampenlicht gerückt. Weinheim 2009.
Bornen, H.: Keltische Namen. Eine sprachwissenschaftliche Untersuchung. Stuttgart u. a. 2009.
Hausmann, Katharina: Neue Funde der Hallstattkultur. Luzern 2005 (Luzerner Forschungen 23).
Kurz, Dominik: Archäologisches Tagebuch. Hrsg. von K. Wallner. München 1987.
Wanderer, Boris: Neue Datierungsmethoden in der Archäologie. Würzburg 1987.

Wigand, O.: Die Kelten. Eine Bestandsaufnahme. Bd. 2: Heiligtümer und Opferkulte. 3., verb. Aufl. Konstanz 2003.

Dieses Literaturverzeichnis ist nicht falsch, aber keine gestalterische Glanzleistung.

- Die Elemente innerhalb der einzelnen Literatureinträge (Autorenname, Titel usw.) heben sich nicht voneinander ab,
- die Einträge selbst sind nicht gut voneinander zu unterscheiden: keine deutliche Abgrenzung durch beispielsweise eine Einrückung, zudem ist alles 1,5-zeilig geschrieben,
- der Blocksatz ohne Trennung reißt große Lücken (Eintrag *Bauer*),
- die Internetadresse wird vom Programm mit einem Trennstrich getrennt – mit der Folge, dass man nicht weiß, ob der Trennstrich ursprünglich ein Bindestrich in der Internetadresse war (Eintrag *Bösemüller*),
- die Vornamen der Autoren/Herausgeber sind mal ausgeschrieben, mal nicht (Einträge *Bornen, Kurz, Wigand*),
- die alphabetische Sortierung stimmt nicht: *Bauer* kommt vor *Bösemüller*.

So könnte es auch aussehen:

Literaturverzeichnis

BAUER, Ina, und GRIEBECK, Marc (Hrsg.): *Mythos Kelten. Eine alte Kultur ins Rampenlicht gerückt*. Weinheim 2009.

BÖSEMÜLLER, Frank: *Das Studium der Keltologie*. Vortrag beim Institut für Ur- und Frühgeschichte der Universität Dortmund am 23. 9. 2003." Abrufbar unter http://www.institut_fuer_ ur-_und_fruehgeschichte.de/xy/Warum_Keltologie_studieren/xyz.html (Abruf: 23. 4. 2009).

BORNEN, Heidrun: *Keltische Namen. Eine sprachwissenschaftliche Untersuchung*. Stuttgart u. a. 2009.

HAUSMANN, Katharina: *Neue Funde der Hallstattkultur*. Luzern 2005 (= Luzerner Forschungen 23).

KURZ, Dominik: *Archäologisches Tagebuch*. Hrsg. von Karin WALLNER. München 1987.

WANDERER, Boris: *Neue Datierungsmethoden in der Archäologie*. Würzburg 1987.

WIGAND, Otto: *Die Kelten. Eine Bestandsaufnahme. Bd. 2: Heiligtümer und Opferkulte*. 3., verb. Aufl. Konstanz 2003.

So sieht das erheblich besser aus:

- Die Elemente innerhalb der einzelnen Literatureinträge heben sich durch Kapitälchen und Kursivschrift voneinander ab,
- die Einträge sind einzeilig geschrieben und unterscheiden sich dadurch vom übrigen Text der Arbeit,
- durch die Einrückungen und den größeren Abstand beim Übergang zu einer Gruppe mit neuem Anfangsbuchstaben sind die Einträge gut voneinander zu unterscheiden,
- der Flattersatz sorgt für gleich große Wortabstände,
- die Internetadresse wurde mit einem „weichen Umbruch" sinnvoll getrennt (Eintrag *Bösemüller*),
- die Vornamen von Autoren und Herausgebern werden immer ausgeschrieben,
- die alphabetische Sortierung stimmt.

8.2 Der Schluss

Zusammen-
fassung der
Ergebnisse

Im Teil *Schluss* – er kann auch *Fazit, Zusammenfassung* oder ähnlich heißen – fassen Sie Ihre Ergebnisse zusammen. Dabei nehmen Sie Ihre Fragestellung explizit wieder auf und benennen die wissenschaftlichen Methoden, mit denen Sie sie bearbeitet haben. Sie können nicht davon ausgehen, dass die Leserin Ihre Arbeit bereits kennt (manche Leser sehen sich zunächst den Schlussteil an). Schreiben Sie Ihren Schluss also so, dass er ohne die Kenntnis der Arbeit verständlich und nachvollziehbar ist.

Bieten Sie hier keine neuen Erkenntnisse an, die gehören in den Hauptteil. Entsprechend sind Wiederholungen aus dem Hauptteil unumgänglich.

Quellenangaben werden nicht neu gesetzt, da Sie hier zusammenfassend formulieren und nicht auf einzelne Beiträge aus der Literatur verweisen. Es reicht, wenn Sie formulieren wie:

> Insgesamt lässt sich aufgrund der dargelegten Zusammenhänge sagen, dass ...

Bringen Sie auch keine Abbildungen oder Tabellen – das wären neue Elemente.

Erlaubt und erwünscht sind Hinweise auf Fragen oder einzelne Aspekte, die nicht direkt zu Ihrer Fragestellung gehörten und die Sie deshalb nicht weiter ausführen konnten, die aber vertieft werden sollten. Unterlassen Sie aber die abgedroschene Formulierung: *Das würde den Rahmen dieser Arbeit sprengen.* Wenn es ein wichtiger Teil Ihrer Arbeit wäre, hätten Sie ihn bearbeitet. Eher:

Hinweise auf Forschungsbedarf

> Welche konkreten Ansätze denkbar wären, um die Folgen von Arbeitsmigration auf die Familienstrukturen in den Herkunftsländern – insbesondere die Trennungserfahrung von Kindern – abzumildern, müsste in vertiefenden Untersuchungen geprüft werden.

8.3 Der Anhang

In einem Anhang werden **ergänzende Materialien** aufgeführt, die der Leser bei Bedarf einsehen kann. Dazu gehören Dokumente, bei empirischen Arbeiten etwa Tabellen mit Mess- oder statistischen Daten, Computerprogramme, Fragebögen oder auch historische Quellen. Ein Anhang ist nicht in jeder Arbeit notwendig, sondern nur dann, wenn solches ergänzendes Material vorliegt. Niemals sollte der Anhang als Ablageplatz für Text verwendet werden, der nicht im Hauptteil untergebracht werden konnte.

Ergänzende Materialien

Dieses Material muss im Text interpretiert werden, z. B. bestimmte Ergebnisse oder Ausschnitte aus einer Quelle. Verweisen Sie dann aber nicht einfach auf den Anhang; damit würden Sie die Leserin zum mühseligen Blättern zwingen. Nicht:

> Vergleicht man die Antworten auf die Frage 3 im Fragebogen mit denen auf die Frage 7 (s. Anhang), ergibt sich das folgende Dilemma.

Geben Sie stattdessen den Wortlaut der genannten Fragen im Text an.

> Vergleicht man die Antworten auf die Frage 3 im Fragebogen („Was waren die Motive für die Gründung?") mit denen auf die Frage 7 („Würden Sie noch einmal so vorgehen?"), ergibt sich das folgende Dilemma.

Haben Sie Material unterschiedlichen Charakters, können Sie den Anhang in Unterpunkte aufspalten. (Wie man spezielle Überschrifts-Nummerierungen für den Anhang hinbekommt, erfahren Sie auf S. 281.)

Beim Anhang läuft die arabische Seitenzählung weiter.

8.4 Die eidesstattliche Erklärung

In einer eidesstattlichen (oder ehrenwörtlichen) Erklärung versichern Sie, dass Sie die Arbeit selbst verfasst und alle verwendeten Quellen angegeben haben. Manchmal wird auch noch die Erklärung verlangt, dass Sie die Arbeit noch nicht an einer anderen Hochschule eingereicht haben.

Die eidesstattliche Erklärung kann, falls sie nicht zutrifft, Konsequenzen bis hin zur Aberkennung eines Titels haben. Für die ehrenwörtliche Erklärung gilt dies nicht.

Welche Art von Erklärung verlangt wird, legt die jeweilige Prüfungsordnung fest. Ebenso ist in der Regel der Wortlaut vorgegeben.

Die eidesstattliche/ehrenwörtliche Erklärung wird in der Regel ganz am Schluss, auf einer eigenen Seite, eingefügt. Sie erhält keine Seitennummerierung und erscheint nicht im Inhaltsverzeichnis.

Unterschreiben nicht vergessen! Die eidesstattliche/ehrenwörtliche Erklärung muss mit Datum versehen und unterschrieben sein – und zwar in *jedem* Exemplar, das Sie abgeben. Reichen Sie Ihre Arbeit in elektronischer Form ein, wird im Allgemeinen verlangt, dass Sie ein gesondertes Blatt mit der Erklärung und Ihrer Unterschrift abgeben.

Teil II: Die Sprache

9 Den richtigen Sprachstil treffen

Bei einem Gespräch können Sie auf Ihr Gegenüber reagieren – Sie bemerken es, wenn Ihre Gesprächspartnerin etwas nicht versteht, und können das dann mit anderen Worten oder einem Beispiel erklären. Bei der geschriebenen Sprache geht das nicht. Sie müssen sich also sehr genau ausdrücken.

Gefordert ist bei Abschlussarbeiten eine nüchtern-objektive, präzise und zugleich verständliche Sprache. Dazu gehört auch der richtige Umgang mit der Fachsprache.

Umgangssprachliche Elemente gehören in den Schmöker für ruhige Abende auf dem Sofa. Auch ein journalistischer Jargon oder zu bildhafte Ausdrucksweisen passen nicht in eine wissenschaftliche Arbeit. Das Gute: Es handelt sich hierbei oft um einzelne „Ausrutscher".

Eine scheinbar „wissenschaftliche", fast unverständliche Sprache – z.B. mit viel zu langen Sätzen – zieht sich dagegen im Allgemeinen durch eine ganze Arbeit. Dieser Schreibstil kann den Leser zur Verzweiflung bringen.

9.1 *Die Pole-Position des Politikers?* Falsche Stilebene

Keine Umgangssprache

Umgangssprachliche Redewendungen sind fehl am Platz.

> Für die Studie **gibt** die Auswertung der vorhandenen Schriften allein **nicht genug her.**

Besser:

> Für die Studie **ist** die Auswertung der vorhandenen Schriften allein **nicht ausreichend.**

Kein journalistischer Jargon

Eine **journalistische Ausdrucksweise** – wie etwa beim *Spiegel*-Jargon – sollten Sie in einer wissenschaftlichen Arbeit tunlichst vermeiden. Es passt nicht, wenn Sie in einer historischen Arbeit erklären, Wilhelm II. sei auf „Krawall gebürstet" gewesen.

> Der Gewerkschaftsvertreter **ätzte** in dieser Sitzung gegen seine Widersacher.

Besser:

> Der Gewerkschaftsvertreter **wandte sich mit scharfen Worten** gegen seine Widersacher.

Flapsig wirkt ein **Magazin-Stil** mit unvollständigen Sätzen oder Nebensätzen, die für Hauptsätze stehen.

Kein Magazin-Stil

> Es bleibt zu fragen, ob die Definition in diesem Zusammenhang sinnvoll ist. **Offenbar ja,** denn mit ihr lassen sich die Problembereiche adäquat darstellen.

Das *offenbar ja* kann leicht zu einem vollständigen Satz erweitert werden.

> Es bleibt zu fragen, ob die Definition in diesem Zusammenhang sinnvoll ist. **Offenbar ist diese Frage zu bejahen,** denn mit ihr lassen sich die Problembereiche adäquat darstellen.

Zu diesem Stil gehört auch ein *und* am Satzanfang. Mit einem Semikolon kann man da Abhilfe schaffen.

> Bei diesen umstrittenen Themen der Gesundheitspolitik war jedoch eine deutliche Auseinanderentwicklung zwischen der Haltung der Bundesregierung und der öffentlichen Meinung zu beobachten. **Und** das schlug sich in Umfragen nieder.

Besser:

> ... Meinung zu beobachten; **das** schlug sich in Umfragen nieder.

Bildhafte Formulierungen können einen Text bereichern – wohlgemerkt: *können*. Sie sollten gerade bei wissenschaftlichen Texten mit Bedacht eingesetzt werden.

Vorsicht bei bildhaften Formulierungen

    Bildhafte Formulierungen können einen Text zu blumig machen.

Zu blumig

> Die Grippe forderte nach dem Ersten Weltkrieg mehr Opfer als die Kriegshandlungen zuvor; **auf das Konto des Sensenmanns** gingen geschätzt mehr als ... Todesopfer.

Der Sensenmann als Bild für den Tod mag in einem literarischen Text angehen. In einer wissenschaftlichen Arbeit formuliert man sachlicher.

> Die Grippe forderte nach dem Ersten Weltkrieg mehr Opfer als die Kriegshandlungen zuvor; **die Zahl der Todesopfer** wird auf mehr als ... Menschen **geschätzt**.

Peinlich: falsche Anwendung

Wenn ein solcher Ausdruck dann auch noch falsch angewendet wird, kann es peinlich werden.

> In der Konferenz wurde die dringliche Frage nach den Kosten **aufs Trapez** gebracht.

Dieser Ausdruck hat nichts mit einem Trapez zu tun. Vielmehr handelt es sich um das französische Wort *Tapet*, mit dem man den Belag von (Konferenz-)Tischen bezeichnete.

> In der Konferenz wurde die dringliche Frage nach den Kosten **aufs Tapet** gebracht.

Wenn Sie sich bei der Schreibweise nicht sicher sind, schauen Sie in einem Wörterbuch oder bei www.duden.de nach.

Kein modischer (Wissenschafts-) Jargon

Gefährlich sind „**Modewörter**", die plötzlich auftauchen und dann immer häufiger in Texten oder Diskussionen verwendet werden. Die Verwendung von *suboptimal* ist in einer wissenschaftlichen Arbeit selbst suboptimal. Ebenso:

> In der Diskussion **wurde** dieses Thema mehrfach **adressiert**.

Besser:

> In der Diskussion **wurde** dieses Thema mehrfach **angesprochen**.

Besonders beliebt ist das Aufhübschen eines Textes mit Begriffen und Entlehnungen aus dem Englischen. Rohstoffe müssen aber nicht unbedingt *gesourct* statt *gewonnen* werden. Hinzu kommen schiefe Übersetzungen, wie etwa *nicht wirklich* (vom englischen *not really*) = *eigentlich nicht*.

> Die Fraktionsvorsitzende hatte bei den Verhandlungen die **Pole-Position** inne. Sie wusste, dass eine ausreichende Gefolgschaft ein **Must-have** in der Politik ist.

Besser:

> Die Fraktionsvorsitzende war bei den Verhandlungen die **bestimmende Kraft**. Sie wusste, dass eine ausreichende Gefolgschaft ein **entscheidender Faktor** in der Politik ist.

Mehr zum Thema Fremdwörter aus dem Englischen erfahren Sie auf S. 212.

Erwecken Sie nicht den Eindruck, als wollten Sie sich **verstecken**. **Nicht furchtsam** Sie haben sich eine ganze Weile mit Ihrem Thema befasst. Da haben Sie nun wirklich einiges zu sagen.

Mit Worten wie *wohl, vielleicht, irgendwie, Versuch* erwecken Sie dagegen den Eindruck, dass Sie sich immer noch ein Hintertürchen offenhalten.

> Hier **soll** der Versuch einer Definition **gewagt werden**.

Warum nicht einfach eine Definition geben?

Ebenso sollten Sie in der Einleitung nicht beschreiben, was in den einzelnen Kapiteln dargestellt werden *soll*. Wenn der Leser sie liest, ist Ihre Arbeit ja schon fertig.

> In Kapitel 2 **wird** ein Erklärungsansatz dafür **gegeben, dass** ...

Eine Ausnahme bildet die Fragestellung Ihrer Arbeit – wenn es darum geht, welche Forschungsfrage beantwortet werden soll. Mehr dazu s. beim Thema *Einleitung* ab S. 42.

Das Gegenteil eines furchtsamen Stils ist ebenso fehl am Platz: **Nicht** ein „**Ich-weiß-alles-ganz-genau-und-sowieso-bin-ich-der-Größte**"- **herablassend** Stil. Vermeiden Sie unbegründete, herablassend wirkende Bewertungen und seien Sie vorsichtig mit Superlativen (höchste Steigerungsstufe – *das schönste*). Übertreibungen sind in einer wissenschaftlichen Arbeit nicht erwünscht.

> **Den einzig akzeptablen und optimalsten Erklärungsansatz bietet selbstverständlich** Meyer mit ihrer Theorie; diese soll hier in Kürze dargestellt werden.

Normalerweise stellt man erst einen Ansatz vor und begründet danach, warum man ihn für gut hält. Ihn von vornherein – selbstverständlich (!) – als den einzig akzeptablen darzustellen, macht die Leserin nur misstrauisch. Das wird noch geschürt durch den Superlativ *optimalst,* der noch dazu falsch ist – es heißt *optimal* (lat.: *am besten).* Ein solcher Satz strotzt vor Überheblichkeit und macht keinen guten Eindruck.

> **Einen Erklärungsansatz bietet** Meyer mit ihrer Theorie; diese soll hier in Kürze dargestellt werden.

Nach der Beschreibung schließen Sie dann die Bewertung an.
Auf eine andere Art **überheblich** ist es, mit *bekanntlich* oder *bekanntermaßen* auf bestimmte Sachverhalte hinzuweisen. Entweder sind sie so bekannt, dass man sie nicht erwähnen muss, oder dem Leser wird auf diese Weise unterschwellig mitgeteilt, dass er nicht ganz auf der Höhe ist, falls ihm nicht sofort etwas dazu einfällt.

> **Bekanntlich** gelten für Stiftungen besondere steuerrechtliche Regelungen. Daraus folgt, dass …

Wer da nicht sofort die passenden Paragraphen nennen kann …
Vermeiden Sie diesen Begriff besser.

> Für Stiftungen gelten besondere steuerrechtliche Regelungen. In §§ 51–68 der Abgabenordnung …

9.2 *Wird definiert – wurde definiert?* Die Wahl der Zeitform

Wissenschaftliche Arbeiten werden in der Regel im **Präsens,** in der Gegenwartsform, verfasst.

Die Vergangenheitsform (Präteritum) ist dann angebracht, wenn Sie ausdrücklich auf zeitlich zurückliegende Sachverhalte Bezug nehmen.

> Wichtige Hinweise auf die Datierung **gab** Müller Anfang der
> 90er Jahre. Danach **ist davon auszugehen,** dass ...

Das **Perfekt** bezeichnet eine vergangene Handlung, die aber einen
Bezug zur Gegenwart hat.

> Die Banken- und Finanzkrise, die die globale Wirtschaft ab 2007
> erschütterte, **hat gezeigt [= jetzt ist die Erkenntnis da],** dass die
> bisherigen staatlichen Steuerungsmechanismen auf den Prüf-
> stand gestellt werden müssen.

Historiker verwenden auch das **Präteritum** als Grundform in ihrer Arbeit. Schreiben Sie eine solche Arbeit, wechseln Sie besser
ins Präsens, wenn Sie eine bestimmte Quelle, z. B. ein Dokument,
genauer analysieren.

> Insbesondere Thomas von Aquin **setzte** sich mit der Theorie des
> gerechten Krieges **auseinander.** In seiner *Summa Theologiae*
> **nennt er** die drei Bedingungen für das sogenannte *ius ad bellum:*
> erstens die Vollmacht des Fürsten ...

9.3 Ich – der Verfasser / die Verfasserin – wir?
Die Perspektive

Wie bringt man sich selbst in den Text ein – als „ich", „der Verfasser / die Verfasserin", „wir" oder nur indirekt, indem man beispielsweise das Passiv („Es wird gezeigt") benutzt?

Eine wissenschaftliche Arbeit wird nicht als ein persönlicher
Erlebnisbericht präsentiert, sondern objektiv und unpersönlich.
Die Leserin eines solchen Textes geht grundsätzlich davon aus,
die Gedanken des Verfassers vor sich zu haben: „Wenn nichts anderes gesagt wird, spricht der Autor." Nur wenn ausdrücklich eine
andere Person genannt wird, deren Ausführungen zitiert werden,
gilt das nicht *(Meyer betont, dass ...).*

Sobald klar wird, dass nicht mehr dieser andere Autor zu Wort
kommt, geht die Leserin wieder zu ihrer ursprünglichen Annah-
me „Der Verfasser spricht" zurück. Betonungen mit *ich* oder Wendungen wie *meines Erachtens* sind daher nicht so häufig notwendig, wie Sie vielleicht vermutet haben.

Nur dann, wenn Sie besonders auf Ihre eigene Auffassung abheben, müssen Sie sich für *der Verfasser / die Verfasserin, wir, ich* oder eine Ersatzform entscheiden. Was wählen Sie da?

Auch bei dieser Frage kann die Antwort nur lauten: Vergewissern Sie sich zunächst, wie das in Ihrem Fachbereich gehandhabt wird. Gerade hier sind die Vorgaben sehr unterschiedlich.

„Der Verfasser / die Verfasserin"
Von sich selbst als *„der Verfasser [der Arbeit]"* zu sprechen, wirkt umständlich, ist aber in manchen Fachbereichen üblich.

„Wir"
Bei *mehreren* Autoren, die ein Werk verfassen, ist das *wir* selbstverständlich berechtigt.

Allerdings verwenden auch Einzelautoren das *wir*.

• **Das *wir* als *pluralis majestatis***
Sie können dieses *wir* in historischen Quellen finden, in der ursprünglichen Bedeutung als „Majestätsplural":

> Da *Wir*, Friedrich, von Gottes Gnaden Kaiser ...

Wird dieses *wir* auch von einer Autorin in einer wissenschaftlichen Arbeit verwendet, wirkt das gespreizt und nicht gut.

> Wir werden dieses im Folgenden weiter ausführen.

Vermeiden Sie diese Ausdrucksweise – lassen Sie sie in den historischen Dokumenten, wo sie hingehört.

• **Das *wir* als Einbeziehen des Lesers**
Dieses *wir* wird gerne verwendet, wenn der Autor seine Leser mit einschließt, sie quasi „an die Hand nimmt".

Sehen wir – Sie und ich – uns an, was der Historiker Fernand Braudel in seiner Sozialgeschichte des 15.–18. Jh. schreibt (Braudel 1985: 22):

> Während wir die Zahl der heutigen Weltbevölkerung immerhin mit neunzigprozentiger Sicherheit angeben können, besitzen wir über die der Vergangenheit nur betrüblich lückenhafte Kenntnisse.

Bei dieser Art des *wir* schwingt immer ein etwas lehrhafter Unterton mit.

Braudel darf sich dieses „Mitnehmen des Lesers" – gestützt auf jahrzehntelange Erfahrung – getrost erlauben. Sie aber sollten bei dieser Form vorsichtig sein. Was für einen Historiker bei seinem Lebenswerk angemessen ist, gilt noch lange nicht für Sie bei Ihrer vielleicht ersten wissenschaftlichen Arbeit.

Der Begriff *man* ist sinnvoll, wenn etwa Annahmen oder Vorgehensweisen beschrieben werden – also wenn keine handelnde Person im Vordergrund steht.

„Man"

> Vergleicht man die Altersgruppen ...

Auch möglich:

> Werden die Altersgruppen verglichen ...
> Bei einem Vergleich der Altersgruppen ...

Das *man* dient auch dazu, eine allgemein vorherrschende Auffassung zu kennzeichnen.

> Das Bild ist seit 1527 verschollen. Man vermutet, dass es in den Wirren des Sacco di Roma zerstört wurde.

Vermeiden Sie es aber, mit *man* Tatsachen mitzuteilen, die in Ihrem Fachgebiet Grundlagenwissen darstellen. Versuchen Sie lieber gleich zur entscheidenden Aussage zu kommen.

> Man unterscheidet gramnegative und grampositive Bakterien. Das bewirkt ...

Besser:

> Die Unterscheidung in gramnegative und grampositive Bakterien bewirkt ...

Seine eigenen Ausführungen mit *ich* zu kennzeichnen, ist in manchen Fachbereichen erlaubt, in manchen geradezu ein Tabu. Wenn Sie nicht sicher sind, ob die Ich-Form in Ihrer Arbeit erlaubt ist, verwenden Sie sie besser nicht.

„Ich"

Aber auch, wenn diese Form zulässig ist, machen Sie lieber sparsam davon Gebrauch. Am ehesten ist sie angebracht, wenn Sie – insbesondere in einem Vorwort – davon sprechen, welche persönlichen Bezüge Sie zu Ihrem Thema haben, z. B. dass Ihre Erfahrungen als Werkstudent das Thema des Diversity-Managements für Sie interessant gemacht haben.

Sie können das *ich* des Weiteren auch dann verwenden, wenn Sie in Ihrer Arbeit eine persönliche Stellungnahme abgeben wollen. Haben Sie mehrere unterschiedliche Positionen in der Fachliteratur dargestellt und kommen nun zu Ihrem eigenen Urteil, spricht nichts dagegen, dass Sie *nach meiner Auffassung* schreiben.

Unpersönliche Formulierungen Bei reinen Überleitungssätzen ist das *ich* viel zu stark. Dann weichen Sie besser auf andere, unpersönliche Formulierungen aus. Nicht:

> Im folgenden Kapitel werde ich zeigen, wie ...

Sondern:

> Im Mittelpunkt des nächsten Kapitels steht die Frage, wie ...
> Im nächsten Kapitel wird aufgezeigt, wie ...

Ein anderer Fall: Sie wollen ausdrücklich Ihre persönliche Stellungnahme verdeutlichen, sollen aber das *ich* laut den Vorgaben Ihres Fachbereichs nicht verwenden. Auch dann können Sie auf umschreibende Formulierungen ausweichen.

Es ist anzunehmen, dass ...
Zudem ist festzustellen, dass ...
Es ist im Gegenteil davon auszugehen, dass ...
Zu berücksichtigen ist allerdings, dass ...
Es ist jedoch nicht von der Hand zu weisen, dass ...
Es bleibt festzuhalten, dass ...
Hier sind Zweifel angebracht, dass ...
Es muss bezweifelt werden, dass ...
Hier muss eingewendet werden, dass ...
Kritisch anzumerken ist, dass ...
Diesen Ausführungen muss entschieden widersprochen werden, denn ...
Die Thematisierung ist kaum plausibel zu nennen, denn ...
Die Argumentation ist allerdings nicht stichhaltig, denn ...

9.4 *Autorinnen und Autoren?* Geschlechtergerechte Sprache

Muss man wirklich immer *Autorinnen und Autoren* sagen? Am Thema geschlechtergerechte Sprache scheiden sich die Geister.
These: *Formen wie „die Autorinnen und Autoren" machen Texte schwerfällig bis hin zur Unlesbarkeit.*
Stimmt.
These: *Die Verwendung von weiblichen und männlichen Formen verhindert, dass bei genannten Personen automatisch nur an Männer gedacht wird, und fördert so ein anderes Bewusstsein gegenüber Frauen.*
Stimmt auch.
Aber was ist dann richtig? Die Meinungen gehen in dieser Frage weit auseinander.

Deshalb ist es hier wie in kaum einem anderen Bereich wichtig, dass Sie sich an den Vorgaben Ihres Betreuers bzw. Ihres Fachbereichs orientieren. Was in einem Fach erwartet wird, kann in einem anderen absolut verpönt sein. Möglich sind verschiedene Formen.

Bei der sogenannten **Generalklausel** wird nur die männliche Form verwendet. Zusätzlich wird aber, meist am Anfang des Textes in einer Fußnote, darauf hingewiesen, dass dies sowohl für männliche als auch weibliche Personen gilt. Ein solcher Satz kann z. B. lauten:

Generalklausel

> In diesem Text wird aus Gründen der Lesbarkeit in der Regel die männliche Schreibweise verwendet. In diesen Fällen sind sowohl Frauen als auch Männer gemeint.

Die weibliche und die männliche Form – *der Autor und die Autorin, der Autor / die Autorin* – werden vollständig genannt. Wird diese Form durchgängig gewählt, wirkt das auf Dauer sehr schwerfällig. Vorzuziehen ist sie bei unübersichtlichen Konstruktionen.

Doppelnennungen

> **Nicht:** Das Begriffsverständnis dieses/-r Autors/-in
> **Sondern:** Das Begriffsverständnis dieses Autors und dieser Autorin ...

Bei einer anderen Methode wird jeweils einmal die männliche, dann die weibliche Form genannt.

Abwechselnde Nennung männlich/ weiblich

> Der Lehrer muss ... Die Lehrerin weiß, dass sie ... Der Lehrer sollte ...

Aber Vorsicht: Wenn das Geschlecht der genannten Personen eine Rolle spielt – beispielsweise in einer soziologischen Untersuchung der Bildungs- und Karrierewege männlicher und weiblicher Lehrkräfte im Vergleich –, geht das natürlich nicht. Dort muss immer klar sein, ob Lehrerinnen, Lehrer oder beide gemeint sind.

Verkürzte Formen Eingebürgert haben sich zudem mehrere Arten verkürzter Formen. Sie sollen den Spagat zwischen geschlechtergerechter Sprache und Lesbarkeit des Textes schaffen. Sie entsprechen nicht immer den Rechtschreibregeln, werden inzwischen aber weitgehend toleriert:

- das sogenannte Binnen-I: *AutorInnen*
- die Form mit Klammern: *Autor(in), Autor(inn)en*
- die Form mit Schrägstrich und in: *Lehrer/-innen.*
- die Form mit Sternchen oder Unterstrich (gender gap): *Autor*innen, Autor_innen*

Neutrale Begriffe Unumstritten sind geschlechtsneutrale Begriffe, z. B.

> *Lehrkräfte* **statt** *Lehrerinnen und Lehrer*

Wenn sich in Ihrem Text solche Begriffe anbieten, nutzen Sie sie.

9.5 *Der Kunde – er?* Wiederholungen

Wiederholungen sind nicht gern gesehen. Sie lassen einen Text schwerfällig und ungelenk wirken. Es gibt verschiedene Möglichkeiten, sie zu vermeiden: mit Pronomen (*er, sie es ...*), Synonymen, Ersatz- und abgekürzten Begriffen oder durch Umformulierungen des Satzes. Entscheidend ist: Die Satzaussage muss eindeutig bleiben.

Wiederholungen in wissenschaftlichen Arbeiten Sollte man Wiederholungen in wissenschaftlichen Arbeiten in jedem Fall vermeiden? Die Antwort lautet: *„Manchmal ja, manchmal nein.“*

Ob Wiederholungen toleriert werden können oder gar unumgänglich sind, hängt von der Art und der Bedeutung des wiederholten Begriffs ab.

Gehört dieser zum Gegenstand der Arbeit, ist er also ein **Schlüsselbegriff**, kommen Sie gar nicht umhin, ihn häufig anzuführen. So werden Sie in einer Arbeit über Kundenmanagement ständig den Begriff *Kunde* verwenden.

Bei **„Allerweltswörtern"** aber, wie sie in nahezu jeder wissenschaftlichen Arbeit unabhängig vom Inhalt vorkommen, etwa *darstellen,* sollten Sie Wiederholungen vermeiden.

> Sie können die Suchfunktion von Word dafür nutzen, sich die Häufigkeit eines Begriffs anzeigen zu lassen. So erkennen Sie Wiederholungen sehr schnell. Sie geben im *Suchen*-Feld der Dialogbox den gesuchten Begriff ein und klicken dann bei → LESEHERVORHEBUNG auf → ALLES HERVORHEBEN. Word markiert den Begriff im Text und gibt zudem auch die Häufigkeit an. Um den Vorgang rückgängig zu machen, klicken Sie bei → LESEHERVORHEBUNG auf → HERVORHEBUNG LÖSCHEN.
> (Wenn Sie mit dem *Suchen/Ersetzen* bei Word nicht vertraut sind, schauen Sie sich das Kapitel *Suchen und Ersetzen* ab S. 305 an.)

9.5.1 *Der Kunde – er:* Ersetzen durch ein Pronomen

Pronomen sind ein gutes Mittel, um stilistisch unschöne Wiederholungen zu vermeiden. Sie eignen sich besonders für die oben erwähnten Schlüsselbegriffe, da sie jedes beliebige Substantiv (Hauptwort) ersetzen können.

Zu den Pronomen zählen Wörter wie *er, sie, es; jener (jene usw.); dieser (diese* usw.); *deren, dessen; Ersterer (Erstere* usw.); *Letzterer (Letztere* usw.), *seine (ihre* usw.).

> **Der Kunde** steht im Mittelpunkt des Customer-Relationship-Managements. ~~Der Kunde~~ Er ist es, der mit seinen Bedürfnissen die Kommunikations-, Distributions- und Angebotspolitik eines Unternehmens bestimmt.
>
> Betrachtet man **die Akteure** in dieser Politikarena, so fällt **die deren** große Vielfalt ~~der Akteure~~ auf.

So nützlich sie auch sind – Pronomen können in einem Text heillose Verwirrung stiften, wenn nicht klar ist, welches zuvor genannte Wort sie ersetzen.

Unklare Bezüge

> Tante Emma verkaufte in ihrem Laden Hefe. Sie war immer frisch.

Wer ist hier frisch? Sie sagen sicher (aus dem Zusammenhang heraus): „Die Hefe natürlich."

In einem wissenschaftlichen Text müssen aber die Bezüge eindeutig sein.

> Eine Sonderabgabe wurde in einer detaillierten Vorschlagsliste beraten; **sie** führte zu erheblichen Irritationen in der betroffenen Bevölkerung.

Hier wird auch durch den Zusammenhang nicht klar, auf was sich das *sie* bezieht – die Sonderabgabe oder die Vorschlagsliste?

- *Dieser, Letzterer, Ersterer*
  Um in missverständlichen Fällen Klarheit bei den Bezügen zu schaffen, bietet sich die Verwendung der Begriffe *dieser* (*diese* usw.) oder *Letzterer* (*Letztere* usw.) an. Beide beziehen sich immer auf die im vorangegangenen Satz *zuletzt* genannte Sache oder Person. Das seltener gebrauchte *Ersterer* (*Erstere* usw.) dagegen zielt auf die *zuerst* genannte Sache/Person ab.

> Eine Sonderabgabe wurde in einer detaillierten Vorschlagsliste beraten; **Letztere** *[die Vorschlagsliste]* führte zu erheblichen Irritationen in der betroffenen Bevölkerung.

- *Jener – dieser, Ersterer – Letzterer*
  Man kann auch die Wortpaare *jener* und *dieser*, *Ersterer* und *Letzterer* verwenden, wenn sich der folgende Satz auf *zwei* vorangehende Begriffe bezieht.

> Berühmte Brigantenführer waren Sir John Hawkwood und der „Erzpriester" Arnaut de Cervole; **jener** [= Sir John Hawkwood] stammte aus England, während **dieser** [= Arnaut de Cervole] Franzose war.

Siehe dazu auch die Erläuterungen zu falschen oder unklaren Bezügen auf S. 204.

9.5.2 *Und – sowie:* Ersetzen durch ein Synonym

Synonyme sind Wörter mit gleicher oder sehr ähnlicher Bedeutung (s. Tabelle 4). Vollkommen bedeutungsgleiche Wörter sind selten, z. B. *und* und *sowie*. Schon Wörter wie *Kunde* und *Klient* sind nicht mehr ohne Weiteres austauschbar: Mit dem Begriff *Kunde* wird vorrangig das Wort *Käufer* assoziiert, während ein *Klient* bestimmte Dienstleistungen (z. B. eines Anwalts) in Anspruch nimmt.

Wenn es aber passende Synonyme gibt, sollten Sie sie nutzen. So ist etwa eine Häufung des Wortes *und* stilistisch unschön.

> Die Studie zeichnet die wichtigsten Ereignisse **und** Entwicklungslinien nach **und** beschäftigt sich darüber hinaus mit einzelnen Wendepunkten **und** maßgeblichen Akteuren.

Hier hilft das Wort *sowie*. Es lässt sich besonders gut als Ersatz für ein *und* zwischen zwei Begriffen einsetzen. Das *und* wiederum ist besonders geeignet für die Verbindung zweier Sätze.

> Die Studie zeichnet die wichtigsten Ereignisse **sowie** Entwicklungslinien nach **und** beschäftigt sich darüber hinaus mit einzelnen Wendepunkten **sowie** maßgeblichen Akteuren.

Das häufig benutzte *darstellen* lässt sich mit *beschreiben, zeigen* oder *darlegen* ersetzen.

> Im ersten Kapitel wird ... **dargestellt.**
>
> Danach wird **gezeigt,** wie ... Im dritten Kapitel wird ... **dargelegt, dass ...**

Word kann ebenfalls helfen: Unter → ÜBERPRÜFEN findet sich auch die Funktion → THESAURUS, die weitere nützliche Synonyme aufzeigt.

Tabelle 4: Nützliche Synonyme

aber	*vielmehr, jedoch, dagegen, hingegen*
analysieren	*untersuchen*
Arbeit	*Abhandlung, Werk, Untersuchung, Studie*
außerdem	*darüber hinaus, überdies, des Weiteren, zudem*
beispielsweise	*etwa*
betonen	*unterstreichen*
darstellen	*beschreiben, darlegen, zeigen*
immer noch	*nach wie vor*
lediglich	*nur*
mehrfach	*wiederholt*
oft	*häufig*
schon	*bereits*
und	*sowie*
vielleicht	*möglicherweise*
vor allem	*insbesondere*
zunächst	*eingangs*

9.5.3 Die Briganten – diese Söldnerbanden: Ersatzbezeichnungen

Zusätzliche Erläuterung

Gut einzusetzen sind Begriffe, die das zuerst verwendete Wort – etwa ein Substantiv (Hauptwort) – nicht nur ersetzen, sondern auch erläutern, also der Leserin eine zusätzliche Information geben.

> **Die Briganten,** eine der großen Plagen des Hundertjährigen Kriegs, waren in sogenannten Kompanien organisiert. ~~Die Briganten~~ Diese **Söldnerbanden** zogen marodierend durch das Land.

Zu diesen Ersatzbegriffen zählen auch Funktionsbezeichnungen bei Personen, z. B. ein Amt oder ein Beruf; auch Beinamen können verwendet werden. Bei Angela Merkel können Sie zum Beispiel *die Bundeskanzlerin* oder *die CDU-Vorsitzende* schreiben, bei Karl V. *der Kaiser.*

Dem Leser die Information mitgeben

Sie müssen allerdings darauf achten, dass dem Leser solche Bezeichnungen am Anfang des Textabschnittes gegeben werden, in dem die Person vorkommt; er muss sie für das weitere Lesen „mitnehmen" können.

> **Bildungsministerin Luise Meyer** betonte die Auswirkungen der Haushaltskonsolidierung auf ihr Ressort. In ihrer Rede erläuterte *Meyer* ihr Konzept. *Die Ministerin* warf der Opposition vor, keine konstruktiven Vorschläge zu machen. Zudem verwies *sie* auf die insgesamt angespannte Lage bei den Sozialversicherungen.

Zum Rätseln lädt dagegen das folgende Beispiel ein:

> 1357 trat ein neuer Akteur auf den Plan, **Arnaut de Cervole**. Papst Innozenz VI. fühlte sich in Avignon so sehr von dem **Brigantenführer** bedroht, dass es zu Verhandlungen über einen Abzug kam. Schließlich nahm der *Erzpriester* den Vorschlag eines hohen Lösegelds an.

Hier wird nicht deutlich, wer den Vorschlag annimmt: Innozenz VI.? Kann ein Papst als „Erzpriester" bezeichnet werden?

Wenn Sie eine kundige Leserin haben, weiß diese, wer gemeint ist. Aber darauf können und sollten Sie sich keinesfalls verlassen. Also besser so:

> 1357 trat ein neuer Akteur auf den Plan, **Arnaut de Cervole**, wegen eines früheren kirchlichen Lehens *„der Erzpriester"* genannt. Papst Innozenz VI. fühlte sich in Avignon so sehr von dem **Brigantenführer** bedroht, dass es zu Verhandlungen über einen Abzug kam. Schließlich nahm der *Erzpriester* den Vorschlag eines hohen Lösegelds an.

Wägen Sie die Wahl von Ersatzbegriffen gut ab. Besonders im journalistischen Bereich trifft man vielfach auf Begriffe, denen man ansieht, dass sie verzweifelt gesucht worden sind – in dem Bemühen, nur ja keine Wiederholungen zu bringen. Österreich ist *die Alpenrepublik* und Agenten des Geheimdienstes werden salopp als *Schlapphüte* bezeichnet. So etwas wirkt übertrieben, bisweilen sogar unfreiwillig komisch. Ersatzbegriffe sollten immer in einem logischen Kontext zum behandelten Thema stehen.

Im folgenden Negativbeispiel sind die Ersatzbegriffe inhaltlich richtig – aber was hat die Tatsache, dass Luise Meyer unter ande-

Keine sachfremde Ersatzbezeichnung

rem begeisterte Saunabesucherin und Physikerin ist, mit einer Haushaltsdebatte im Bundestag zu tun? – Nichts.

> **Bildungsministerin Luise Meyer** betonte die Auswirkungen der Haushaltskonsolidierung auf ihr Ressort. In ihrer Rede erläuterte **die Ostdeutsche** ihr Konzept. **Die begeisterte Saunabesucherin** warf der Opposition vor, keine konstruktiven Vorschläge zu machen. Zudem verwies **die Physikerin** auf die insgesamt angespannte Lage bei den Sozialversicherungen.

Dagegen könnte man in einem Bericht über eine Debatte zum naturwissenschaftlichen Unterricht in Schulen durchaus darauf hinweisen, dass Meyer „von Haus aus" Physikerin ist – das würde in den Kontext passen, und „Physikerin" wäre ein geeigneter Ersatzbegriff.

Keine Werk als Ersatzbezeichnung Gelegentlich wird eine Person auch durch ihre Werke charakterisiert, um die Wiederholung des Namens zu vermeiden. Das kann zu Irritationen führen.

> Preisträger beim Umbau des Berliner Reichstagsgebäudes waren *Sir Norman Foster + Partners, Pi de Bruijn* und *Santiago Calatrava*. **Der durch die Hauptverwaltung der Swiss Re in London bekannte Architekt** gewann schließlich gegen den **Erweiterer des Amsterdamer Concertgebouw** und seinen **durch den Turning Torso in Malmö berühmten Konkurrenten**.

Verstehen Sie auf Anhieb, wer gemeint ist? Die Reihenfolge würde ja darauf hindeuten, dass sich Foster gegen de Bruijn und Calatrava durchgesetzt hat. Aber so ganz sicher ist das nicht.

In einem solchen Fall kann man die Namen kurz (ohne Vornamen) wiederholen:

> Preisträger beim Umbau des Berliner Reichstagsgebäudes waren *Sir Norman Foster + Partners, Pi de Bruijn* und *Santiago Calatrava*. Der **durch die Hauptverwaltung der Swiss Re in London bekannte** *Foster* gewann schließlich gegen *de Bruijn*, den **Erweiterer des Amsterdamer Concertgebouw,** und seinen **durch den Turning Torso in Malmö berühmten Konkurrenten** *Calatrava*.

9.5.4 Die Europäische Kommission – die Kommission: Ersetzen durch eine abgekürzte Bezeichnung

Sie können am Anfang eines Textes eine vollständige Bezeichnung anführen, z. B. einer Institution *(Europäische Kommission)*, und diese dann abkürzen *(Kommission)*. Auch wenn die Wortwiederholung damit nicht ganz vermieden wird, wirkt der Text stilistisch besser.

> Die **Europäische Kommission** ist verantwortlich für die Ausführung von Richtlinien, Verordnungen und Beschlüssen. Die Intention der **Kommission** bei der Verabschiedung von Richtlinien (directives) ist die Rechtsangleichung.

Geben Sie bei der erstmaligen Erwähnung die vollständige Bezeichnung an. Sprechen Sie von Beginn an nur von der *Kommission*, weiß der Leser nicht, welche gemeint ist: Kommissionen gibt es viele.

Zu Beginn: vollständige Bezeichnung

Ebenso: Geben Sie bei der ersten Nennung einer Person den Vor- und Nachnamen an, reicht in der Folge dann der Nachname. Sie haben dieses Prinzip schon oben gesehen:

> **Bildungsministerin Luise Meyer** betonte die Auswirkungen der Haushaltskonsolidierung auf ihr Ressort. In ihrer Rede erläuterte **Meyer** ...

Stellen Sie sicher, dass die vollständige Angabe wirklich *zuerst* genannt wird. Beim Überarbeiten eines Textes können sich ganze Passagen verschieben, und die Kurzform kann dann vor die längere Form rücken. Auch hierauf sollte – bitten Sie ihn ausdrücklich darum – Ihr Korrekturleser achten.

9.5.5 Warum – die Gründe: Umformulierung des Satzes

Sie können einen Satz auch anders aufbauen, um eine Wiederholung zu vermeiden. Manchmal reicht es schon, einzelne Sätze zu verbinden.

> Es gibt inzwischen **Ergänzungen seiner Theorie**, die jedoch nicht an seinen grundlegenden Erkenntnissen rütteln. **Die Ergänzungen** sind eher als Fortschreibungen zu betrachten.

> Es gibt inzwischen **Ergänzungen seiner Theorie**, die jedoch nicht an seinen grundlegenden Erkenntnissen rütteln, **sondern** eher als Fortschreibungen zu betrachten **sind**.

In anderen Fällen kann es sich anbieten, sich weiter vom ursprünglichen Wortlaut zu entfernen.

> 1990 **zog** sich die Schriftstellerin aus dem öffentlichen Leben **zurück**. Warum sie sich **zurückzog**, ist bis heute nicht geklärt.

> 1990 zog sich die Schriftstellerin aus dem öffentlichen Leben zurück. **Die Gründe für ihr Verhalten sind** bis heute nicht geklärt.

9.6 CD-ROM's oder CD-ROMs?

9.6.1 Der Umgang mit Abkürzungen

Akzeptierte, gängige Abkürzungen wie *z. B.* und fachsprachliche Abkürzungen wie *DNS* haben selbstverständlich ihre Berechtigung. Störend dagegen wirken nicht so geläufige mehrteilige Abkürzungen wie *m. a. W.* (mit anderen Worten), *m. E.* (meines Erachtens). Sie bringen so gut wie keine Platzersparnis, stören aber den Lesefluss und erinnern an das ungeliebte Behördendeutsch.

Nützlich bei sehr langen Begriffen Sachlich begründete, themenbezogene Abkürzungen sind vor allem dann sinnvoll, wenn ein Begriff **sehr lang** ist.

> Eidgenössische Bankenkommission → EBK

> Paragraph 10 Absatz 1 in Verbindung mit Paragraph 11 Absatz 3 Zukunftsinvestitionsgesetz → § 10 Abs. 1 i. V. m. § 11 Abs. 3 ZuInvG

Die Abkürzung einführen Denken Sie daran, dass Sie eine solche Abkürzung zunächst **einführen** müssen. Das bedeutet: Sie wählen bei der ersten Erwähnung des Begriffs die ausgeschriebene Form und setzen die Abkürzung in Klammern dahinter. (Ein Abkürzungsverzeichnis ist kein Grund, auf die Einführungen der Abkürzungen im Text zu verzichten.)

> Die Eidgenössische Bankenkommission (EBK) war bis zum 31.12.2008 eine eigenständige Aufsichtsbehörde über das Bankwesen. Seit dem 1.1.2009 gehört die EBK ...
>
> Dem Zukunftsinvestitionsgesetz (ZuInvG) gingen lange Debatten voran.

Diese Art der Einführung einer Abkürzung empfiehlt sich zudem für die **Zusammenfassung**, weil manche Leser diese als Erstes lesen. Auch wenn der Begriff nach längerer Zeit, z. B. nach mehreren Kapiteln, noch einmal vorkommt, sollten Sie dem Leser zur Erinnerung noch einmal die ausgeschriebene Form plus Abkürzung in Klammern gönnen.

In einem **Zitat**, das Sie anführen, kann eine Abkürzung vorkommen, der die Leserin noch nicht begegnet ist. Dann setzen Sie die ausgeschriebene Form in eckigen Klammern mit der Anmerkung *d. Verf.* oder mit Ihren Initialen hinzu (siehe dazu auch das Kapitel *Zitieren*, S. 84).

Abkürzung in einem Zitat

> So betont Müller: „Es war der Druck der konservativen Eliten, der dazu führte, dass das ALR [Allgemeines Landrecht für die Preußischen Staaten, J. B.] in wesentlichen Teilen gegenüber dem ursprünglichen Entwurf abgeschwächt wurde."

Verzichten Sie auf **Bequemlichkeitsabkürzungen**. Abkürzungen wie *WS* für *Wertschöpfungskette* sind schlichtweg eine Zumutung für den Leser. Zur Verringerung des Schreibaufwands lässt sich die Funktion → Autokorrektur des Textverarbeitungsprogramms nutzen; hier geben Sie eine Abkürzung ein, und Word wandelt sie automatisch in die ausgeschriebene Form um, z. B. *WS* in *Wertschöpfungskette* (s. S. 230). Haben Sie noch unerwünschte Abkürzungen im Text, können Sie zum nachträglichen Ändern die komfortable Funktion *Suchen und Ersetzen* nutzen (s. S. 305).

Keine Bequemlichkeitsabkürzungen

Mehrteilige Abkürzungen wie *z. T.* werden am **Satzanfang** immer großgeschrieben. Weil die ungewohnte Großschreibung aber irritierend wirkt, schreibt man die Begriffe dann in der Regel aus.

Mehrteilige Abkürzungen am Satzanfang

> **Z. T.** wird nicht erläutert, warum ... → **Zum Teil** wird nicht erläutert, warum ...

Kein doppelter
Punkt am
Satzende

Wenn eine Abkürzung mit Punkt **am Ende eines Satzes** steht, fällt ein Punkt weg. Also:

> Darauf beruht die Theorie von Müller **u. a.**

9.6.2 Die Bildung von Abkürzungen

Des BGB oder des
BGSs?

Beim **Genitiv** hat man die Wahl: des BGB oder (seltener) des BGBs. Die Endung „s" kann vor allem dann entfallen, wenn aus dem Satzzusammenhang klar ist, was gemeint ist. Es steht kein Apostroph.

> In § 8 des BGB wird erläutert, wie ...

THen oder THs?

Den **Plural** bildet man ohne Apostroph mit „s", auch wenn das nicht dem ursprünglichen, ausgeschriebenen Wort entspricht: also nicht *THen* (von *Technischen Hochschulen*), sondern *THs*. Ebenso:

> die CD-ROMs, die GmbHs, **nicht:** die GmbH's

Man kann das Plural-„s" am Ende allerdings auch weglassen, falls keine Verwechslungsgefahr besteht. Andernfalls sollte man es zur Verdeutlichung anfügen.

> Die CD-ROM ... waren, die GmbH ließen ...

Auch bei Kurzwörtern wie *Trafo* wird in der Regel beim Genitiv (Wesfall) und Plural (Mehrzahl), falls erforderlich, ein „s" angehängt. Es steht kein Apostroph.

> des Trafos, die Trafos, **nicht:** die Trafo's

Abkürzungen
bei Zahlen und
Einheiten

Abkürzungen in Verbindung mit Zahlen und Einheiten sind weit verbreitet.

- Ist eine Zahl nachgestellt, wird in der Regel bei Begriffen wie *S., Abb., Bd., Nr.* usw. die Abkürzung genommen.

> Kap. 4; S. 8; § 1; Abs. 5; Abb. 6; Bd. 7

- Nicht verwendet werden solche Abkürzungen bei Zahlen, wenn sie mit einem Artikel verbunden sind.

> Vgl. **die Seite** 8 des Interviews, **nicht:** die S. 8.
>
> **Im** [in dem] dritten **Band** ihrer Erinnerungen betont die Autorin ..., **nicht:** im dritten Bd.

- Auch wenn keine konkreten Zahlenangaben vorhanden sind, sollten Sie ausschreiben:

> Milliarden von Heuschrecken richteten große Schäden an.

Mehrteilige Abkürzungen wie *z. B.* sowie Kombinationen mit einer Ziffer oder einer Einheit wie *S. 8* sollten nicht auseinandergerissen werden. Hier setzt man statt des Leerzeichens mit ⎡Strg.⎤ + ⎡Shift⎤ + ⎡Leertaste⎤ ein geschütztes Leerzeichen, das als Trennsperre am Zeilenende fungiert.

Zur Aufnahme von Abkürzungen in das Abkürzungsverzeichnis s. S. 37.

10 Die Notwendigkeit der Minimierung der Bedeutung? Probleme beim Satzbau

„Eine unumgängliche Notwendigkeit ist vielmehr eine präventiv an den Ursachen ansetzende, vom Managementsystem ausgehende kontinuierliche Optimierung der Produktionsprozesse."
Wissenschaft muss keineswegs so unverständlich klingen.

Nun sind die Themen wissenschaftlicher Texte in der Regel nicht einfach. Es geht um komplizierte Sachverhalte, die Methodik ist schwierig, und die notwendigen Fachbegriffe machen es nicht besser. Die Gründe für eine unverständliche Sprache liegen aber meist woanders:

- Man glaubt, ein übertrieben komplizierter Stil wie bei den herangezogenen Werken sei ein Kriterium für Wissenschaftlichkeit, und versucht das zu imitieren.
- Man will den Leser mit einer komplizierten Sprache beeindrucken, vor allem dann, wenn man den Sachverhalt eigentlich nicht so richtig begriffen hat.
- Man gibt sich sehr viel Mühe mit einem Satz, packt immer mehr Informationen hinein. Zum Schluss ist der Satz kompliziert, verschachtelt und kaum noch verständlich.

Der oben genannte Satz ließe sich auch einfacher formulieren:
„Notwendig ist vielmehr eine kontinuierliche Optimierung der Produktionsprozesse, die vom Managementsystem ausgeht und präventiv an den Ursachen ansetzt."

Es gibt einige spezielle Elemente des Satzbaus, die Sätze unnötig kompliziert machen können.
Die wichtigsten sind:

- der Nominalstil,
- verschachtelte Sätze,
- das Passiv,
- Kettensätze und
- ungünstige Partizipialkonstruktionen.

10.1 Hilfsmittel zur Vereinfachung von Sätzen

Um (zu lange) Satzgebilde lesefreundlicher zu gestalten, können sie in mehrere Sätze zerlegt werden. Auch Auflösungen in Nebensätze *(die der Auswertung zugrunde liegende Datenbasis – die Datenbasis, die der Auswertung zugrunde liegt)* sind nützlich. Bei einer Vereinfachung von Satzgebilden werden zudem verschiedene Hilfsmittel wie das Semikolon, der Gedankenstrich und Wortpaare eingesetzt.

Das Semikolon nimmt eine Mittelstellung zwischen Komma und Punkt ein – es trennt deutlicher als ein Komma, zeigt aber einen engeren Zusammenhang der Sätze als ein Punkt an.

Semikolon

> Die Datenlage ist als unbefriedigend einzustufen; **aus diesem Grund wurde die Zahl der Indikatoren auf 15 reduziert.**

Zu beachten ist jedoch: Das Semikolon kann nur *vollständige* Sätze, nicht aber Satz*teile* abtrennen. Also nicht:

> Die Datenlage ist als unbefriedigend einzustufen. Aus diesem Grund wurde die Zahl der Indikatoren reduziert; **nämlich auf 15.**

Hier muss ein Komma gesetzt werden:

> Die Datenlage ist als unbefriedigend einzustufen. Aus diesem Grund wurde die Zahl der Indikatoren reduziert, **nämlich auf 15.**

Der Gedankenstrich ist wie der Bindestrich ein horizontaler Strich. Aber während der kurze Bindestrich (-) *Wörter* „zusammenklebt", markiert der lange Gedankenstrich (–) eine Abgrenzung innerhalb des *Satzgefüges*. Er steht immer mit Abstand (Leerzeichen) links und rechts; die Ausnahme ist ein Satzzeichen hinter dem zweiten Gedankenstrich.

Gedankenstrich

> Auf diese Weise wird das Voranschreiten der industriellen Revolution in Deutschland – **das umfasst auch die Veränderungen, die sich im sozialen Bereich vollzogen** – beschreibbar.

Durch diese Abgrenzungsfunktion kann der Gedankenstrich Sätze übersichtlicher machen. Dabei sind die durch den Gedankenstrich abgetrennten Teile unabhängig vom umgebenden Satz. So kann z. B. die Wortstellung in diesem abgetrennten Teil ganz anders als im umgebenden Satz sein; die Abtrennung durch den Gedankenstrich ist für derartige Unterschiede stark genug.

Gedankenstrich und Satzzeichen Bei einem mit Gedankenstrichen gekennzeichneten Einschub werden die Satzzeichen im umgebenden Satz so gesetzt, wie sie auch ohne den eingeschobenen Teil stehen müssten.

Ursprünglicher Satz:

> Diese Entwicklung führte jedoch nicht dazu, so die Ergebnisse neuer Forschungen, dass die Partei unbedeutend wurde.

Satz mit Einschub in Gedankenstrichen:

> Diese Entwicklung führte jedoch nicht dazu **– so die Ergebnisse neuerer Forschungen –,** dass die Partei unbedeutend wurde.

Lässt man den Einschub in Gedankenstrichen weg, muss die normale Zeichensetzung im übrig gebliebenen Satz stehen.

Den Gedankenstrich erzeugen Zum Erzeugen des Gedankenstriches haben Sie mehrere Möglichkeiten:

- mit der Tastenkombination [Strg.] (bzw. bei einigen PCs und Notebooks [Ctrl.]) plus das Minus (-) im Nummernblock (Ziffernblock, oben, erste Reihe rechts). Diese Tastenkombination wird als [Strg.] + – (Num) bezeichnet,
- mit [Alt] + 0150 (die Zahl muss auf dem Nummernblock eingegeben werden),
- mit → Einfügen → Symbol → Weitere Symbole → Sonderzeichen → Halbgeviertstrich,
- mit der automatischen Umwandlung durch Word. Das funktioniert in der Regel, wenn die folgende Kombination vorliegt: (beliebiges) Wort + Leerzeichen + Bindestrich + (beliebiges) Wort + Leerzeichen. Nach dem letzten Leerzeichen wandelt Word den Bindestrich in einen Gedankenstrich um.

Wortpaare Auch **Wortpaare** können zur Verdeutlichung des Satzinhalts beitragen. Wichtige derartige Wortpaare sind:

zum einen – zum anderen

einerseits – andererseits

auf der einen Seite – auf der anderen Seite

sowohl – als auch

nicht nur – sondern auch

zwar – aber

10.2 Der Nominalstil

Unter Nominalstil versteht man die übertrieben häufige Verwendung von Nominalisierungen, insbesondere von Substantiven (Nomen), die aus Verben *(berücksichtigen – die Berücksichtigung)* oder Adjektiven *(vernachlässigbar – die Vernachlässigbarkeit)* abgeleitet werden. Dieser Stil ist nicht nur als Amtsdeutsch bekannt, sondern findet sich auch häufig in wissenschaftlichen Arbeiten.

Nominalisierungen sind nicht grundsätzlich etwas Schlechtes, sondern häufig prägnanter als ausformulierte Nebensätze. Die wissenschaftliche Sprache arbeitet stark mit ihnen:

> Als negative Integration wird **die Beseitigung nationaler Handelshemmnisse** bezeichnet.

Unangenehm wird es aber, wenn sich solche Nominalisierungen in einem Satz häufen.

> Die vorgelegten Ergebnisse verdeutlichen **die Notwendigkeit der Verringerung des Einflusses** der Herkunft auf den Bildungserfolg und **der Stärkung** der Chancengleichheit.

Ein gutes Mittel für eine bessere Lesbarkeit ist es, die Nominalisierungen in einen Satz oder mehrere Sätze aufzulösen.

> Die vorgelegten Ergebnisse verdeutlichen **die Notwendigkeit**, den Einfluss der Herkunft auf den Bildungserfolg **zu verringern** und die Chancengleichheit **zu stärken**.

Zu den Formulierungen, die den Nominalstil fördern können, gehören darüber hinaus „Aufplusterungen" wie *in Anwendung bringen* statt *anwenden.* Hier wird ein Verb – *anwenden* – in ein wenig aussagekräftiges Verb – *bringen* – und ein Substantiv – *Anwendung* – aufgespalten. Weitere Beispiele sind etwa: *Berücksichtigung finden* statt *berücksichtigt werden, unter Beweis stellen* statt *beweisen, zur Ausführung gelangen* statt *ausgeführt werden, zum Einsatz kommen* statt *eingesetzt werden, von Relevanz sein für* statt *relevant sein für, Anwendung erfahren* statt *angewendet werden.*

Aufplusterungen

> **Zur Überprüfung** der Zielerreichung **kommt** eine Kombination relevanter statistischer Indikatoren **zum Einsatz**.

Einfacher:

> **Zur Überprüfung** der Zielerreichung **wird** eine Kombination relevanter statistischer Indikatoren **eingesetzt**.

Verkürzungen

Begriffe wie *angesichts, unter Berücksichtigung von, hinsichtlich, bezüglich, im Hinblick auf, mit Blick auf, gemäß, analog, in Anlehnung an, im Rahmen von, neben, aufgrund* können nützlich sein, wenn ihnen nur kurze Formulierungen folgen. Sie erhöhen aber die Gefahr eines Nominalstils, vor allem dann, wenn sie gehäuft auftreten.

> Im Mittelpunkt der Studie stehen Gestaltungsmöglichkeiten **hinsichtlich der Marketingaktivitäten** als Verbindung von Preis- und Konditionenpolitik mit verschiedenen Distributionsstrategien **unter besonderer Berücksichtigung** von Unternehmen, die sich auf langlebige Produkte im oberen Preissegment konzentrieren.

Verständlicher:

> Im Mittelpunkt der Studie stehen Gestaltungsmöglichkeiten **hinsichtlich der Marketingaktivitäten** als Verbindung von Preis- und Konditionenpolitik mit verschiedenen Distributionsstrategien; dabei **werden** Unternehmen, die sich auf langlebige Produkte im oberen Preissegment konzentrieren, **besonders berücksichtigt**.

10.3 Verschachtelte Sätze

Wenn Sie Ihre Leser so richtig ärgern wollen …
… dann bauen Sie Sätze mit ganz, ganz vielen Komponenten – mit zahlreichen Satzteilen und eingeschobenen Nebensätzen. Dann verquirlen Sie das Ganze – zum Beispiel so:

> **Die Führungsspitze arbeitete die Aufgaben,** die auf dem außerordentlichen Parteitag 2015, der gefordert hatte, Lösungsmöglichkeiten auszuarbeiten, die dann mit den zuständigen politischen Gremien diskutiert werden sollten, formuliert worden waren, **ab.**

Worum geht es in diesem Satz? (Zur Verdeutlichung sind die einzelnen Satzelemente verschieden gekennzeichnet.)

- **Die Führungsspitze arbeitete die Aufgaben ab.**
- Diese Aufgaben waren auf dem außerordentlichen Parteitag formuliert worden.
- Der Parteitag hatte etwas gefordert.
- Es sollten Lösungsmöglichkeiten ausgearbeitet werden.
- Diese Lösungsmöglichkeiten sollten dann mit den zuständigen Gremien diskutiert werden.

Der Satz ist ein Beispiel für einen verschachtelten Satz: ein kompliziertes Gebilde aus Hauptsatz und mehreren Nebensätzen, die wiederum teilweise voneinander abhängen. Verständlicher wäre es so gewesen:

> **Die Führungsspitze arbeitete die Aufgaben ab,** die auf dem außerordentlichen Parteitag 2015 formuliert worden waren; **dieser hatte gefordert,** Lösungsmöglichkeiten auszuarbeiten, die dann mit den zuständigen politischen Gremien diskutiert werden sollten.

Auch mehrere Nebensätze vor einem Hauptsatz können die Lesbarkeit beeinträchtigen.

    Im folgenden Beispiel wartet man lange darauf, dass der Nebensatz *(Dass die Idee ... nahegelegt worden sei)* seine passende Ergänzung im Hauptsatz findet *(ist ... widerlegt worden)*.

Mehrere
Nebensätze vor
dem Hauptsatz

> **Dass die Idee,** den Politiker auf einen weit entfernten Botschafterposten zu versetzen, dem Premierminister von politischen Rivalen **nahegelegt worden sei,** mit dem Ziel, den unliebsamen Konkurrenten unter dem Vorwand persönlicher Verfehlungen an der Fortsetzung seiner Karriere zu hindern, wie es zeitgenössische Kritiker vermuteten, **ist von der neueren Forschung widerlegt worden.**

Einfacher:

> **Zeitgenössische Kritiker vermuteten**, dass die Idee, den Politiker auf einen weit entfernten Botschafterposten zu versetzen, dem Premierminister von politischen Rivalen nahegelegt worden sei; **das Ziel sei es gewesen**, den unliebsamen Konkurrenten unter dem Vorwand persönlicher Verfehlungen an der Fortsetzung seiner Karriere zu hindern. **Diese Einschätzung ist von der neueren Forschung jedoch widerlegt worden.**

Verschachtelte Sätze werden zudem durch eine besondere Eigenart der deutschen Sprache gefördert: die **mehrteiligen Verbkonstruktionen.** Dazu gehören:

* die trennbaren Verben wie *darstellen (die Autorin stellt ... dar)*
* Konstruktionen mit den sogenannten Hilfsverben *(haben, sein, werden* – insbesondere beim Passiv: *das Phänomen wird ... beobachtet)*
* Konstruktionen mit den sogenannten Modalverben *(dürfen, können, müssen, sollen, wollen – die Akteure müssen ... umsetzen)*

Nachklapp   Steht nun der erste Teil einer solchen Konstruktion vorne im Satz und der zweite Teil wesentlich weiter hinten, ergibt sich ein sogenannter „Nachklapp".

> Die Autorin **weist** insbesondere auf einen Zusammenhang zwischen dem Fortschreiten der Industrialisierung und der Entwicklung eines nationalen Selbstverständnisses, das schließlich in die Herausbildung neuer politischer Strukturen mündete, **hin.**

Sie können diese Konstruktionen in der deutschen Sprache nicht abschaffen und auch nicht grundsätzlich vermeiden. Sie sollten sie aber kennen und wissen, dass diese Sie zu unübersichtlichen Sätzen verleiten können.

In manchen Fällen kann es helfen, den Nachklapp nach vorne zu ziehen.

> Die Autorin **weist** insbesondere auf einen Zusammenhang **hin** zwischen dem Fortschreiten der Industrialisierung und der Entwicklung eines nationalen Selbstverständnisses, das schließlich in die Herausbildung neuer politischer Strukturen mündete.

Manchmal ist eine andere Formulierung besser.

> Die Produktgestaltung **muss sich** auf die Individualisierung der Lebensstile mit insbesondere verändertem Essverhalten, die Zunahme von Einpersonenhaushalten sowie die stärkere Differenzierung zwischen hohen und niedrigen Einkommensniveaus **einstellen.**

Hier wäre *Die Produktgestaltung muss sich einstellen auf ...* möglich, aber noch nicht wirklich gut. Da es sich um eine Aufzählung handelt, bringt eine Umformulierung mit *Faktoren* mehr.

> **Faktoren, auf die sich** die Produktgestaltung **einstellen muss, sind** die Individualisierung der Lebensstile mit insbesondere verändertem Essverhalten, die Zunahme von Einpersonenhaushalten sowie die stärkere Differenzierung zwischen hohen und niedrigen Einkommensniveaus.

10.4 Das Passiv

Das Passiv hat einen schlechten Ruf – es gilt als „die Sprache der Schreibtischtäter", „der Bürokraten und Feiglinge, weil es die Täter verschweigt und von Verantwortung befreit: Sie werden hiermit aufgefordert [...], in dieser Arbeit wird gezeigt ..." (Krämer 2009:112). So wie hier wird zuweilen pauschal vor Passivsätzen gewarnt.

In der Tat birgt das Passiv einige Tücken. Allerdings sollte man differenzieren: In bestimmten Fällen ist es durchaus angebracht.

- Das Passiv ist dann richtig am Platz, wenn ein *Objekt,* nicht ein handelndes *Subjekt* im Mittelpunkt steht.
  Bei dem folgenden Satz interessiert nicht, *wer* den chemischen Vorgang in Gang setzt, sondern die Reaktion selbst.

Notwendiges Passiv

> **Wird** Aluminiumsulfat mit Ammoniumsulfat **versetzt,** entsteht Ammoniumalaun.

Auch wenn das handelnde Subjekt aus dem Kontext klar wird, kann ein Passiv folgen.

> Das Unternehmen verzeichnete 2012 einen massiven Gewinn-einbruch. Im darauffolgenden Jahr **wurde** allerdings wieder das Niveau aus dem Jahr vor der Finanzkrise **erreicht**.

- Das Passiv ist ebenfalls angemessen, wenn sonst der **Bezug** undeutlich wird.

> Das Recht des Individuums, **das die Aufklärung garantiert,** nimmt in den Schriften von Thomas Hobbes und John Locke einen bedeutenden Platz ein.

Wer garantiert hier was? Das Passiv bringt Klarheit.

> Das Recht des Individuums, **das von der Aufklärung garantiert wird,** nimmt in den Schriften von Thomas Hobbes und John Locke einen bedeutenden Platz ein.

Das Passiv als Lesbarkeitskiller

Auf der anderen Seite gilt: Wenn ein Text nicht gut lesbar ist, ist häufig das Passiv daran beteiligt.

- Mehrere Passivsätze hintereinander wirken monoton.

> In dieser Arbeit **werden** die Grundlagen und die wichtigsten Instrumente des Marketings **vorgestellt**. Die erworbenen theoretischen Erkenntnisse **werden** anhand von praktischen Beispielen **belegt**.

Bei zwei Passivsätzen hintereinander kann man versuchen, einen Satz ins Aktiv zu verwandeln:

> In dieser Arbeit **werden** die Grundlagen und die wichtigsten Instrumente des Marketings **vorgestellt**. Praktische Beispiele **belegen** die erworbenen theoretischen Erkenntnisse.

Nicht immer allerdings ist eine Umwandlung in das Aktiv so einfach machbar.

> Komplexe Sachverhalte **werden** mit Hilfe der SWOT-Analyse (Strengths, Weaknesses, Opportunities, Threats) **zerlegt, wodurch** ein besseres Verständnis sowie der Austausch verschiedener Perspektiven der jeweiligen Interessengruppen **ermöglicht werden**.

Helfen kann dann die Einfügung eines zusätzlichen Begriffs.

> Komplexe Sachverhalte **werden** mit Hilfe der SWOT-Analyse (Strengths, Weaknesses, Opportunities, Threats) **zerlegt; diese Herangehensweise ermöglicht** ein besseres Verständnis sowie den Austausch verschiedener Perspektiven der jeweiligen Interessengruppen.

- Verbindet sich das Passiv mit dem Nominalstil, wird es schnell unübersichtlich.

> **Bezüglich der Machbarkeit der Umsetzung** der geplanten Ausweitung des Geschäftsbereichs **wurde** seitens der Projektgruppe eine weitreichende Überprüfung **veranlasst**.

Einfacher:

> Die Projektgruppe **veranlasste** eine weitreichende Überprüfung, **ob und in welchem Maße** die geplante Ausweitung des Geschäftsbereichs **machbar** war.

- Das Passiv kann dazu verleiten, zu allgemein zu bleiben.

> Im Zusammenhang mit dem sektoralen Wandel **ist** von einer zunehmenden Bedeutung des Dienstleistungssektors **auszugehen**.

Wie kommt man zu dieser Einschätzung? Der Passivsatz kann mit einer weiteren Angabe ergänzt werden:

> Im Zusammenhang mit dem sektoralen Wandel **ist auf der Grundlage der jeweiligen Beschäftigtenanteile und Wertschöpfungsanteile am BIP** von einer zunehmenden Bedeutung des Dienstleistungssektors **auszugehen**.

- Durch das Passiv kann eine Konstruktion zu sehr auseinandergezogen werden.

> Zunächst **wird** der Vortrag „Politik als Beruf" des Soziologen Max Weber, der im Jahr 1919 veröffentlicht wurde, **analysiert,** und **es wird sich** mit seinen darin entwickelten Auffassungen **auseinandergesetzt.**

Das *wird ... analysiert* ist weit auseinandergezogen, und bei *es wird sich ... auseinandergesetzt* wendet sich der Leser mit Grausen.

Zur Vereinfachung wird eine Aktivkonstruktion *(den Anfang bilden)* eingesetzt. Zudem fördert die Auflösung des eingeschobenen Nebensatzes *(der im Jahr 1919 veröffentlicht wurde – des 1919 veröffentlichten)* die Lesbarkeit:

> **Den Anfang bilden** eine Analyse des 1919 veröffentlichten Vortrags „Politik als Beruf" des Soziologen Max Weber und eine Auseinandersetzung mit seinen darin entwickelten Auffassungen.

- Das Passiv und der Anschluss des folgenden Satzes passen manchmal nicht zusammen. So etwas kann das Verständnis erheblich erschweren.

> **Gefordert werden** in der Schrift der Kampf gegen die „Verelendung" und eine breite Wohlfahrtsinitiative **sowie** die Unterdrückung von Kritik an den bestehenden Verhältnissen **angeprangert.**

Das *werden* in *gefordert werden* passt nicht zum *[wird] angeprangert.* In einem solchen Fall kann eine Lösung darin liegen, die beiden Gedanken, das *Fordern* und das *Anprangern,* auch in zwei Sätzen anzuführen:

> **Gefordert werden** in der Schrift der Kampf gegen die „Verelendung" und eine breite Wohlfahrtsinitiative; ebenso **wird** die Unterdrückung von Kritik an den bestehenden Verhältnissen **angeprangert.**

Verbesserungen des Passivs sind auch möglich mit einer anderen Satzkonstruktion. Dazu zählen insbesondere die Formulierungen mit

Ersatzformulierungen

- *lassen*

> Über die Gründe **können** nur Vermutungen **angestellt werden.**
> → Über die Gründe **lassen sich** nur Vermutungen **anstellen.**

- *zu*

> Diese Bewertung **muss** vielleicht der Tatsache **zugeschrieben werden,** dass ... → Diese Bewertung **ist** vielleicht der Tatsache **zuzuschreiben,** dass ...

- *man*

> **Wird** diese Theorie als handlungsleitend **angenommen,** so ...
> → **Nimmt man** diese Theorie als handlungsleitend **an,** so ...

- *einer kurzen Nominalisierung*

> **Werden** die vorliegenden Daten genauer **betrachtet,** so zeigt sich ... → **Bei einer genaueren Betrachtung** der vorliegenden Daten zeigt sich ...

Besonders häufig kommt es zu einer monotonen Aneinanderreihung von Passivsätzen, wenn am Ende der Einleitung ein Überblick über die Arbeit gegeben wird: Im ersten Kapitel *wird ... erläutert.* Dabei *werden ... untersucht.* Zudem *werden ... dargestellt.* Ein Beispiel, wie man das vermeidet, finden Sie im Abschnitt „Einleitung" auf S. 48.

10.5 Kettensätze

Als Kettensätze werden Sätze bezeichnet, die mehrere voneinander abhängige Nebensätze hintereinander besitzen. Sie können sehr eintönig wirken und sind manchmal schwer lesbar.
Ermüdend wirken insbesondere mehrere Relativsätze (Sätze, die auf einen vorhergehenden Satz Bezug nehmen – *die Information, die ich suche*) hintereinander.

Mehrere Relativsätze hintereinander

> Papst Paul III. hatte sich die Erneuerung der Kirche, **zu der** auch die Wiederherstellung der Autorität des Kirchenstaates gehörte, zum Ziel gesetzt, **das** er mit Reformbestrebungen zu erreichen versuchte, **die** 1545 zum Konzil von Trient führten.

Übersichtlicher wird es durch die Ersetzung des ersten Nebensatzes *zu der auch … gehörte* durch *und damit einhergehend* sowie die Abtrennung der beiden Nebensätze am Schluss.

> Papst Paul III. hatte sich die Erneuerung der Kirche **und damit einhergehend** auch die Wiederherstellung der Autorität des Kirchenstaates zum Ziel gesetzt; das versuchte er mit Reformbestrebungen zu erreichen, **die** 1545 zum Konzil von Trient führten.

Mehrere *Dass*-Sätze hintereinander

Auch mehrere *Dass*-Sätze hintereinander wirken schwerfällig. Es gibt mehrere Möglichkeiten, sie aufzulösen – man kann z. B. eigenständige Sätze bilden, auch mit Semikolon oder mit Doppelpunkt.

> An dieser Stelle schränkt Meyer die realistischen Möglichkeiten einer solchen Theorie **dadurch ein, dass** er anmerkt, **dass** es starke Argumente dafür gebe, **dass** sie diese Aufgabe vielleicht niemals erfüllen könne.

Wird ein neuer Satz (mit Doppelpunkt) gebildet, kann ein Nebensatz wegfallen. Aber ein doppeltes *dass* bleibt noch.

> An dieser Stelle schränkt Meyer die realistischen Möglichkeiten einer solchen Theorie ein: **Er merkt an, dass** es starke Argumente dafür gebe, **dass** sie diese Aufgabe vielleicht niemals erfüllen könne.

Ein weiteres *dass* fällt weg, wenn auch das *Er merkt an* weggelassen wird. Das ist möglich, weil der Konjunktiv *gebe* zusammen mit dem Doppelpunkt anzeigt, dass es sich um die Argumentation von Meyer handelt.

> An dieser Stelle schränkt Meyer die realistischen Möglichkeiten einer solchen Theorie ein: **Es gebe starke Argumente dafür, dass** sie diese Aufgabe vielleicht niemals erfüllen könne.

Ein *Dass*-Satz am Anfang eines Satzgebildes kann ebenfalls zu Unübersichtlichkeit führen.

Dass-Satz am Satzanfang

> **Dass** nur Langzeiterhebungen mit einer so großen Datenbasis, **dass** die Ergebnisse statistisch relevant sind, ein verlässliches Bild von den sich wandelnden Einstellungen liefern können, **kann vermutet werden.**

In der folgenden Version ist das *kann vermutet werden* nach vorne gezogen worden, aber die unschönen beiden *Dass*-Sätze sind noch geblieben.

> **Es kann vermutet werden, dass** nur Langzeiterhebungen mit einer so großen Datenbasis, **dass** die Ergebnisse statistisch relevant sind, ein verlässliches Bild von den sich wandelnden Einstellungen liefern können.

Noch einfacher:

> **Vermutlich können** nur Langzeiterhebungen mit einer so großen Datenbasis, **dass** die Ergebnisse statistisch relevant sind, ein verlässliches Bild von den sich wandelnden Einstellungen liefern.

10.6 Partizipialkonstruktionen

Partizipien (wie *schreibend* und *geschrieben*, von *schreiben*) stehen oft vor einem Substantiv: *der schreibende Student*. Normalerweise bereiten sie keine Probleme. Es kann aber schnell unübersichtlich für den Leser werden, wenn zu einem solchen Partizip noch eine Erweiterung hinzukommt, es also zur Partizipial*gruppe* wird: *der an seiner Arbeit auch nachts noch schreibende Student*. Schwierige Partizipialkonstruktionen entstehen vor allem dann, wenn lange an einem Satz gebastelt wird und immer mehr Informationen in ihn hineingestopft werden.

Die folgende Formulierung ist noch gut lesbar.

Partizipialgruppen vor einem Substantiv

> Gemäß der **zugrunde liegenden** Hypothese zeigt sich ein dynamisches Wechselspiel von (Sub-)Systemen.

Bei einer nochmaligen Erweiterung – *dieser Untersuchung* – wird der Satz aber schwer verständlich.

> Gemäß der **dieser Untersuchung zugrunde liegenden** Hypothese zeigt sich ein dynamisches Wechselspiel von (Sub-)Systemen.

Wenn Sie nach dem langwierigen Formulieren eines Satzes bemerken, dass er wegen einer solchen Konstruktion unlesbar geworden ist, sollten Sie ihn durch ein Satzgefüge, also einen Satz mit Nebensätzen, ersetzen. Besonders geeignet sind dazu Relativsätze *(der schreibende Student → der Student, der schreibt)*.

> Gemäß der Hypothese, **die dieser Untersuchung zugrunde liegt,** zeigt sich ein dynamisches Wechselspiel von (Sub-)Systemen.

Gefahr von Missverständnissen Manchmal ist eine Partizipialkonstruktion kurz und übersichtlich, führt aber zu anfänglichen **Missverständnissen**.

> **Im Gegensatz zu den Rationalisierungen unterworfenen Branchen** konnte hier eine deutliche Erhöhung der Arbeitskräftezahl festgestellt werden.

Hier denkt die Leserin zunächst: *im Gegensatz zu den Rationalisierungen*. Eine Umformulierung mit Relativsatz behebt das Problem.

> Im Gegensatz zu den **Branchen, die Rationalisierungen unterworfen waren,** konnte hier eine deutliche Erhöhung der Arbeitskräftezahl festgestellt werden.

Partizipialgruppen als Ersatz für einen Nebensatz Beliebt sind auch Partizipialgruppen, die wie ein Nebensatz fungieren. Sie stehen besonders oft am Anfang eines Satzes und können einen Text durchaus auflockern.

> **Unter diesem Gesichtspunkt betrachtet,** erscheint die Analyse …
> **Diesen Gesichtspunkt besonders betonend,** beschreibt die Autorin …

Schwierigkeiten kann eine solche Partizipialgruppe aber dann verursachen, wenn sie zu lang und überfrachtet ist.

> Seine Überzeugung betonend, dass der Forscher niemals in der Lage sein werde, das Rätsel zu lösen, was Materie und Kraft seien – was in der Folgezeit zum sogenannten Ignorabimus-Streit führt –, **erklärt der deutsche Wissenschaftler** Emil Du Bois-Reymond in seinem 1872 erschienenen Buch „Über die Grenzen des Naturerkennens" seine Auffassung von den Grenzen menschlichen Erkennens.

Die wichtigen Informationen werden ausgehend von der Partizipialgruppe *Seine Überzeugung betonend ...* gebracht; die muss die Leserin aufnehmen, während sie gleichzeitig auf den Hauptsatz *erklärt der deutsche Wissenschaftler ...* wartet. Sie lernt also zunächst die Gedankengänge kennen und erfährt schon, dass diese Überzeugung später eine wissenschaftliche Kontroverse auslöste. Aber wessen Überzeugung? Der Name des Protagonisten ist dabei noch gar nicht aufgetaucht. Einfacher:

> In seinem 1872 erschienenen Buch „Über die Grenzen des Naturerkennens" **erklärt der deutsche Wissenschaftler** Emil Du Bois-Reymond seine Auffassung von den Grenzen menschlichen Erkennens. **Er betont,** dass der Forscher niemals in der Lage sein werde, das Rätsel zu lösen, was Materie und Kraft seien, was in der Folgezeit zum sogenannten Ignorabimus-Streit führt.

Eine Partizipialgruppe hat kein eigenes Subjekt, sondern bezieht sich immer auf das Subjekt des dazugehörigen Hauptsatzes.

Bezug der Partizipialgruppe

> Von diesen Erfahrungen zutiefst **beeindruckt,** beschreibt **der Autor ...**

Wird das nicht beachtet, ist die Gefahr unfreiwilliger Komik groß.

Unfreiwillige Komik

> Nahezu unleserlich und teilweise von Mäusen **angenagt,** zeichnet **die Schriftstellerin** mit diesen Tagebucheinträgen ein lebendiges Bild ihrer Jahre im Exil.

Pech für die Schriftstellerin, denn sie ist nahezu unleserlich und auch noch von Mäusen angenagt. Korrekt kann man beispielsweise so formulieren:

> Nahezu unleserlich und teilweise von Mäusen **angenagt,** zeichnen **die Tagebucheinträge** der Schriftstellerin ein lebendiges Bild ihrer Jahre im Exil.

10.7 Weitere Probleme bei Satzkonstruktionen

Abgehackte Sätze   Der Gegensatz zu komplizierten Satzgebilden ist eine **Aneinanderreihung kurzer Sätze**, die jeweils mit einem Punkt abgeschlossen werden; besonders häufig findet sich das, wenn Daten und Fakten angeführt werden. Solche Satzaneinanderreihungen können zu einer gewissen Monotonie führen.

> Die Menge des geförderten Urans lag 2011 **bei** rund 22.000 Tonnen. 2008 **betrug** sie noch rund 10.000 Tonnen. Das ist ein Anstieg um 120 %. Das Land wurde damit zum weltweit führenden Uranproduzenten.

Es kann schon reichen, zwei dieser Sätze miteinander zu verbinden:

> Die Menge des geförderten Urans **lag** 2011 **bei** rund 22.000 Tonnen, **während** sie 2008 noch rund 10.000 Tonnen **betrug**. Das ist ein Anstieg um 120 %. Das Land wurde damit zum weltweit führenden Uranproduzenten.

Satzkonstruktionen nur mit Komma   Bei komplexeren Satzgefügen, bei denen schon zahlreiche Kommas zur Abtrennung von Nebensätzen notwendig sind, ist es nicht leserfreundlich, ausschließlich Kommas zu setzen.

> Die Grenzen können in der Realität nicht immer so eindeutig gezogen **werden, inwiefern** diese Verhaltensmuster zutreffen, muss während der Analyse genauer untersucht werden.

Der Leser liest zunächst *können in der Realität nicht immer so eindeutig gezogen werden, inwiefern diese Verhaltensmuster zutreffen* und ist irritiert. Der Grund liegt darin, dass der *Inwiefern*-Satz ein neues Satzgefüge einleitet. Mit Punkt oder Semikolon passiert das nicht:

Die Grenzen können in der Realität nicht immer so eindeutig gezogen **werden. Inwiefern** diese Verhaltensmuster zutreffen, muss während der Analyse genauer untersucht werden.

Die Grenzen **können** in der Realität nicht immer so eindeutig gezogen **werden; inwiefern** diese Verhaltensmuster **zutreffen,** muss während der Analyse genauer untersucht werden.

Wichtige Tatsachen sollten möglichst im Hauptsatz stehen. Häufig werden sie jedoch in einem Nebensatz oder einem Satzgefüge aus mehreren Nebensätzen gebracht. Einer der Gründe dafür liegt in Einleitungssätzen wie *Hinzu kommt* oder *Es ist hinzuzufügen.*

Wichtiges im Nebensatz versteckt

Des Weiteren ist hinzuzufügen, dass hier seitens der Forschung noch großer Handlungsbedarf besteht.

Ohne die unnötige Satzeinleitung wirkt der Satz prägnanter.

Seitens der Forschung besteht hier noch großer Handlungsbedarf.

Werden wichtige Informationen in die Nebensätze abgeschoben, werden sie möglicherweise nicht in der logischen Reihenfolge genannt. Das trifft vor allem bei verschachtelten Sätzen zu.

Von der Seuche, die in zahlreichen Städten Deutschlands grassierte, während gleichzeitig jedoch die Bestimmung der für die Seuche verantwortlichen Ursachen nicht möglich war sowie geeignete Behandlungsmöglichkeiten nicht zur Verfügung standen, sodass viele Menschen die Schuld bei Minderheiten, insbesondere den Juden, suchten, **waren** große Teile der Bevölkerung **betroffen.**

Die wichtigen Informationen – *die Seuche grassierte, man kannte die Ursachen nicht, geeignete Behandlungsmöglichkeiten standen nicht zur Verfügung und man gab Minderheiten die Schuld* – tauchen in Form von Nebensätzen auf. Danach kommt erst die Information, dass von der Seuche große Teile der Bevölkerung betroffen waren. Das gehört jedoch an den Anfang.

> **Von der Seuche,** die in zahlreichen Städten Deutschlands grassierte, **waren** große Teile der Bevölkerung **betroffen.** Die Bestimmung der für die Seuche verantwortlichen Ursachen war nicht möglich, und entsprechende Behandlungsmöglichkeiten standen nicht zur Verfügung, sodass viele Menschen die Schuld bei Minderheiten, insbesondere den Juden, suchten.

Nicht durchgehaltene Satzkonstruktion

Besonders bei langen Sätzen fällt es manchmal schwer, die Satzkonstruktion auch wirklich durchzuhalten.

> Vielmehr arbeiten die Verantwortlichen in einem dynamischen Kontext, der **durch** handlungsleitende Orientierungen der Unternehmen und Anforderungen der Politik **sowie** neuen Erkenntnissen aus den Vorfällen der jüngsten Vergangenheit **geprägt ist.**

Es müsste heißen: *[durch] Orientierungen und Anforderungen sowie [durch] neue Erkenntnisse.* Der Satz ist kompliziert, und der Bezug auf *durch* ist verlorengegangen. Mit eingefügtem *zum einen – zum anderen* wird der Satz übersichtlicher. Zudem wird das *geprägt ist* vorgezogen und das *durch* wiederholt. So lässt sich der Bezug leichter herstellen.

> Vielmehr arbeiten die Verantwortlichen in einem dynamischen Kontext, der **zum einen geprägt ist durch** handlungsleitende Orientierungen der Unternehmen und Anforderungen der Politik, **zum anderen durch neue Erkenntnisse** aus den Vorfällen der jüngsten Vergangenheit.

10.8 *Er – wer?* Falsche oder unklare Bezüge

Unklare Bezüge machen es der Leserin schwer, die Argumentation nachzuvollziehen. Ihnen selbst werden solche Unklarheiten möglicherweise gar nicht auffallen, weil Sie ganz genau wissen, wer oder was gemeint ist. Bitten Sie daher die Person, die Ihren Text Korrektur liest, in dieser Beziehung besonders aufmerksam zu sein.

> Kurz darauf erhielt **Michelangelo** den Auftrag zu einem Wandge-
> mälde im Großen Ratssaal des Palazzo Vecchio und geriet in
> direkten Wettstreit mit **Leonardo da Vinci. Er** war im Jahre 1500
> nach Florenz zurückgekehrt.

Warum gerät Michelangelo in Wettstreit mit Leonardo? Hat das
etwas mit dem Auftrag zu tun? Oder gab es andere Gründe, priva-
te Querelen vielleicht? Außerdem: Wer ist zurückgekehrt?

> Kurz darauf erhielt Michelangelo den Auftrag zu einem Wandge-
> mälde im Großen Ratssaal des Palazzo Vecchio, **eine Arbeit,** die
> ihn in direkten Wettstreit mit Leonardo da Vinci treten ließ. **Die-
> ser** war im Jahre 1500 nach Florenz zurückgekehrt.

Es ist also der Auftrag, der zum Wettstreit führt, und es ist Leonardo, der nach Florenz zurückgekehrt ist.

Eine einfache logische Verknüpfung ist die Aneinanderreihung
mit *und* oder *sowie*. Mehrere *und* in einem Satz können zu Verwirrung führen.

Irritierendes und

> Auslöser waren politische Interessenkonflikte zwischen großen
> Grundeigentümern **und** sogenannten Finanzaristokraten **und**
> Großindustriellen.

Wer steht da auf welcher Seite? Gehen die Grundeigentümer mit
den Finanzaristokraten zusammen? Oder machen die Finanzaristokraten mit den Großindustriellen gemeinsame Sache? Eine Ergänzung mit *auf der einen (Seite)* und *der anderen Seite* schafft
Klarheit. Zusätzlich wird ein *und* durch *sowie* ersetzt.

> Auslöser waren politische Interessenkonflikte zwischen großen
> Grundeigentümern **auf der einen** und sogenannten Finanzaris-
> tokraten sowie Großindustriellen **auf der anderen Seite.**

Kommt eine Person mehrmals vor, ist Präzision das oberste Ge-
bot: Nur wenn eindeutig klar ist, wer gemeint ist, können Sie den
Namen durch *er* bzw. *sie* oder eine andere Bezeichnung (z. B. *der
Autor / die Autorin* bzw. *die Autoren*) ersetzen.

*Meyer – er:
unklarer Bezug
durch Personal-
pronomen*

> *Meyer* hält diesen Faktor für entscheidend, während *Vosskamp* seine Bedeutung als eher gering einschätzt. **Er** begründet seinen Ansatz damit, dass ...

Hier ist nicht klar, wer gemeint ist – *Vosskamp* oder *Meyer*? Im Zweifelsfall nennen Sie den Namen noch einmal.

> **Meyer** hält diesen Faktor für entscheidend, während **Vosskamp** seine Bedeutung als eher gering einschätzt. **Meyer** begründet seinen Ansatz damit, dass ...

Derartige Unklarheiten können auch den Plural betreffen.

> Die Wirtschaftswissenschaftlerinnen Heike Müller und Sabine Meier, zwei Vertreterinnen des Monetarismus, sind Autorinnen, die sich mit Konzepten zur Sicherung des Binnenwerts einer Währung befassen. **Sie** entsprechen dem im vorigen Kapitel dargelegten Ansatz.

Sie – sind damit die Autorinnen oder die Konzepte gemeint? Können denn Personen überhaupt einem Ansatz entsprechen? Eindeutiger:

> Die Wirtschaftswissenschaftlerinnen Heike Müller und Sabine Meier, zwei Vertreterinnen des Monetarismus, sind Autorinnen, die sich mit Konzepten zur Sicherung des Binnenwerts einer Währung befassen. **Ihre Auffassungen** entsprechen dem im vorigen Kapitel dargelegten Ansatz.

Weitere Beispiele zu falschen Bezügen durch Personalpronomen (der Mensch → *er*) siehe auch im Abschnitt über Wiederholungen (S. 175).

Das, dies – unklare Begriffe Unpräzise Begriffe wie *das* oder *dies* sollte man in wissenschaftlichen Arbeiten möglichst sparsam einsetzen. Nur bei Sätzen, die nur eine einzige Tatsache enthalten, ist ihre Verwendung ohne Missverständnisse möglich. Im folgenden Beispiel ist das *dies* eindeutig:

> Bei der Untersuchung werden zwei multivariate Verfahren eingesetzt. **Dies** [= dieses Vorgehen] ist sinnvoll, denn ...

Wenn Sie eine (längere) Passage geschrieben haben und dann einen neuen Absatz mit *dies* beginnen, ist nicht mehr klar, auf was sich das *dies* bezieht. Suchen Sie stattdessen einen genaueren Ersatzbegriff.

> In welchen Kontexten sind EU-Bürger und -Institutionen schon unzulässigem Ausspähen von Daten gemäß §202a des deutschen Strafgesetzbuches (StGB) ausgesetzt? Welche Bestrebungen gibt es darüber hinaus in der EU, die datenschutzrechtlichen Bestrebungen zu harmonisieren, und welche Effizienz haben sie?
> **Dies** ist bislang nicht im Hinblick auf alle EU-Mitgliedstaaten untersucht worden.

Ein ganzer Absatz, auf den mit einem schlichten *dies* Bezug genommen wird. Vermutlich sind alle Fragen gemeint – also die ganze Passage –, aber ganz sicher ist das nicht. Vielleicht geht es doch nur um die letzte Frage, die Effizienz?

> In welchen Kontexten sind EU-Bürger und -Institutionen schon unzulässigem Ausspähen von Daten gemäß §202a des deutschen Strafgesetzbuches (StGB) ausgesetzt? Welche Bestrebungen gibt es darüber hinaus in der EU, die datenschutzrechtlichen Bestrebungen zu harmonisieren, und welche Effizienz haben sie?
> **Diese Fragen** sind bislang nicht im Hinblick auf alle EU-Mitgliedstaaten untersucht worden.

Gelegentlich lässt eine Satzkonstruktion Missverständnisse aufkommen.

Unklare Konstruktion

> Das Unternehmen geriet **durch verzerrte Berichte** über umweltschädigende Produktionsmethoden **sowie juristische Auseinandersetzungen** mit Geschädigten zunehmend unter öffentlichen Druck.

Erste Möglichkeit: Geht es um zwei Arten von verzerrten Berichten: welche *über umweltschädigende Produktionsmethoden* als auch welche *über juristische Auseinandersetzungen*? Sind es also in beiden Fällen die verzerrten Berichte, die dem Unternehmen Probleme machen? Falls ja, wird das deutlich mit einem zusätzlichen *über*:

> Das Unternehmen geriet durch **verzerrte Berichte über** umweltschädigende Produktionsmethoden sowie **über** juristische Auseinandersetzungen mit Geschädigten zunehmend unter öffentlichen Druck.

Zweite Möglichkeit: Geht es einerseits um die lästigen, verzerrten Berichte über umweltschädigende Produktionsmethoden und andererseits um die juristischen Auseinandersetzungen, die das Unternehmen auch noch am Hals hat? Ein zusätzliches *durch* erklärt den Sachverhalt.

> Das Unternehmen geriet **durch verzerrte Berichte** über umweltschädigende Produktionsmethoden sowie **durch juristische Auseinandersetzungen** mit Geschädigten zunehmend unter öffentlichen Druck.

Auch eine zusätzliche Einfügung von *einerseits – andererseits* kann die zweite Möglichkeit verdeutlichen.

> Das Unternehmen geriet **einerseits durch verzerrte Berichte** über umweltschädigende Produktionsmethoden sowie **andererseits durch juristische Auseinandersetzungen** mit Geschädigten zunehmend unter öffentlichen Druck.

11 Sprachliche Fallen

Manchmal sind es nur sprachliche Details, die das Lesen erschweren oder sogar zu Missverständnissen führen können.

11.1 Pleonasmen

Den *weißen Schimmel* als Beispiel für einen Pleonasmus („doppelt gemoppelt") kennen Sie sicherlich, und so etwas würden Sie natürlich niemals schreiben. Es gibt aber auch nicht so offensichtliche Fehler dieser Art, die sich schnell einschleichen können, z. B.:

Neue Finanzinnovationen – sind nicht Innovationen immer etwas Neues?

Resultierende Ergebnisse – sind nicht Ergebnisse immer ein Resultat?

Die Umfrage startete zum ersten Mal Anfang 2013 – bedeutet nicht *Start* hier *zum ersten Mal?* Ist sie etwa später noch einmal gestartet worden?

Die Analyse **beruht auf der Grundlage** von Indikatoren.

Beruhen und *Grundlage* ist zu viel des Guten. Besser:

Die Analyse erfolgt **auf der Grundlage** von Indikatoren.

Die Analyse **beruht** auf Indikatoren.

Achten Sie auch auf einzelne Begriffskombinationen mit Dopplungen; sie bleiben häufig unbemerkt (Tabelle 5).

Versteckte Pleonasmen

Tabelle 5: Häufige Pleonasmen

Falsch	entweder	oder
bereits schon	bereits	schon
ausschließlich [lediglich] nur	ausschließlich [lediglich]	nur
wieder von Neuem	wieder	von Neuem
überdies noch	überdies	noch
darüber hinaus noch	darüber hinaus	noch
unter anderem auch	unter anderem	auch
ebenso auch	ebenso	auch

Ein Pleonasmus schleicht sich zudem gern ein, wenn es um eine *Möglichkeit, Notwendigkeit, Fähigkeit, Erlaubnis* oder *Vermutung* geht. Doppelt, wenn sie zusammen auftreten, sind:

- *möglich* und *können*

> **Falsch:** Aus diesem Grund ist es gar nicht **möglich**, eine allgemein gültige Vorlage entwickeln zu **können**.
> **Richtig:** Aus diesem Grund ist es gar nicht **möglich**, eine allgemein gültige Vorlage zu entwickeln.

- *gezwungen* und *müssen*

> **Falsch:** Der Politiker sah sich **gezwungen**, seine Ziele modifizieren zu **müssen**.
> **Richtig:** Der Politiker sah sich **gezwungen**, seine Ziele zu modifizieren.

- *Voraussetzung* und *müssen*

> **Falsch:** **Voraussetzung** ist, dass die untersuchten Probleme physikalischer Natur sein **müssen**.
> **Richtig:** **Voraussetzung** ist, dass die untersuchten Probleme physikalischer Natur sind.

- *soll* und *angeblich*

> **Falsch:** Der Aufsichtsratsvorsitzende **soll** das **angeblich** gesagt haben.
> **Richtig:** Der Aufsichtsratsvorsitzende **soll** das gesagt haben.
> **Oder:** Der Aufsichtsratsvorsitzende hat das **angeblich** gesagt.

- *in der Lage sein* und *können*

> **Falsch:** Er ist nicht **in der Lage**, das erklären zu **können**.
> **Richtig:** Er ist nicht **in der Lage**, das zu erklären.

- Beispiele und zusätzliches *usw.* oder *etc.*

> **Falsch:** Bei der Förderung von Nichteisenmetallen, **wie** Bauxit, Cadmium, Tellur **usw.**, ist ein deutlicher Anstieg zu verzeichnen.

> **Richtig:** Bei der Förderung von Nichteisenmetallen, **wie** Bauxit, Cadmium **und** Tellur, ist ein deutlicher Anstieg zu verzeichnen.

- Vorsilbe *ent-* und *aus*

> **Falsch: Aus** den vorliegenden Daten lässt sich **entnehmen** ...
> **Richtig: Den** vorliegenden Daten lässt sich **entnehmen** ...

11.2 Verneinungen

Manche Verben besitzen bereits eine *negative* Aussage. Wichtige Begriffe aus dieser Gruppe sind *warnen, verbieten, abraten, verhindern, vermeiden, zweifeln, leugnen, bestreiten.*
Wenn Sie dann noch ein *nicht* hinzufügen, kehrt sich die Aussage ins Gegenteil um.

> Der Staatssekretär **warnte** eindringlich davor, diese Entwicklung **nicht** zu unterschätzen.

Man soll sie also unterschätzen. Richtig wäre:

> Der Staatssekretär **warnte** eindringlich davor, diese Entwicklung zu unterschätzen.

Manchmal ist die ungewollte doppelte Verneinung nicht so einfach zu erkennen.

> Ziel sollte es sein, die genannten Behandlungsmethoden so zu gestalten, dass ein **Rückgang** der Mortalitätsrate **vermieden** wird.

Wenn ein *Rückgang* der Mortalitätsrate *vermieden* werden soll, soll die Mortalitätsrate *nicht* zurückgehen. Das ist aber sicherlich nicht gemeint.

> Ziel sollte es sein, die genannten Behandlungsmethoden so zu gestalten, dass ein **Rückgang** der Mortalitätsrate **erreicht** wird.

11.3 Problemfall Fremdwörter und Entlehnungen aus anderen Sprachen

Der Fußballspieler sprach: „Ich bin körperlich und physisch top-fit."

Bei Fußballern wird ein ungeschickter Umgang mit Fremdwörtern schon mal nachsichtig behandelt. In einer wissenschaftlichen Arbeit sind solch unfreiwillig komischen Formulierungen aber höchst unwillkommen.

Seien Sie bei Fremdwörtern also auf der Hut. Verwenden Sie sie nicht unnötig, und wenn, dann richtig.

Notwendige Fachausdrücke Die Fremdwörter als Fachausdrücke Ihres Themenbereichs sind es nicht, die die Sprache unnötig kompliziert machen. Selbstverständlich können Sie diese einsetzen.

> Sie sprechen von **Geschlechtsdimorphismus**, nicht davon, dass bei einer bestimmten Tierart Weibchen und Männchen unterschiedlich aussehen.

Schreibweise fremdsprachlicher Begriffe Begriffe aus fremden Sprachen, die nicht eingedeutscht wurden (= nicht im Duden stehen), werden als Zitatwörter behandelt und wie in der Ausgangssprache geschrieben. Sie sollten dann durch Anführungszeichen oder eine Hervorhebung wie Kursivschrift gekennzeichnet werden.

> In seinem Vortrag hob er die Bedeutung des „cultural heritage" [oder: *cultural heritage*] seines Landes hervor.

11.3.1 Aus dem Englischen

Häufig hört sich der englische Begriff „irgendwie anspruchsvoller" an und wird deshalb unnötigerweise verwendet.

> Aus den Beiträgen geht hervor, dass vor allem der **Impact** der gesellschaftlichen Veränderungen im Vordergrund stand.

Auf Deutsch:

> Aus den Beiträgen geht hervor, dass vor allem **die Auswirkungen** der gesellschaftlichen Veränderungen im Vordergrund standen.

Auch der falsche Gebrauch (hier ein falscher Plural) wirkt nicht gut.

> Wer von **Point of Sales** (statt richtig **Points of Sale**) spricht, macht deutlich, dass er das Wort gar nicht verstanden hat.

Das Gleiche gilt für eine falsche Übersetzung.

> Den Kritikern ist zu entgegnen, dass **am Ende des Tages** nur die Zahlen der Bilanz relevant sind.

Hier ist keineswegs der Abend eines bestimmten Tages gemeint. *Am Ende des Tages* ist im Englischen eine Umschreibung für *letztlich, schließlich*. Richtig muss es heißen:

> Den Kritikern ist zu entgegnen, dass **letztlich** nur die Zahlen der Bilanz relevant sind.

Manchmal klingen englische Begriffe wie deutsche und verleiten zu falschen Deutungen.

„Falsche Freunde"

> Die **Obama-Administration** bestellte den Botschafter zu einer Klärung dieser Frage ein.

Kann aber denn eine *Administration = Verwaltung* einen Botschafter einbestellen? Wohl kaum. Das kann nur die *Regierung,* und in der Tat ist das hier die richtige Übersetzung für das englische *administration.* Richtig muss es heißen:

> Die **Regierung Obama** bestellte den Botschafter zu einer Klärung dieser Frage ein.

Solche Wörter werden auch als „falsche Freunde" bezeichnet; s. dazu die folgende Tabelle, die wichtige derartige Verwechslungen auflistet (Tabelle 6).

Tabelle 6: Leicht verwechselbare Wörter Deutsch – Englisch

Deutsch → Englisch	Englisch → Deutsch
Administration (Verwaltung): auch *administration, management*	administration: *Regierung*
Akte: *file*	act: *Gesetz*
aktuell: *topical, current*	actual(ly): *wirklich, tatsächlich*
Argument: *point, reason*	argument: *Argument*, aber auch: *Streit, Diskussion*
Billion: *billion* (brit.), *trillion* (amerik.) Achtung: Auch im britischen Sprachgebrauch beginnt sich die amerikanische Version durchzusetzen.	billion (amerik.): *Milliarde* billion (brit.): *Billion*
Daten: *data*	dates: *Termine, Verabredungen*
dementiert: *denied*	demented: *demenzkrank*
Direktion: *management*	direction: *Richtung*
eventuell: *possible*	eventually: *irgendwann, schließlich*
Fraktion: *parliamentary party, group*	fraction: *Bruchteil, Bruchzahl*
Fund: *discovery*	fund: *Fonds*
Grund: *reason*	ground: *(Erd-)Boden*
hart: *hard*	hardly: *kaum*
irritieren: *to confuse*	to irritate (somebody): *jemanden verärgern*
konkret: *specific*	concrete: *Beton*
konsequent: *consistent*	consequent(ly): *daraus folgend, infolgedessen*
Konzept: *draft, plan*	concept: *Begriff, Idee*
Meinung: *opinion*	meaning: *Bedeutung*
offensiv: *aggressive*	offensive: *beleidigend, unverschämt*
ordinär: *vulgar, crude*	ordinary: *gewöhnlich*
pathetisch: *emotional, dramatic*	pathetic: *erbärmlich, lächerlich, jämmerlich*
prägnant: *concise*	pregnant: *schwanger*
prinzipiell: *fundamental*	principal: *hauptsächlich*
Quote: *rate*	quote: *Zitat*
realisieren (verwirklichen): *to implement*	to realize: *einsehen, begreifen*
relevant: *pertinent*	relevant: *betreffend, der Betreffende*
rentabel: *profitable*	rentable: *vermietbar*
resignieren: *to give up*	to resign: *zurücktreten*
sensibel: *sensitive*	sensible: *vernünftig, bewusst*
seriös: *respectable*	serious: *ernst*
Silikon (eine Verbindung): *silicone*	silicon: *Silizium* (chemisches Element)
sparen: *to save*	to spare: *verschonen*

sympathisch: *nice, friendly, pleasant*	sympathetic: *teilnahmsvoll, wohlwollend*
Thema: *subject, topic*	theme: *Motto*
Unternehmer: *entrepreneur*	undertaker: *Bestatter*

11.3.2 Fremdwörter anderen Ursprungs

In wissenschaftlichen Arbeiten werden auch gern Fremdwörter aus anderen Sprachen, insbesondere aus dem Griechischen, Lateinischen und Französischen, herangezogen.

Auch diese Fremdwörter können verwechselt werden, wenn sie ähnlich wie deutsche Wörter oder andere Fremdwörter klingen. Da wird etwa die *Rezension* (Buchbesprechung) mit der *Rezession* (Konjunkturrückgang) verwechselt. So etwas ist peinlich.

Peinliche Verwechslungen

Ein Autor spricht von einer **Syphilisarbeit** und meint damit eine nicht enden wollende Plackerei. Die Syphilis ist aber eine Krankheit. Richtig wäre gewesen: **Sisyphusarbeit**, nach dem griechischen Sisyphos [Sisyphus] – dieser muss einen Felsblock einen Berg hinaufwälzen, aber jedes Mal rollt dieser kurz vor dem Gipfel wieder herunter, und Sisyphos fängt von Neuem an.

Im Folgenden finden Sie eine Übersicht zu häufig verwechselten Fremdwörtern (Tabelle 7).

Tabelle 7: Häufig verwechselte Fremdwörter

Begriff	ähnlich klingend
arisch: zur Sprachgruppe der Arier gehörig	*archaisch*: altertümlich, auf einer frühen Entwicklungsstufe
distanziert: zurückhaltend, verschlossen	*dispensiert*: von etwas befreit, beurlaubt
emigrieren: auswandern	*immigrieren*: einwandern
Eremit: Einsiedler	*Emerit*: (bei bestimmten Berufen) Person im Ruhestand
ethnisch: einer Volksgruppe zugehörig	*ethisch*: die Ethik (Philosophie) betreffend
hermetisch: verschlossen	*hermeneutisch*: (einen Text) auslegend
Katheder: (Lehrer-)Pult	*Katheter*: medizinisches Instrument
Konifere: Nadelholzgewächs	*Koryphäe*: Experte
kulminieren: seinen Höhepunkt erreichen	*kumulieren*: anhäufen, ansammeln

ökonomisch: die Wirtschaft betreffend	*ökumenisch:* überkonfessionell
rational: vernunftbestimmt, sinnvoll	*rationell:* zweckmäßig, wirtschaftlich, effizient
Referenz: Empfehlung; etwas, auf was man sich bezieht	*Reverenz:* Respekt, Hochachtung
renitent: widerspenstig	*resistent:* widerstandsfähig
Resistenz: Widerstandsfähigkeit	*Resilienz:* psychische Widerstandskraft
Rezension: Buchbesprechung	*Rezession:* Konjunkturrückgang
Syphilis: Geschlechtskrankheit	*Sisyphos [auch: Sisyphus]:* Gestalt der griechischen Mythologie
tendenziell: der Tendenz nach	*tendenziös:* einseitig, nicht objektiv

Grammatikalische Probleme Ebenso ist nicht immer klar, wie grammatikalisch mit dem Fremdwort zu verfahren ist.

- Beim **Plural** können Probleme auftreten:

> Schreiben Sie nicht von den **Praktikas** (statt richtig **Praktika**), die bei der Lehrerausbildung immer stärker an Bedeutung gewinnen.

- Das Gleiche gilt für den **Genitiv.** Hier bereiten insbesondere die Fremdwörter auf *-us* Kopfzerbrechen, z. B. das Wort *Terminus.* Diese Wörter bleiben im Genitiv generell endungslos,[12] also:

> Die Verwendung **des Terminus** muss im jeweiligen Kontext gesehen werden.

Schauen Sie im Zweifelsfall in einem Wörterbuch oder im Internet, z. B. auf www.duden.de, nach.

11.4 Einzelprobleme

Wortpaare: vergessene Elemente Wenn Sie bei **Wortpaaren** das erste Element (z. B. *einerseits*) anführen, wartet die Leserin auf das zweite Element (*andererseits*) – fehlt es, ist sie irritiert.

---

12 Ausnahmen sind der *Bonus* (*des Bonus* und *des Bonusses*) und der *Globus* (*des Globus* und *des Globusses*).

> Zu bemängeln sind **zum einen** das nicht ausreichend begründete methodische Vorgehen und der teilweise unstrukturierte Fragebogen. Diese Schwächen ...

Hier fehlt das *zum anderen*. Es muss ergänzt werden.

> Zu bemängeln sind **zum einen** das nicht ausreichend begründete methodische Vorgehen und **zum anderen** der teilweise unstrukturierte Fragebogen. Diese Schwächen ...

Bei Wortpaaren wie *sowohl – als auch* können sich die Begriffe nicht auf verschiedene Ebenen beziehen. Im folgenden Beispiel wird die *Bedeutung* der *medikamentösen Behandlung* gegenübergestellt:

Wortpaare: falsche Zuordnung

> Sowohl **die Bedeutung** der aktivierenden Maßnahmen (Krankengymnastik) als auch **die medikamentöse Behandlung** gehören zu den evidenzbasierten Therapieansätzen.

Die *Bedeutung* gehört aber nicht zu den Therapieansätzen. Hier hilft einfaches Weglassen:

> Sowohl **die aktivierenden Maßnahmen** (Krankengymnastik) als auch **die medikamentöse Behandlung** gehören zu den evidenzbasierten Therapieansätzen.

Häufig meint man den **Begriff**, spricht aber von der **Tatsache**.

Verwechslung Begriff – Tatsache

> Beim **B2C-Business** steht *B* für *Business* und *C* für *Consumer*.

Es geht hier aber um eine begriffliche Erklärung des *Wortes* „B2C-Business", nicht um die Geschäftsbeziehung. Also:

> Bei **dem Begriff B2C-Business** steht *B* für *Business* und *C* für *Consumer*.

Fehlt ein Begriff, obwohl *inhaltlich* ein **Gegensatz** zu erkennen ist, irritiert das die Leserin.

Gegensatz oder nicht?

> Der Parteiführer behauptet in seiner nach dem Krieg erschienenen Autobiographie, er habe keinerlei Kontakte mit den Be-

> satzern unterhalten. Dokumente aus dem staatlichen Archiv beweisen, dass er hier die Unwahrheit sagt.

Der inhaltliche Gegensatz *Behauptung – Dokumente, die das Gegenteil beweisen* findet keine Entsprechung in der Sprache. Besser:

> Der Parteiführer behauptet in seiner nach dem Krieg erschienenen Autobiographie, er habe keinerlei Kontakte mit den Besatzern unterhalten. Dokumente aus dem staatlichen Archiv beweisen **jedoch**, dass er hier die Unwahrheit sagt.

Ein sprachlicher Begriff kann auch dann für Eindeutigkeit sorgen, wenn nicht klar ist, ob ein Gegensatz vorliegt.

> In dieser Zeit **entsteht** eine Theorie, die in wesentlich stärkerem Maße als zuvor psychoanalytisch orientiert ist und zu kontroversen Diskussionen führt. Diese Dekade **ist geprägt** von älteren Auffassungen, die nach wie vor von zahlreichen Anhängern vertreten werden.

Die Leserin versteht die Verbindung zwischen der neuen Theorie und den älteren Auffassungen nicht. Bedeutet es, dass die Theorie zwar entsteht, aber die Dekade (im Gegensatz dazu?) *noch* von älteren Auffassungen geprägt ist?

> In dieser Zeit **entsteht** eine Theorie, die in wesentlich stärkerem Maße als zuvor psychoanalytisch orientiert ist und zu kontroversen Diskussionen führt. Diese Dekade **ist jedoch noch geprägt** von älteren Auffassungen, die nach wie vor von zahlreichen Anhängern vertreten werden.

Aufzählung oder Erläuterung?

Auch bei **Aufzählungen** kann es zu Unklarheiten kommen. Bei einer Aufzählung steht vor dem letzten Element kein Komma: *Bilbo, Frodo und Sam* = drei Personen.

Ist ein Element aber eine *erläuternde Ergänzung* zu einem vorangegangenen Begriff, wird es in Kommas eingeschlossen: *Bilbo, ein Hobbit, und Gandalf,* also zwei Personen. Die Ergänzung zu *Bilbo* ist *ein Hobbit,* entsprechend wird sie in Kommas gesetzt. Ohne dieses Komma ginge es erstens um *Bilbo,* zweitens um einen (nicht namentlich genannten) *Hobbit* und drittens um *Gandalf* = drei Personen.

Bei den Hobbits dürften viele Leser wissen, was gemeint ist. Manchmal aber ergeben beide Versionen Sinn, und das irritiert. Beispiel:

> Gefordert wurden eine **staatliche Aufsicht**, eine mit ausreichenden Befugnissen ausgestattete **Institution** sowie entsprechende **Sanktionsmöglichkeiten**.

Bei diesem Satz handelt sich um eine Aufzählung: Gefordert wurden erstens *eine Aufsicht*, zweitens *eine Institution* und drittens *Sanktionsmöglichkeiten*. Die andere Version:

> Gefordert wurden eine staatliche **Aufsicht**, [also] eine mit ausreichenden Befugnissen ausgestattete Institution, sowie entsprechende **Sanktionsmöglichkeiten**.

Das Komma hinter *Institution* macht aus der ursprünglichen Aufzählung mit drei Gliedern *(Aufsicht, Institution, Sanktionsmöglichkeiten)* eine mit zwei *(Aufsicht, Sanktionsmöglichkeiten)*. Der Einschub *eine mit ausreichenden Befugnissen ausgestattete Institution* erläutert das erste Element, nämlich die *Aufsicht*.

Wird das **Objekt** eines Satzes an den Anfang gestellt, kann das zu Irritationen führen: Die Leserin glaubt zunächst, es handle sich um das *Subjekt* des Satzes, und erkennt erst beim Weiterlesen den richtigen Sinn.

Objekt am Anfang

Solche Fälle können beim Dativ *(wem?)* vorkommen, wenn nur die Begriffe, ohne weitere Ergänzungen, angegeben werden.

> **Einstellungen**, die für Toleranz stehen, wird von der Mehrheit der Befragten zugestimmt.

Den Einstellungen wird zugestimmt (Dativ).
Erst wenn ergänzende Begriffe dazukommen, wird die Konstruktion des Satzes sofort deutlich.

> **Solchen** Einstellungen, die für Toleranz stehen, wird von der Mehrheit der Befragten zugestimmt.

Die Ähnlichkeit Nominativ (*Wer*-Fall) – Akkusativ (*Wen*-Fall) kann die gleichen Probleme bereiten. Hier taugen jedoch oftmals auch Ergänzungen des betreffenden Begriffs nicht zur Unterscheidung.

> **Die dadurch hervorgerufene Verunsicherung bestärkte** zum Teil noch **die Opposition**, indem diese wiederholt die negativen Folgen für die landwirtschaftlichen Kleinbetriebe aufzeigte.

Die dadurch hervorgerufene Verunsicherung kann Nominativ *(wer?)* oder Akkusativ *(wen?)* sein. Hier wird im ersten Moment der Eindruck erweckt, dass die Verunsicherung etwas tat, nämlich *bestär-ken*. Ein Passivsatz ist hier eindeutig:

> **Die dadurch hervorgerufene Verunsicherung wurde** zum Teil noch **durch die Opposition bestärkt**, indem diese wiederholt die negativen Folgen für die landwirtschaftlichen Kleinbetriebe aufzeigte.

11.5 Achtung: Verwechslungsgefahr!

Einige Begriffe werden häufig verwechselt. Das kann Ihre Leserin verwirren und einen schlechten Eindruck machen.

Anscheinend – scheinbar

Der Begriff **anscheinend** ist unproblematisch. Dagegen müssen Sie bei **scheinbar** vorsichtig sein.

Anscheinend bedeutet: Etwas ist so, wie es den Anschein hat. Gemeint ist: *offenbar, offenkundig, allem Anschein nach.*

> Die führenden Wirtschaftstheoretiker der damaligen Zeit waren **anscheinend** nicht gewillt, sich ernsthaft mit den neuen Theorien auseinanderzusetzen.

Die Wirtschaftstheoretiker haben sich also nicht ernsthaft mit den Theorien auseinandergesetzt.

Scheinbar bedeutet: Etwas erweckt nur den äußeren Eindruck, ist tatsächlich aber nicht so. Gemeint ist: *vorgeblich, angeblich, nicht in Wirklichkeit.* Wenn Sie *scheinbar* schreiben, wartet der Leser darauf, dass Sie ihm angeben, wie es denn in Wirklichkeit ist. Glauben Sie nicht, dass das eine Spitzfindigkeit ist. Ein geübter Leser kennt den Unterschied sehr wohl.

> Die Quantenmechanik und die Relativitätstheorie brachten bis daher **scheinbar** unveränderliche Vorstellungen über die Materie ins Wanken.

Die Vorstellungen waren nicht so unveränderlich, wie man angenommen hatte, und mussten revidiert werden.

Der Begriff **damalig** meint: *zu jenem Zeitpunkt, in jener Zeit.* **Ehemalig** bedeutet: *Jetzt ist es nicht mehr so, es ist vergangen.*

Damalig – ehemalig

> Die **damalige** Vorsitzende der Gewerkschaft wies die Forderungen zurück [= damals, als sie sie zurückwies, war sie Vorsitzende].
> Die **ehemalige** Vorsitzende der Gewerkschaft wies die Forderungen zurück [= zu jenem Zeitpunkt, als sie sie zurückwies, war sie nicht mehr Vorsitzende].

Die Verwechslung der beiden Begriffe **das** und **dass** ist ein ausgesprochener Klassiker. Vielfach wird gefragt, warum man das bei der Rechtschreibreform nicht vereinheitlicht hat.

Das – dass?

Die Antwort ist einfach: Es handelt sich um verschiedene Wörter. Sie werden gleich ausgesprochen, aber verschieden geschrieben.

Das Wort *das* hat mehrere Funktionen.

- *das* als Form des Artikels: Hier kann das Wort *das* durch *dieses* ersetzt werden.

> **das** Haus → **dieses** Haus

- *das* als hinweisendes Fürwort: Hier kann das Wort *das* durch *dies* oder *dieses* ersetzt werden.

> Ich kann **das** nicht glauben. → Ich kann **dies** nicht glauben.

- *das* als Stellvertreter für einen vorangegangenen Begriff: Hier kann das Wort *das* durch *welches* ersetzt werden.

> Das Haus, **das** du dort siehst, ist leider nicht meins. → Das Haus, **welches** du dort siehst, ist leider nicht meins.

Beim Wort *dass* handelt es sich um ein Bindewort (eine sogenannte Konjunktion), das einen Nebensatz einleitet (Nebensätze sind Sätze, die nicht allein stehen können – es „fehlt" etwas). Das Wort *dass* lässt sich nicht durch *dies, dieses* oder *welches* ersetzen.

Das Wort *dass* findet sich besonders nach Ausdrücken wie *annehmen, glauben, hoffen, meinen, sagen, betonen, behaupten* und steht mit wenigen Ausnahmen am Anfang eines Satzes.

> Die Autorin geht davon aus, **dass** die gewonnenen Erkenntnisse auf andere Situationen übertragbar sind.

Indem – in dem

Der Begriff **indem** steht oft für *dadurch, dass*. Die Kombination **in dem** dagegen ist nur ein Zusammentreffen der Präposition *in* mit einer Form des Artikels *(der → dem)*; man könnte hier auch *in welchem* sagen.

> Michael Faraday schuf die Grundlage für die Theorie des elektromagnetischen Feldes, **indem** [dadurch, dass] er die Induktionserscheinung auf bestimmte Kraftlinien und Felder zurückführte.
>
> Michael Faraday veröffentlichte 1832 einen Artikel, **in dem** [= in welchem] er über seine Erkenntnisse zur elektromagnetischen Induktion berichtete.

Seid – seit

Der Begriff **seid** ist einfach die Form von *sein*, wenn man mehrere Personen anspricht.
Seit bezieht sich auf einen Zeitpunkt, zu dem ein bestimmter Vorgang begonnen hat.

> *Aus einem Fragebogen:* **Seid ihr** mit dem Freizeitangebot in eurer Stadt zufrieden?
>
> **Seit dem 26. März 2009** ist die UN-Behindertenrechtskonvention in Deutschland geltendes Recht.

Sie – sie?

Die Verwechslung von **Sie** (groß) und **sie** (klein) ist ungemein häufig. Die Schreibung hängt davon ab, wer oder was gemeint ist. Spricht man *von* Dingen oder Personen, schreibt man das *sie* klein.

> Das konnten oder wollten **sie** nicht wiederholen. **Statt:** Das konnten **diese Leute** nicht wiederholen.

Spricht man Personen höflich *an*, schreibt man groß.

> Könnten **Sie** das bitte wiederholen? **Statt:** Könntest **du** das bitte wiederholen?

Manchmal ist ein falsches *Sie* auch der Quell großer Heiterkeit: dann nämlich, wenn jemand durch das *Sie* ungewollt seinen Leser anspricht.

Ein Student schreibt in seiner Arbeit über die Vertreter der Gattung Megatherium: *„Denn Sie wurden intensiv durch den Menschen bejagt."* Er meint die Tiere.
Der Professor fühlt sich aber – zu Recht, es heißt ja *Sie* (= Anrede) – angesprochen. Er schreibt süffisant an den Rand, ob seine Seminare so schlecht seien, dass man ihn für ein Riesenfaultier halte.

In wissenschaftlichen Texten überwiegt deutlich die Form *sie* als Bezeichnung für Dinge oder Personen. Die Höflichkeitsanrede *Sie* kommt eher selten vor, bevorzugt bei Fragebögen und Interviews.

Bewerten **Sie** auf einer Skala von 1 (= ohne Bedeutung) bis 10 (= sehr große Bedeutung) ...

Seien Sie also auf der Hut, wenn Sie *Sie* geschrieben haben. Überprüfen Sie, ob Sie wirklich eine Anrede bezweckt haben. Wenn Sie nicht sicher sind, ob es *Sie* oder *sie* heißt, ersetzen Sie das *Sie* probeweise durch *du* oder *ihr*. Bleibt der Sinn des Satzes erhalten – wenn auch etwas unhöflicher –, ist das *Sie* richtig.

Bei den dazugehörigen Formen wie *Ihre* und *ihre* gelten die gleichen Regeln für die Groß- und Kleinschreibung: *Ihre* bei der Anrede, *ihre*, wenn Sie von anderen Personen/Dingen sprechen. Ausnahme: Das Wort *sich* wird immer kleingeschrieben.

Das Wort **wieder** wird gebraucht im Sinne von *erneut, noch einmal – etwas Gesagtes wiederholen, einen Text wiedergeben. Wider* dagegen bedeutet *gegen*, wie etwa in *Widerstand*. Besonders häufig wird *widerspiegeln* falsch geschrieben.

Wieder – wider

Im Folgenden werden die ursprünglichen Aussagen **wiedergegeben**.

Die Verankerung der Parteiendemokratie im Grundgesetz **spiegelt** diese Auffassung **wider**.

Teil III: Die Formatierung mit Word

12 Legitime Faulheit – den Text mit dem Computer bearbeiten

Ein Textverarbeitungsprogramm bietet vielfältige Möglichkeiten, sich die Arbeit zu erleichtern. Es lohnt sich, wichtige Funktionen kennenzulernen, die das Arbeiten nicht nur effizienter machen, sondern auch mehr Sicherheit vor unliebsamen Überraschungen (vorzugsweise kurz vor der Abgabe) bieten.

12.1 Zu Beginn: einige Tipps

Tipp 1: Erzeugen Sie ganz bequem viel Übungstext

Übungstext erzeugen

Wenn Sie schnell große Mengen Text erzeugen wollen, z. B. um in einer gesonderten Datei eine Word-Funktion auszuprobieren, benutzen Sie eine der beiden unten genannten Formeln.

Voraussetzung ist die aktivierte Autokorrektur: → Datei → Optionen → Dokumentprüfung → Autokorrektur-Optionen → Autokorrektur → Häkchen bei Während der Eingabe ersetzen.[13]

Sie schreiben die jeweilige Formel einfach in ein leeres Dokument und bestätigen mit $\boxed{\text{Return}}$.

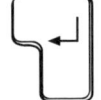

- =Rand (n,n): *Gleichheitszeichen + Wort „Rand" + Leerzeichen + öffnende Klammer + beliebige Zahl + Komma + beliebige Zahl + schließende Klammer +* $\boxed{\text{Return}}$
  Die Buchstaben *n* stehen hier für Zahlen, die Sie selbst auswählen können. Die linke Zahl steht für die Anzahl der Absätze, die rechte für die Anzahl der Sätze pro Absatz. Es erscheint ein Text zu Word-Funktionen.

=Rand (7,3) ergibt 7 Absätze mit jeweils 3 Sätzen.

- =Lorem (n,n): *Gleichheitszeichen + Wort „Lorem" + Leerzeichen + öffnende Klammer + beliebige Zahl + Komma + beliebige Zahl + schließende Klammer +* $\boxed{\text{Return}}$

Hier erscheint ein (verstümmelter) lateinischer Text.

---

13 Die Funktion → Optionen finden Sie in der vertikalen Leiste unter → Datei.

Tipp 2: Erzeugen Sie Test-Dateien zum Ausprobieren
Wenn Sie sich bei Formatierungen nicht sicher sind, speichern
Sie Ihren Text einfach unter einem anderen Namen ab, z. B. TEST.
Achten Sie aber darauf, dass Sie den Text mit den Änderungen,
die Sie bis zu diesem Zeitpunkt vorgenommen haben, zunächst
unter dem Originalnamen abspeichern, bevor Sie die Test-Datei
erzeugen. Sie wollen ja nicht, dass Ihre Änderungen nur in die
Test-Datei wandern.

Neues mit
Test-Dateien
ausprobieren

Tipp 3: Nutzen Sie die Direkthilfe
Die Direkthilfe wird mit der Kombination Shift + F1 angezeigt
(Beenden mit → SCHLIESSEN). Hier werden beim Anklicken von
Text die genauen Formatierungswerte wie Schriftart, Schriftgröße
oder Einzüge angegeben.

Die Direkthilfe
nutzen

⇧ + F1

Tipp 4: Lassen Sie sich die Formatierungszeichen anzeigen
→ START → ¶ (das Alinea-Zeichen in der → Gruppe ABSATZ rechts
oben)
Diese Funktion ist ein sehr wichtiges Hilfsmittel beim Formatieren. Sie wollen ja wissen, was Ihre Textverarbeitung so treibt. Mit
der Anzeige der Formatierungszeichen können Sie z. B. mehrere
Leerzeichen von einem Tabulator unterscheiden.

Formatierungs-
zeichen anzeigen
lassen

Tipp 5: Lassen Sie sich veränderbare Werte anzeigen
→ DATEI → OPTIONEN → ERWEITERT → DOKUMENTINHALT ANZEI-
GEN → FELDSCHATTIERUNG
Stellen Sie auf *immer*. Feldschattierung bedeutet, dass ein verän-
derbarer Wert (z. B. eine aktualisierbare Seitenzahl) grau unter-
legt ist: Das ist eine wichtige Information für Sie. Die graue Unterlegung wird nicht mitgedruckt.

Veränderbare
Werte sichtbar
machen

12.2 Bearbeiten des Textes: hilfreiche Funktionen

12.2.1 Vorgang wiederholen

Einen Vorgang lassen Sie am einfachsten mit dem Tastaturbefehl Strg. + Y noch einmal ausführen. Wenn Sie z. B. über → Start → Gruppe Absatz (Pfeil rechts unten) → Einzüge und Abstände → Sondereinzug → Hängend in einer Zeile einen hängenden Einzug eingestellt haben und dies an einer anderen Stelle ebenso machen wollen, reicht dieser Befehl. Das Anklicken der neuen Stelle zählt dabei nicht mit!

12.2.2 Ausschneiden, kopieren und einfügen

Das Ausschneiden, Kopieren und Einfügen von Text gehört zu den wichtigsten Funktionen beim Bearbeiten eines Textes. Sie können das mit der Maus machen – dabei haben Sie sogar mehrere Möglichkeiten – oder mit der Tastatur.

- Einfaches Verschieben: den Text markieren und ihn mit dem Cursor an eine neue Stelle ziehen. Wenn Sie beim Verschieben des Textes zusätzlich Strg. drücken, kopieren Sie ihn; er bleibt also an der ursprünglichen Stelle erhalten.
- Text zu weiter entfernten Stellen transportieren: den Text markieren, dann → Start → (links) Bereich Zwischenablage: → Ausschneiden (bzw. → Kopieren) und → Einfügen. Der Text wird in einer Zwischenablage gespeichert.
- Die Befehle → Ausschneiden, → Kopieren und → Einfügen erscheinen auch im Kontextmenü (rechte Maustaste).
- Die entsprechenden Befehle auf der Tastatur lauten: Ausschneiden: Strg. + X; Kopieren: Strg. + C; Einfügen: Strg. + V.

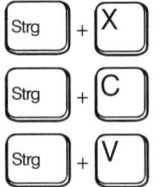

Wenn Sie Text ausschneiden/kopieren und wieder einfügen wollen, werden Sie unter Umständen gefragt, in welcher Form der Text eingefügt werden soll. Das spielt eine Rolle, wenn Sie Text mit einer anderen Formatierung einfügen wollen. Ihnen werden dann verschiedene Optionen angezeigt. Die wichtigsten (Abb. 25):

**Abb. 25: Wichtige Einfügeoptionen
beim Kontextmenü**

- Der Pinsel: → URSPRÜNGLICHE FORMATIERUNG BEIBEHALTEN (U)
  Diese Option wählen Sie, wenn Sie etwas an Ihrer Zielstelle genauso übernehmen wollen, wie Sie es ausgeschnitten/kopiert haben. Es kann passieren, dass trotzdem der Text nicht in der ursprünglichen Form erscheint. Machen Sie dann einen neuen Versuch und achten Sie dabei darauf, dass Sie beim Ausschneiden/Kopieren die Absatzmarke ¶ des neuen Textes mit erfassen – dort befinden sich die Formatierungsmerkmale für den Text.
- Der Pfeil: → FORMATIERUNG ZUSAMMENFÜGEN (M)
  Diese Option überträgt die an der Zielstelle vorhandene Formatierung auf den ausgeschnittenen/kopierten Text. Fügen Sie beispielsweise Text mit *Calibri* in einen Text mit *Times New Roman* ein, erscheint der neue Text in *Times New Roman*. Direkte Formatierungen wie Kursivschrift bleiben erhalten. Wichtig für die Arbeit mit verschiedenen Formatvorlagen: Übernommen werden die Eigenschaften der Formatvorlage, die für die Zielstelle gilt.
- Das Grafiksymbol: → GRAFIK (A)
  Das Kopierte/Ausgeschnittene wird als Grafik eingefügt.
- Das A: → NUR DEN TEXT ÜBERNEHMEN (T)
  Hier verschwinden alle ursprünglichen Formatierungen des übertragenen Textes, übernommen wird das Format an der Zielstelle. Hervorhebungen wie Kursivschrift fallen weg, Grafiken werden weggelassen, Tabellen in Text umgewandelt.

Eine kleine Einfügeschaltfläche erscheint jeweils, wenn Sie den folgenden Befehl aktivieren:
→ Datei → Optionen → Erweitert → Ausschneiden, Kopieren und Einfügen → Häkchen bei Schaltfläche für Einfügeoptionen anzeigen, wenn Inhalt eingefügt wird. Wenn Ihnen die Einfügemarke lästig ist, deaktivieren Sie die Funktion.

12.2.3 Die Rechtschreibprüfung und die Autokorrektur nutzen

Word kann Fehler markieren und sogar selbstständig korrigieren. Die damit verbundenen Funktionen sind durchaus sinnvoll und können Ihnen viel Zeit und Arbeit ersparen – wenn Sie sie bändigen und richtig einsetzen.

Bereich Rechtschreibung
→ Datei → Optionen → Dokumentprüfung → Deutsch: neue Rechtschreibung verwenden
Diese Funktion sollte aktiviert sein.
- Sie können die Rechtschreibung und Grammatik schon während des Schreibens überprüfen lassen, wenn Sie die roten (Rechtschreibung) und grünen (Grammatik) Kringel nicht als störend, sondern als hilfreich empfinden.
→ Rechtschreibung während der Eingabe überprüfen → Grammatikfehler während der Eingabe markieren
Sie können mit der rechten Maustaste auf das unterkringelte Wort klicken und mit dem erscheinenden Kontextmenü auswählen: den Änderungsvorschlag von Word übernehmen, die Mäkelei von Word ignorieren oder, wenn ein Wort zu Unrecht angemeckert wird, es zum Word-eigenen Wörterbuch hinzufügen (Abb. 26).
- Sie können auch erst am Schluss, wenn Sie mit dem Schreiben fertig sind, einen kompletten Durchlauf auf der Suche nach Fehlern machen:
→ Überprüfen → Rechtschreibung und Grammatik

Die Grenzen der Prüfung
Word markiert sofort jedes (seiner Meinung nach) falsch geschriebene Wort. Das sind allerdings nicht nur echte Fehler: Word vergleicht den Text mit einem programmeigenen Wörterbuch. Alles, was dort nicht enthalten ist, wird als falsch markiert.

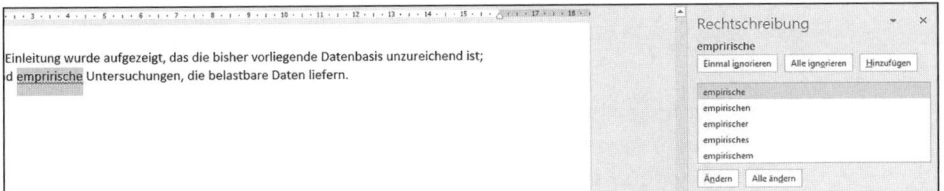

Abb. 26: Rechtschreib- und Grammatikprüfung

Manches immerhin findet Word:

> Es wurde aufgezeigt, das die bisherige Datenbasis unzureichend ist:
> Word findet das falsche *das* (es müsste *dass* heißen).

Auch einfache Buchstabendreher erkennt das Programm in der Regel und macht den richtigen Vorschlag.

> Bei *demographsicher* macht es den korrekten Vorschlag *demographischer.*

Besonders bei der Zusammenschreibung von Wörtern hat Word aber große Schwierigkeiten und will das sogenannte *Deppenleerzeichen* (ein falsches Leerzeichen bei Wörtern, die zusammengeschrieben werden) einfügen. Es ist (leider) nicht direkt mit der Duden-Redaktion verbunden.

> Aus der richtigen Schreibung *Pietismusforschung* macht es *Pietismus Forschung.*

Dass es auch bei Namen und Fachbegriffen nicht weiterweiß, ist erklärlich, denn es greift nur auf ein vorgegebenes Wörterbuch zu.

> Aus dem römischen Feldherrn *Varus* möchte es ein *Virus* machen. Ein Geschichtsprofessor wäre da wohl nur bedingt amused ...

Können Sie keinen Fehler erkennen, fügen Sie den bemängelten, aber richtigen Begriff zum Wörterbuch hinzu.

Ebenso übersieht Word häufig Fehler bei zusammengesetzten Wörtern.

> Word kennt *Achilles*, und auch die *Verse* hat es in seinem Wörterbuch. Also hält es *Achillesverse* statt *Achillesferse* für richtig und markiert es nicht als falsch.

Vollends überfordert ist die Funktion, wenn es um **inhaltliche Fehler** geht, so etwa, wenn von *Region* statt von *Religion* die Rede ist. Für Word ist *Region* richtig geschrieben, und es sieht dort keinen Änderungsbedarf.

Sie sollten die Rechtschreibprüfung also durchaus nutzen, aber ihr nicht alles glauben. Im Zweifelsfall können Sie die richtige Schreibweise nachschlagen oder im Internet, z. B. bei *duden.de*, nachsehen. Zudem sollten Sie jemand Korrektur lesen lassen, der inhaltliche, sinnentstellende Fehler wie eben *Region* statt *Religion* bemerkt.

Bereich
Autokorrektur

→ DATEI → OPTIONEN → DOKUMENTPRÜFUNG → AUTOKORREK-TUR-OPTIONEN → AUTOKORREKTUR

Es erscheint die Dialogbox *Autokorrektur: Deutsch (Deutschland)* (Abb. 27).

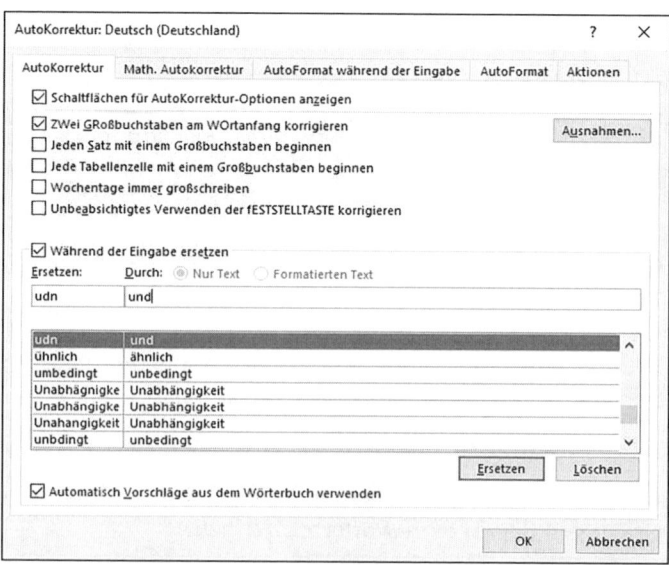

Abb. 27: Die Dialogbox *Autokorrektur: Deutsch (Deutschland)*

Achten Sie zunächst auf:

- → Zwei Grossbuchstaben am Wortanfang korrigieren
Aktivieren Sie die Funktion, wenn Sie dazu neigen, einen zweiten Buchstaben auch großzuschreiben. Dieser wird dann in einen Kleinbuchstaben umgewandelt. Bei nicht sinnvollen Änderungen wie *AGs* zu *Ags* können Sie das jeweils mit [Strg.] + [Z] oder dem *Rückgängig*-Button rückgängig machen.

- → Jeden Satz mit einem Grossbuchstaben beginnen
Word stellt dann nach jedem Punkt, auch etwa bei Abkürzungen wie *z. B.*, ungefragt auf Großschreibung um. Lassen Sie das besser deaktiviert.
Weiter unten finden Sie:
- → Während der Eingabe ersetzen

> Sie haben aus Versehen einen Doppelpunkt und daran anschließend (ohne Leerzeichen) eine öffnende Klammer :(geschrieben. Word macht daraus ein Smiley ☹. Das fehlende Leerzeichen hätte Ihre Betreuerin möglicherweise übersehen, aber das Smiley wird sie mit Recht für absolut deplatziert halten.

Im unteren Bereich der Dialogbox sehen Sie eine Tabelle. Diese gibt zunächst in der linken Spalte Zeichen an, die in der rechten Spalte durch Symbole ersetzt sind; hier können auch die Smileys erscheinen. Scrollen Sie in der Tabelle weiter nach unten, sehen Sie eine Liste falsch geschriebener Begriffe, die durch die richtigen Begriffe ersetzt werden. Sie können die Tabelle nach Belieben ergänzen, aber auch unerwünschte Ersetzungsvorschläge löschen.

Die Korrektur einzelner Begriffe festlegen

> Wenn Sie etwa immer *udn* statt *und* schreiben, geben Sie in der linken Spalte bei → Ersetzen *udn* ein und bei → Durch das richtige Wort *und*. Sobald Sie beim Schreiben Ihres Textes nach dem *udn* die Leertaste drücken, wird das Wort durch *und* ersetzt.
> Diese Funktion lässt sich auch hervorragend bei langen Wörtern nutzen. Statt beispielsweise immer mühsam *Wertschöpfungskette* zu schreiben, können Sie Word auf diese Weise anweisen, immer das Kürzel *WS* durch *Wertschöpfungskette* zu ersetzen. Mit der Großschreibung hindern Sie Word daran, die Buchstabenkombination *ws* mitten in einem Wort zu ersetzen.

Weitere Funktionen erhalten Sie, wenn Sie nun in der Dialogbox *Autokorrektur: Deutsch (Deutschland)* auf den Reiter → Autoformat während der Eingabe gehen.

Es erscheint die Dialogbox *Autokorrektur* (Abb. 28).

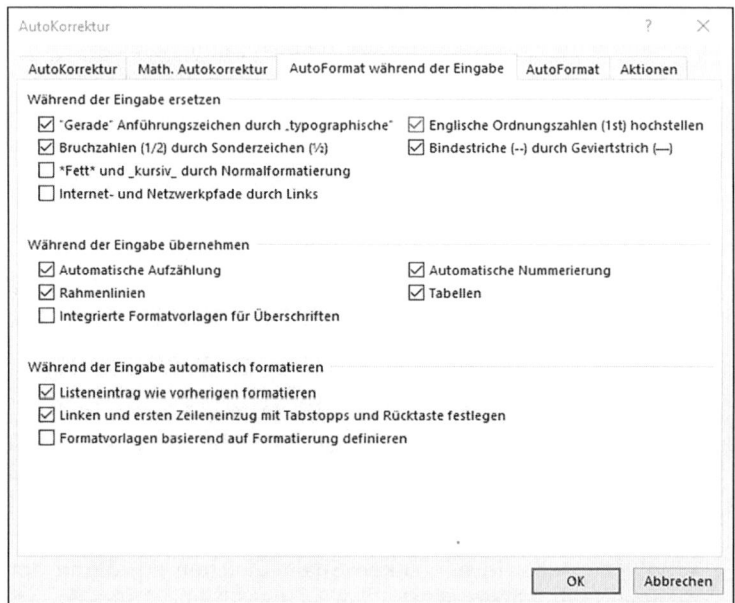

Abb. 28: Die Dialogbox *Autokorrektur*

Hier sind besonders zwei Funktionen wichtig:

* „Gerade" Anführungszeichen durch „typographische"
  Aktivieren Sie diese Funktion mit einem Häkchen. Der Grund: Es gibt keine geraden Anführungszeichen – die kleinen hochgestellten Striche sind Zollzeichen, nichts anderes. Sie brauchen dann nichts weiter zu tun: Sie drücken wie gewohnt auf Ihre Taste mit den Zollzeichen, und Word wandelt sie automatisch in richtige Anführungszeichen (Gänsefüßchen) um.[14] Falls Sie wirklich Zollzeichen benötigen, machen Sie die Ersetzung mit Strg. + Z oder dem *Rückgängig*-Button rückgängig.

---

14 Wenn Sie aber immer Zollzeichen gesetzt haben, weil Sie diese Funktion nicht kannten, können Sie die Zollzeichen auch später noch durch typographische Anführungszeichen ersetzen. Wie das funktioniert, erfahren Sie auf S. 322.

- INTERNET- UND NETZWERKPFADE durch LINKS
Hier geht es darum, Internetadressen automatisch durch *unterstrichene* Hyperlinks zu ersetzen. Durch die Unterstreichung sind je nach Schriftart die tiefgestellten Striche der Internetadresse aber nicht mehr erkennbar. Probieren Sie erst aus, ob die Striche trotz Unterstreichung noch erkennbar sind. Wenn nicht, deaktivieren Sie die Funktion.

12.3 Nicht auf der Tastatur: Sonderzeichen

Manchmal werden Zeichen benötigt, die nicht auf der Tastatur zu finden sind. Das kann zu falschen Ersatz-Darstellungen führen:

Falsch: Oeuvre
Richtig: Œuvre

Es gibt verschiedene Wege, diese Zeichen zu erzeugen.

12.3.1 Sonderzeichen per Dialogbox

→ EINFÜGEN → SYMBOL → WEITERE SYMBOLE → SYMBOLE (Abb. 29); die erscheinende Dialogbox *Sonderzeichen* bietet eine reiche Vielfalt, die von Währungszeichen bis hin zu Schriftsystemen wie Kyrillisch reicht. Wählen Sie im linken Feld bei → SCHRIFTART Ihre verwendete Schrift aus und suchen Sie dann das gewünschte Sonderzeichen. Klicken Sie auf → EINFÜGEN und bestätigen Sie mit → SCHLIESSEN.
Ein besonderer Service von Word: Wenn Sie auf → EINFÜGEN → SYMBOL gehen, wird Ihnen zunächst eine Auswahl der Zeichen präsentiert, die Sie zuletzt benutzt haben. Die können Sie dann direkt anklicken.

12.3.2 Sonderzeichen per Tastenkombination

In der Dialogbox *Sonderzeichen* ist auch eine Tastenkombination angegeben: im Fall des Œ-Zeichens ist das beispielsweise, wie in der Abbildung zu sehen, die Kombination ⌈Alt⌉ + 0140. Es handelt sich hier um den sogenannten ANSI-Code.

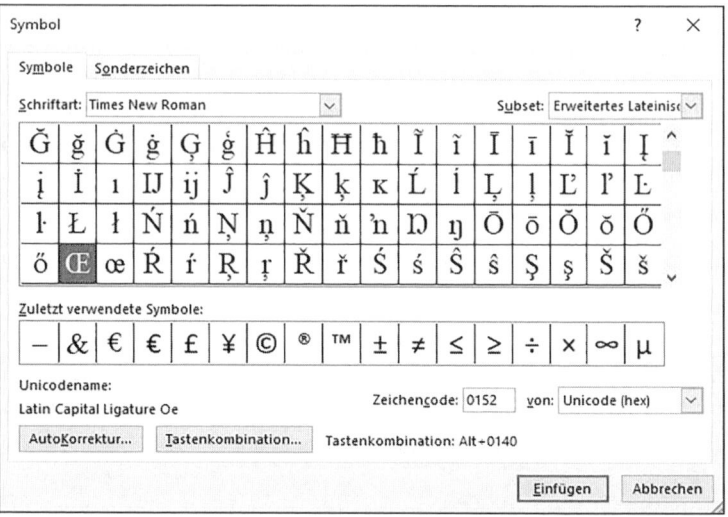

Abb. 29: Die Dialogbox *Sonderzeichen*

Der Vorteil: Die Eingabe per Alt + Nummer (auf dem Nummern-block) ist einfach und schnell. Das Sonderzeichen wird dabei an die verwendete Schriftart angepasst. Wenn Sie häufiger bestimm-te Sonderzeichen benötigen, können Sie sich mit Hilfe der Dia-logbox eine Liste mit den entsprechenden Tastenkombinationen zusammenstellen.

Beachten Sie:

- Sie müssen die Alt-Taste halten, während Sie die Nummer eingeben.
- Sie müssen die Nummer auf dem Nummernblock eingeben. Wenn das nicht funktioniert, ist der Nummernblock vielleicht deaktiviert – drücken Sie NUMLOCK über der 7 auf dem Num-mernblock.

- Bei manchen Computern wie Laptops gibt es keinen getrennten Zahlenblock; die Zahlen sind klein über den Tasten im norma-len Buchstaben- und Zahlenbereich aufgedruckt (über den Tas-ten MJKLUIO789). Ein möglicher Weg, sie zu erreichen, ist, zusätzlich zu Alt die Funktionstaste Fn zu drücken (und zu halten). Sehen Sie im Zweifelsfall für Ihren Computer nach, wie Sie zu den Nummernblock-Zeichen gelangen.

12.4 Richtig trennen mit Word

Beide Satzarten, Blocksatz (links- und rechtsbündig) wie Flattersatz (linksbündig mit verschieden langen Zeilen), brauchen eine
vernünftige Trennung. Besonders beim Blocksatz wird das aber
häufig vernachlässigt. Die Folge können dann riesige Löcher im
Text sein.

> Die   erhöhte   Produktion   von   Konsumgütern   und
> **Nahrungsmitteln** ließ die Abwanderungszahlen deutlich sin-
> ken.

Besser:

> Die erhöhte Produktion von Konsumgütern und **Nahrungsmit-**
> **teln** ließ die Abwanderungszahlen deutlich sinken.

Auch beim Flattersatz ist eine sinnvolle Trennung notwendig, um
große „Ausfransungen" am rechten Seitenrand zu vermeiden.
Word bietet unter LAYOUT [Word 2010: SEITENLAYOUT] → SILBEN-
TRENNUNG → AUTOMATISCH eine **automatische Trennfunktion** an,
die schon während des Schreibens in Aktion tritt. Man kann sie
aber auch für einen bereits geschriebenen Text aktivieren.

Die Word-
Trennfunktion

   Empfehlung: Lassen Sie die Trennungsfunktion von Word
während des Schreibens ausgeschaltet (→ KEINE) oder schalten
Sie sie nachträglich ab (→ KEINE), um vorhandene Trennungen
im Text zu entfernen. Erst am Schluss, wenn der Text fertig ist,
trennen Sie von Hand in einem Durchgang. Der Vorteil: Sie können dann jederzeit eingreifen, wenn das Programm unsinnig
trennen will (und das kommt vor!). Word bietet dazu die Option
→ MANUELL an. Die manuelle Trennung ist nicht so zeitaufwen-
dig, wie es sich anhört. Word startet einen Durchlauf durch den
Text und schlägt an den entsprechenden Stellen Trennungen vor,
die Sie dann jeweils kurz bestätigen oder korrigieren.

Unsinnige Word-
Trennungen

> Hilber-traum statt (richtig) Hilbert-raum

Es geht hier nicht um einen Traum, sondern um einen Begriff des
Mathematikers *David Hilbert*.
   Der Mehraufwand lohnt sich. Unsinnige Trennungen wirken
sich äußerst negativ auf den Gesamteindruck einer Arbeit aus.

Wenn Sie lieber die automatische Trennung aktiviert lassen wollen, können Sie sie dennoch für einen einzelnen Absatz ausschalten. Klicken Sie den betreffenden Absatz an und gehen Sie auf → Start → Gruppe Absatz (Pfeil rechts unten) → Zeilen- und Seitenumbruch → Keine Silbentrennung.

Manuelles Trennen im Einzelfall
Erzwingen Sie nie eine Trennung mit einem normalen Bindestrich (Taste Bindestrich)! Falls das Wort später in die Mitte der Zeile rückt, bleibt der Bindestrich sichtbar.

Individuelle Trennung: der bedingte Bindestrich
Nehmen Sie stattdessen den **bedingten Bindestrich**: Strg. + Bindestrich . Bei einer Anzeige der Formatierungszeichen erscheint der bedingte Bindestrich so: ¬.
Rückt das getrennte Wort später in die Zeile, bleibt der bedingte Bindestrich für künftige Trennungen erhalten, wird aber nicht aktiv.

Beispiel: Hier wurde ein normaler Bindestrich zur Trennung eingegeben.

> Es gibt viele Dinge, auf die man beim Schreiben von **wissenschaftlichen** Texten achten muss. Auch die Anwendung des Bindestrichs gehört dazu.

Ergänzung des Satzes: Das getrennte Wort steht nun mitten im Text und hat den Bindestrich mitgenommen.

> Es gibt *nun einmal* viele Dinge, auf die man beim Schreiben von **wissen-schaftlichen** Texten achten muss. Auch die Anwendung des Bindestrichs gehört dazu.

Im folgenden Beispiel wurde ein bedingter Bindestrich verwendet. Resultat: Als das Wort mit dem bedingten Bindestrich mitten in eine neue Zeile rutschte, wurde der Bindestrich deaktiviert. Erst am Ende einer Zeile würde er wieder aktiv werden.

> Es gibt *nun einmal* viele Dinge, auf die man beim Schreiben von **wissenschaftlichen** Texten achten muss. Auch die Anwendung des Bindestrichs gehört dazu.

Eine Trennung verhindern: der geschützte Bindestrich
Der umgekehrte Fall liegt beim **geschützten Bindestrich** vor. Word sieht einen Bindestrich innerhalb eines Wortes als günstige Gelegenheit, hier zu trennen – es fasst den Bindestrich als Trennstrich auf. Manchmal aber ist das nicht erwünscht, z. B., wenn verbote-

nerweise ein einzelner Buchstabe oder eine einzelne Ziffer abgetrennt würde.

Der geschützte Bindestrich hat eine „Sperrfunktion", die verhindert, dass Word ihn auch als Trennstrich nutzen kann. Er wird
erzeugt mit | Strg. | + | Shift | + | Bindestrich |, bei den ausgeblendeten
Formatierungssymbolen erscheint er als etwas längerer horizontaler Strich: –.

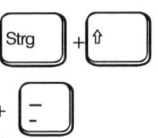

Falsch	Richtig
A- Form	A-Form
Schriftgröße und - art	Schriftgröße und -art

12.5 Zahlen oder Ziffern?

Nach einer alten Setzerregel werden Zahlen bis einschließlich
zwölf ausgeschrieben, danach in Ziffern geschrieben. Diese Regel
gilt jedoch nicht uneingeschränkt.

Zahlen werden **ausgeschrieben**,
wenn sie übersichtlich sind oder wenn es sich um unbestimmte
Angaben handelt.

> Er erläuterte das in seinen *vierzehn* Abhandlungen, die zwischen
> 1900 und 1920 erschienen.

> Es sind *mehrere hundert* Schriftstücke erhalten geblieben.

Zahlen werden in **Ziffern** geschrieben,
wenn sie im Text als Mengenangabe wichtig für die Aussage sind,
z. B. statistische Angaben.

> 42 Prozent

Finden sich in einer Aufzählung Angaben mit Zahlen *unter* und
über zwölf, werden sie einheitlich geschrieben.

> Der Pakt wurde zunächst von 7, dann von 15 Staaten unterzeich-
> net.

Irreführendes
Zusammentreffen

Irreführend kann es sein, wenn unterschiedliche Zahlen, z. B. Jahreszahlen und Mengenangaben, direkt nebeneinander stehen. Helfen können dann Umformulierungen.

> Die Nettoausgaben des Landes betrugen **2010 156 839 Mio.** Euro.

Das könnte man als sehr, sehr viel interpretieren. Gemeint ist aber:

> **2010** betrugen die Nettoausgaben des Landes **156 839 Mio.** Euro.

13 Der Königsweg: Arbeiten mit Formatvorlagen

Das Arbeiten mit Formatvorlagen ist die effizienteste Art, einen Text in Word zu gestalten.

13.1 Was ist eine Formatvorlage?

Jemand schreibt seine Bachelorarbeit. Wenn er zu einer Kapitelüberschrift kommt, formatiert er sie mit Cambria *16pt* (Punkt), *fett*. Bei den Überschriften der folgenden Ebenen macht er es entsprechend.

Als seine Arbeit fast fertig ist, fällt ihm auf, dass eine Überschrift kleiner ist als die anderen. Er ändert das und hofft, dass ihm das bei den anderen Überschriften nicht auch passiert ist.

Seine Kommilitonin denkt gar nicht daran, sich so viel Arbeit zu machen. Sie verwendet Schablonen. Für eine Kapitelüberschrift nimmt sie die Schablone *Überschrift 1*. Alle weiteren Kapitelüberschriften weist sie ebenfalls dieser Schablone zu: Die Kapitelüberschriften sehen nun alle gleich aus. Bei Änderungsbedarf ändert sie nur die Schablone – alle Kapitelüberschriften werden gleichzeitig geändert.

Man nennt diese Art des Arbeitens indirekte Formatierung, und die Schablonen heißen *Formatvorlagen*.

Die hohe Schule der Formatierung

Eine Formatvorlage ist praktisch ein Bündel von Formatierungen, das mit einem Namen versehen ist und das Sie einem Textabschnitt zuweisen können. Die wichtigste Formatvorlage ist die mit dem Namen *Standard*. Sie gibt u.a. an, mit welcher Schrift und welcher Schriftgröße Sie schreiben, wenn Sie einfach loslegen. Mit dieser Formatvorlage arbeiten Sie quasi automatisch.

Interessant wird es bei Überschriften. Weil es mehrere Überschriftenebenen gibt, bei der Dezimalabstufung *1 – 1.1 – 1.1.1* usw., wählen Sie die passende Formatvorlage selbst aus. Word kann ja nicht wissen, ob Sie nun gerade eine Kapitelüberschrift oder eine untergeordnete Überschrift haben wollen.

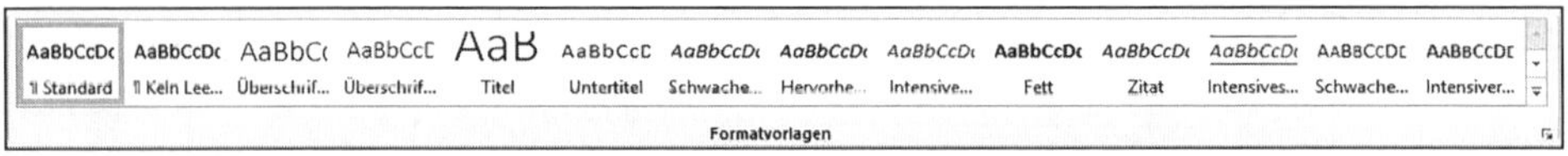

Abb. 30: Schnellformatvorlagen-Katalog

13.2 Wo finden Sie die Formatvorlagen?

Unter → Start finden Sie einen Bereich mit der Bezeichnung → Formatvorlagen. Das ist der sogenannte Schnellformatvorlagen-Katalog (Abb. 30). Darunter befinden sich auch die Formatvorlagen *Überschrift 1* und *Überschrift 2*.

13.3 Welche Vorteile haben Formatvorlagen?

Insbesondere bei größeren Arbeiten zeigen sich die Vorteile von Formatvorlagen. Das betrifft insbesondere die Überschriften-Formatvorlagen, die die Basis für weitere hilfreiche Funktionen in Word sind.

- Die Überschriften-Formatvorlagen besitzen schon eine bestimmte Hierarchie – die Formatvorlage *Überschrift 1* auf der Ebene 1 erzeugt eine Überschrift mit einer größeren Schrift als die Formatvorlage *Überschrift 2* auf der Ebene 2 usw.
- Die Überschriften einer Ebene sehen immer gleich aus.
- Mit dem Ändern der Überschriften-Formatvorlage einer Ebene werden alle weiteren Überschriften dieser Ebene geändert.
- Die Funktion → Nicht vom nächsten Absatz trennen ist aktiviert: Sie sorgt dafür, dass eine Überschrift nicht unten auf der Seite stehen kann, während der dazugehörige Text erst auf der nächsten Seite folgt (s. S. 289).
- Beim Scrollen mit dem Scrollbalken rechts wird nicht nur die Seite angezeigt, sondern auch die jeweilige Überschrift.
- Es lässt sich ein stabiles automatisches Gliederungssystem mit den passenden Gliederungsziffern erstellen.
- Die Gliederung kann ständig angezeigt werden.
- Word sorgt bei Textverschiebungen für die richtige Über-, Gleich- und Unterordnung bei den Überschriften.
- Es lässt sich automatisch ein Inhaltsverzeichnis erzeugen und aktualisieren.
- Es können aktualisierbare Querverweise gesetzt werden.

13.4 Welche Formatvorlagen brauchen Sie?

Normalerweise kommen Sie zu Beginn mit wenigen Formatvorlagen aus:

* mit der Formatvorlage *Standard* (mit der Sie schon arbeiten),
* mit den vier Überschriften-Formatvorlagen *Überschrift 1*, *Überschrift 2* usw.,
* mit den Formatvorlagen *Verzeichnis 1*, *Verzeichnis 2* usw., für das Gestalten des automatischen Inhaltsverzeichnisses, und
* möglicherweise mit einigen speziellen Formatvorlagen für Überschriften ohne oder mit spezieller Nummerierung (z. B. *Vorwort*, *Anhang*).
* Wenn Sie sich mit Formatvorlagen vertraut gemacht haben, können Sie für bestimmte Textteile, z. B. eingerückte Blockzitate, weitere passende Formatvorlagen erzeugen.

13.5 Wie weisen Sie die jeweilige Formatvorlage zu?

Um einen Absatz mit der passenden Formatvorlage zu verbinden (das wird *zuweisen* genannt), klicken Sie in den betreffenden Absatz (er muss nicht besonders markiert sein). Dann klicken Sie auf die gewünschte Formatvorlage im Schnellformatvorlagen-Katalog. Das ist alles. Die Formatvorlage gilt nun für den Absatz (= Text bis zu nächsten Absatzmarke). Das funktioniert auch für eine Überschrift.

Geben Sie keine Gliederungsziffern von Hand ein. Das lassen Sie Word in einem gesonderten Schritt für Sie erledigen (s. S. 274).

Abbildung 31 zeigt das Ergebnis eines solchen Zuweisens. Die noch unformatierte, in normaler Schrift geschriebene erste Kapitelüberschrift „Einleitung" wurde angeklickt, danach die Überschriften-Formatvorlage *Überschrift 1*. Die Überschriften-Formatvorlage *Überschrift 1* ist im Schnellformatvorlagen-Katalog nun hervorgehoben.

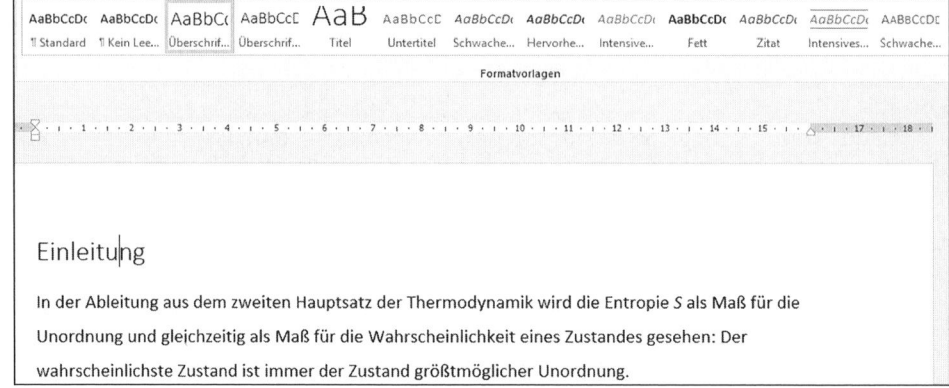

Abb. 31: Zuweisen einer Überschrift zur Formatvorlage *Überschrift 1*

13.6 Sie wollen eine Formatvorlage ändern?

Klicken Sie eine Formatvorlage im Schnellformatvorlagen-Katalog, die Sie ändern wollen, mit der rechten Maustaste an und gehen Sie auf → Ändern (Abb. 32).

(Word 2010: Hier sehen Sie im Bereich → Start → Formatvorlagen zusätzlich einen kleinen Dropdown-Pfeil neben → Formatvorlagen ändern. Hier kommen Sie aber nicht zum Ändern der Formatvorlagen, das ist irreführend.)

Es erscheint die Dialogbox *Formatvorlage ändern* (Abb. 33). Ihnen stehen dann die verschiedensten Optionen zur Gestaltung Ihrer Formatvorlage zur Verfügung. Wichtige Gestaltungselemente wie die Schrift und die Schriftgröße können Sie direkt ändern. Für noch mehr Möglichkeiten gehen Sie unten links auf → Format.

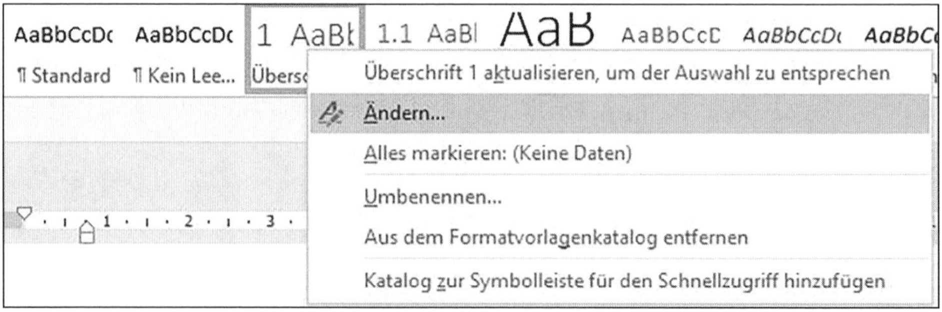

Abb. 32: Ändern einer Formatvorlage

Dort gelangen Sie zu den gewohnten Bereichen → Schriftart, → Absatz usw.

Die Dialogbox bietet noch weitere Funktionen. Wichtig ist insbesondere:

→ Formatvorlage für folgenden Absatz legt fest, welcher Formatvorlage der Absatz gehorcht, der *als Nächstes* kommt. Bei der Formatvorlage *Standard* ist voreingestellt, dass nach einem normalen Textabsatz wieder ein Textabsatz kommt. Bei einer Formatvorlage für eine Überschrift ist ebenfalls voreingestellt, dass danach wieder ein Textabsatz mit *Standard* folgt. Das ist sinnvoll: So kommen Sie nach der Überschrift automatisch wieder auf Ihren Fließtext mit der Formatvorlage *Standard*.

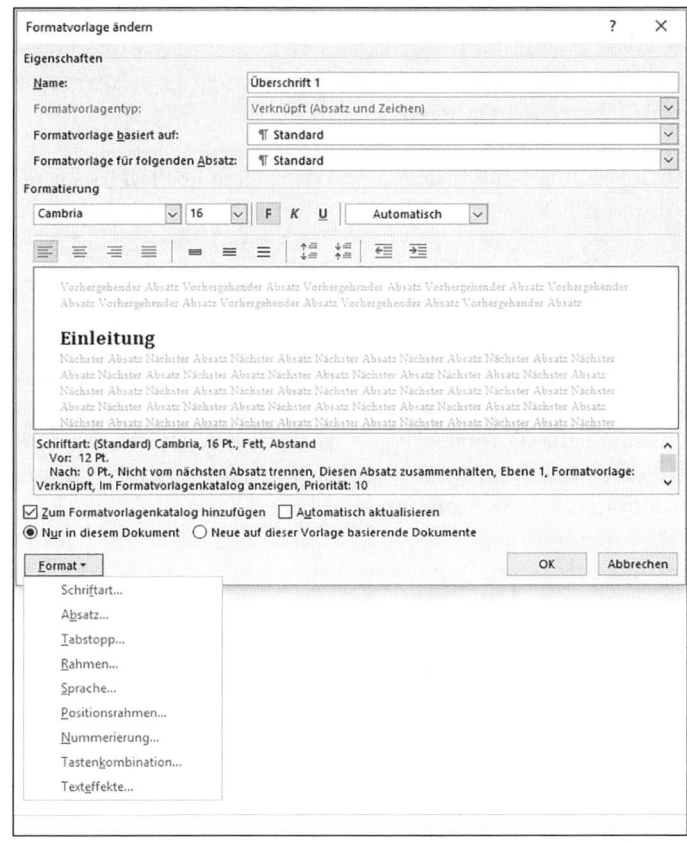

Abb. 33: Die Dialogbox *Formatvorlage ändern*

Lassen Sie das Häkchen bei → Nur in diesem Dokument, und lassen Sie → Automatisch aktualisieren deaktiviert.

13.7 Sie vermissen im Schnellformatvorlagen-Katalog eine spezielle Formatvorlage?

Der Schnellformatvorlagen-Katalog bietet nur eine Auswahl von Formatvorlagen an. Sie brauchen aber möglicherweise noch weitere.

Weitere Überschriften-Formatvorlagen anzeigen lassen

Wenn Sie weitere *Überschriften-Formatvorlagen* benötigen, fangen Sie einfach an und weisen Sie Ihrer Überschrift der ersten Ebene die Formatvorlage *Überschrift 1* zu. Wenn Sie dann eine Überschrift der zweiten Ebene mit der Formatvorlage *Überschrift 2* verbinden, erscheint in der Liste der Formatvorlagen automatisch die Formatvorlage für die *Überschrift 3* usw. Das ist – sehr nützlich – in Word so voreingestellt. Word hält neun integrierte Formatvorlagen für Überschriften bereit.

Für andere Formatvorlagen:

Zusätzliche Formatvorlagen anzeigen lassen

→ Start → Bereich Formatvorlagen → kleiner Pfeil in der rechten unteren Ecke.

Darunter erscheint eine Liste mit wichtigen Formatvorlagen in Ihrem Text.

(Wenn Sie sich wirklich *alle* möglichen Formatvorlagen anzeigen lassen wollen, gehen Sie auf

→ Optionen [unterhalb der Liste, rechts unten] → Anzuzeigende Formatvorlagen auswählen → alle Formatvorlagen.)

Sie können die Formatvorlagen in der Liste jeweils mit einem Rechtsklick anklicken (Abb. 34). Im nun erscheinenden Kontextmenü finden Sie die Funktionen

- → Ändern und
- → Aus dem Formatvorlagen-Katalog [2010: Aus Schnellformatvorlagen-Katalog] entfernen (bzw. hinzufügen). So können Sie eine benötigte Formatvorlage Ihrem Schnellformatvorlagen-Katalog hinzufügen.

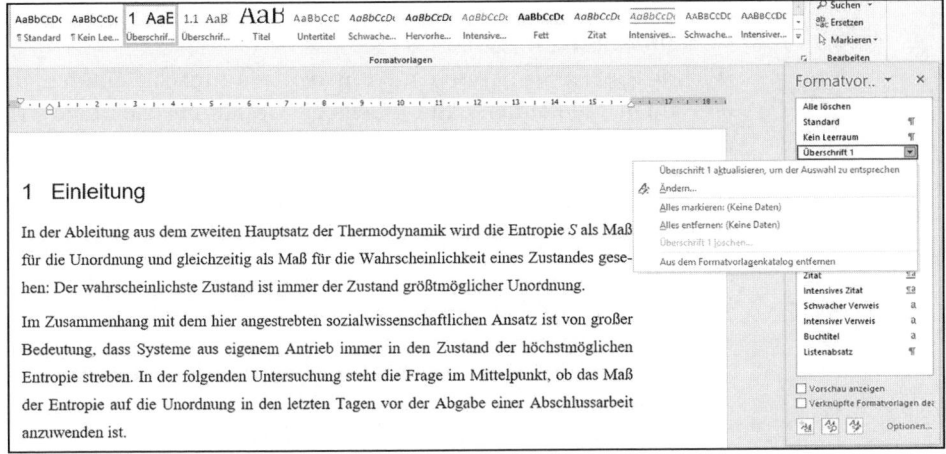

Abb. 34: Weitere Formatvorlagen anzeigen lassen

13.8 Sie wollen Formatvorlagen aus dem Schnellformatvorlagen-Katalog entfernen?

→ Rechter Mausklick auf die Formatvorlage → Aus dem Format-vorlagen-Katalog [2010: aus Schnellformatvorlagen-Katalog] entfernen

Sie können so störende Formatvorlagen wie *Hervorhebung, intensive Hervorhebung, schwacher Verweis* entfernen, die eher für das Aufhübschen eines Businessplans geeignet sind.

13.9 Sie möchten eine neue Formatvorlage anlegen?

Sie können sich eigene Formatvorlagen zuschneidern, z. B. für links und rechts eingezogene Blockzitate mit einer kleineren Schrift. Sie haben dafür zwei Alternativen:

- Sie suchen sich eine Formatvorlage aus, die Sie nicht benötigen und die als Grundlage dienen kann, z. B. die Formatvorlage *Untertitel*, die auf der Formatvorlage *Standard* beruht.
  → Formatvorlage *Untertitel* → rechter Mausklick → Ändern → Dialogbox *Formatvorlage ändern* → neuer Name, z. B. *Blockzitat* → Format → Schriftart, Absatz usw.
- Sie erzeugen eine neue Formatvorlage: → Start → Bereich Formatvorlagen → kleiner Pfeil in der rechten unteren Ecke

→ Liste der vorhandenen Formatvorlagen → linker Button Neue Formatvorlage.

Wichtig: Geben Sie der neuen Formatvorlage zunächst einen neuen Namen. Sie können dann jeweils die Gestaltungselemente wie Schriftgröße wählen. Mit → Zur Liste der Schnellformatvorlagen hinzufügen (ist bereits aktiviert) steht Ihnen die Formatvorlage in Ihrem Schnellformatvorlagen-Katalog nun zur Verfügung und ist direkt anklickbar.

Probleme   Bei der Arbeit mit Formatvorlagen können auch **Probleme** auftreten:

- **Sie haben eine Formatvorlage angeklickt, wollten das aber eigentlich nicht.**
  Gehen Sie in den Text und wählen Sie die Formatvorlage *Standard*. Damit kommen Sie zur Grundformatierung zurück.
- **In der Ansicht der Gliederung (Dokumentstruktur) links vom Text erscheint eine weiße Fläche.**
  Eine Zeile ohne Text wurde fälschlicherweise einer Überschriften-Formatvorlage zugewiesen. Weisen Sie ihr wieder die Formatvorlage *Standard* zu.
- **Ein ganzer Absatz erscheint als Überschrift.**
  Die Formatvorlage bezieht sich auf Text bis zu einer Absatzmarke. Sie haben möglicherweise die Absatzmarke hinter Ihrer Überschrift vergessen. Setzen Sie sie und weisen Sie dem nachfolgenden Text wieder die Formatvorlage *Standard* zu.

13.10 Behalten Sie die Kontrolle über Ihre Formatvorlagen

- Aktivieren Sie *auf gar keinen Fall* in der Dialogbox beim Ändern die Funktion → Automatisch aktualisieren!
- Auch die Funktion → Formatvorlagen basierend auf Formatierung definieren sollte deaktiviert bleiben. Sie finden sie unter → Datei → Optionen → Dokumentprüfung → Autokorrekturoptionen → Autoformat während der Eingabe, dort dann ganz unten.

13.11 Sie wollen Text nachträglich mit Formatvorlagen versehen?

Sie haben Ihre Überschriften händisch z. B. mit Fettdruck und der Schriftgröße *16 pt* formatiert und wollen sie nun möglichst einfach den entsprechenden Überschriften-Formatvorlagen zuweisen. Markieren Sie nun eine Kapitelüberschrift. Dann:
→ Start → (ganz rechts) Markieren → Text mit ähnlicher Formatierung markieren bzw. Alle Textbestandteile mit ähnlicher Formatierung auswählen (Keine Daten).

Word zeigt Ihnen jeglichen Text mit Fettdruck und *16 pt* Schriftgröße an. Sie können ihn nun in einem Zug einer Überschriften-Formatvorlage zuweisen. Wiederholen Sie das dann für die anderen Überschriftenebenen.

13.12 Sie wollen Ihre Formatvorlagen dauerhaft abspeichern?

Wenn Sie Ihre Datei unter einem neuen Namen speichern (etwa – zu empfehlen – Name plus aktuelles Datum), bleiben die Formatvorlagen erhalten.

Die *Struktur* Ihrer Datei, also alle darin enthaltenen Formatvorlagen, speichern Sie als Dokumentvorlage. Dokumentvorlagen sind das übergeordnete Format, in dem all Ihre Formatvorlagen zusammengefasst sind.
→ System C → Benutzer → User → Dokumente → Benutzerdefinierte Office-Vorlagen
[2010: → Speichern unter → Organisieren → Templates: das ist der Vorlagenordner]
→ Dateityp: Word-Vorlage (Abb. 35).

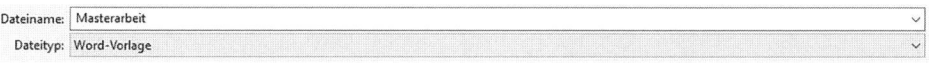

| Dateiname: | Masterarbeit |
| Dateityp: | Word-Vorlage |

Abb. 35: Abspeichern als Dokumentvorlage

Wollen Sie diese Vorlage für einen weiteren Text nutzen – etwa die Struktur einer Hausarbeit für eine weitere Hausarbeit –, gehen Sie beim Öffnen auf → Neu → Meine Vorlagen. Sofort steht Ihnen ein leeres Dokument mit all Ihren Einstellungen wie Seitenrändern, Schriftart und Formatvorlagen zur Verfügung.

14 Den Text gestalten

Ihr Text verdient eine angemessene Form. Das Ziel ist eine unaufdringliche, sachliche Gestaltung, die das Auge nicht vom Inhalt ablenkt. Vernachlässigen Sie nicht die äußere Form („Für mich zählt nur der Inhalt"), hübschen Sie aber auch nicht Ihren Text mit allen möglichen Mätzchen wie ausgefallenen Schriften auf.

14.1 Die Schrift und die Schriftgröße

Vielfach wird Ihnen durch die Vorgaben Ihres Betreuers für den Fließtext nur die Wahl zwischen der *Arial* und der *Times New Roman* gelassen, beide mit der Schriftgröße *12 pt* (Punkt). Die Standardschrift ab der Version Word 2010 ist jedoch die *Calibri* mit der Schriftgröße *11 pt*.

Die *Arial* ist wie die *Calibri* eine Schrift ohne Serifen (das sind die kleinen „Füßchen" bei den Buchstaben), und sie hat keinen sogenannten Strichstärkenunterschied, d. h., die Buchstaben sind an jeder Stelle gleich dick.

> Die **Arial** ist eine serifenlose Schrift mit einer einheitlichen Strichstärke.
> Auch die **Calibri** ist eine serifenlose Schrift mit einer einheitlichen Strichstärke.

Die *Times New Roman* besitzt Serifen und einen ausgeprägten Strichstärkenunterschied. Die Serifen helfen dem Auge, in der Zeile zu bleiben und am Ende der Zeile den Weg zurück zum Anfang der nächsten Zeile zu finden, während der Strichstärkenunterschied zu klareren Wortbildern führt. Beides erleichtert das Lesen eines längeren gedruckten Textes.

> Die **Times New Roman** ist eine Serifenschrift mit Strichstärkenunterschied.

Generell wird dazu geraten, für den Fließtext eine Serifenschrift zu wählen. Aber das ist kein Muss. Wenn Ihnen die Angaben Ihres Betreuers also nur die Wahl zwischen der *Arial* und der *Times New Roman* lassen, nehmen Sie lieber die *Times New Roman*. Falls

Ihnen die *Calibri* zur Wahl gestellt wird, können Sie dabei bleiben – sie gilt als lesbarer als die ebenfalls serifenlose *Arial*.

Wenn Ihnen keine bestimmte Schrift vorgegeben ist, können Sie eine ganz andere wählen. Nehmen Sie dann aber eine zurückhaltende Schrift, nichts Ausgefallenes.

Keine ausgefallene Schrift wählen

> **Comic Sans:** Diese Schrift ist für Ihren Fließtext ungeeignet.

Bei Schriften für andere Textteile wie Überschriften oder Fußnoten haben Sie weiteren Gestaltungsspielraum. Mehr dazu erfahren Sie in den entsprechenden Abschnitten.

Zum Festlegen der Schrift für den Fließtext gehen Sie im Menüband auf → Start → Gruppe Schriftart → Dropdownliste Schriftart.

Die Schrift festlegen

Es stehen Ihnen verschiedene Schriften und Schriftgrößen zur Verfügung (Abb. 36). Damit können Sie (markierten) Text ändern.

Abb. 36: Einstellen der Schrift auf dem Menüband

Sie können die Angabe für die Schriftgröße markieren und mit einer anderen Zahl überschreiben. So können Sie beispielsweise einen Wert von *13 [pt]* einstellen.

Als Standard festlegen

Mit einem Klick auf den Pfeil rechts unten in der Gruppe Schrift-art gelangen Sie zu einer Dialogbox, die weitere Möglichkeiten bietet. Hier können Sie die Schrift, die Schriftgröße usw. für den ganzen Text festlegen. Klicken Sie dazu auf → Als Standard fest-legen (Abb. 37), um die Werte für den ganzen Text festzulegen. Das funktioniert auch bei bereits vorhandenem Text.

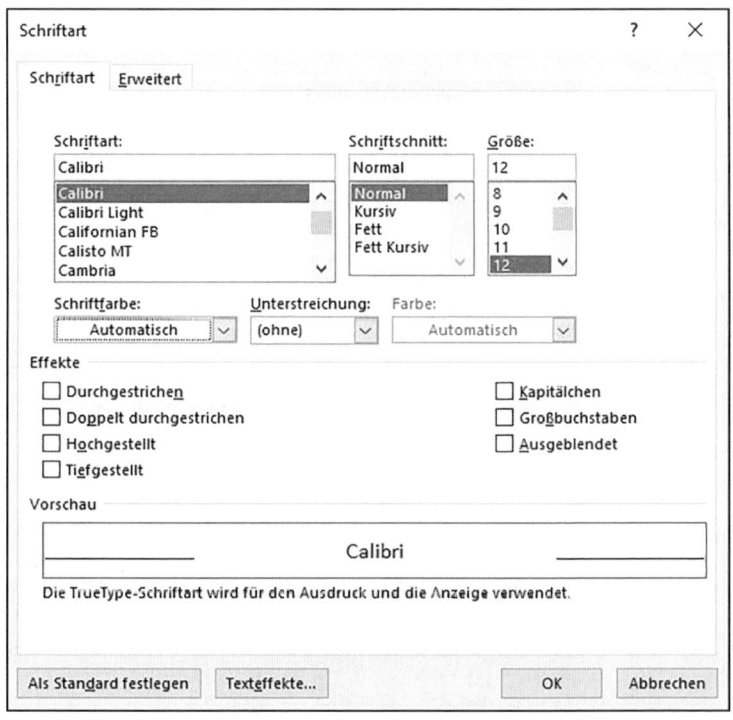

Abb. 37: Die Dialogbox *Schriftart*

14.2 Der Zeilenabstand

Der Begriff *Zeilenabstand* bezieht sich auf den Raum zwischen den Zeilen in einem Absatz.
Die Vorgaben lauten in der Regel:

- Text: *1,5-zeilig*
- Fußnoten: *1-zeilig*

Word bietet für den Zeilenabstand die folgenden Möglichkeiten
(Tabelle 8):

Tabelle 8: Zeilenabstände

Zeilenabstand	Charakter	Wirkungsweise
einfach	Anpassung durch Word	Dieser Zeilenabstand ist an die größte Schriftart in einer Zeile angepasst und enthält zusätzlich einen kleinen Zwischenraum. Er richtet sich nach der verwendeten Schriftart.
1,5 Zeilen	Anpassung durch Word	Dieser Zeilenabstand beträgt das 1,5-Fache des einfachen Zeilenabstands.
Doppelt	Anpassung durch Word	Dieser Zeilenabstand beträgt das Doppelte des einfachen Zeilenabstands.
Mindestens	Festgelegter Wert, Anpassung durch Word	Bei diesem Zeilenabstand wird in Punkten (pt) ein fester Wert als Untergrenze eingegeben. Kommen größere Zeichen (z. B. durch eine andere Schrift) oder eine Grafik in der Zeile vor, vergrößert Word den Zeilenabstand.
Genau	Fester Wert	Der Zeilenabstand wird mit einem festen Wert in Punkten (pt) eingegeben und ist unveränderlich. Kommen größere Zeichen (z. B. durch eine andere Schrift) oder eine Grafik in der Zeile vor, werden sie abgeschnitten.
Mehrfach	Anpassung durch Word	Zeilenabstand, der vom einfachen Zeilenabstand ausgeht und ihn prozentual vergrößert. Ein Wert von 1,2 beispielsweise bedeutet den 1,2-fachen einfachen Abstand, der Wert 3 eine Verdreifachung des einfachen Abstands. Die angegebenen Zahlenwerte im Aufklappmenü lassen sich markieren und mit eigenen Werten überschreiben.

Die Standardeinstellung ist der Zeilenabstand *Mehrfach 1,15*. Das ist sehr eng und entspricht nicht den Vorgaben bei einer wissenschaftlichen Arbeit, die in der Regel einen 1,5-fachen Zeilenabstand verlangen. Das können Sie aber ändern (auch nachträglich bei bereits geschriebenem Text):
→ Start → Gruppe Absatz (Pfeil rechts unten) → Einzüge und Abstände → Zeilenabstand → Wert *1,5* → Als Standard festlegen.

Die Standardeinstellung ändern

14.3 Unterschiedliche Schriften in einem Absatz

Haben Sie innerhalb eines Absatzes ein oder mehrere Wörter in einer anderen Schrift, kann das Probleme bereiten. Schriften erfordern unterschiedlich viel Raum, sowohl in der Breite wie in der Höhe. Das gilt auch dann, wenn sie die gleiche angegebene

Schriftgröße haben, etwa wie im folgenden Beispiel die Größe *12 pt*. Man sieht deutlich, dass der Abstand zwischen der zweiten und der dritten Zeile vergrößert ist.

> Das ist ein Beispieltext, der zeigt, was passieren kann, wenn ein Wort einer anderen Schriftart in einer Zeile vorkommt. Die Schriftgröße dieses **Wortes** kann etwas größer als die der umgebenden Schrift sein: Dann greift Word ein und vergrößert den Zeilenabstand.

Wählen Sie in diesem Fall mit *Genau* einen festen Abstand, der für alle Zeichen passt. Bei 1,5-fachem Zeilenabstand liegen Sie im Bereich von *20 pt* in etwa richtig, abhängig natürlich von Ihrer gewählten Schriftart.

14.4 Das Seitenlayout

Bei den Vorgaben der Betreuer sind nahezu immer Angaben zum sogenannten *Seitenlayout* (der Gestaltung der Seite) zu finden, insbesondere zu den *Seitenrändern*. Sie sollten sich danach richten.

Abschlussarbeiten werden in der Regel einseitig bedruckt. Darauf beziehen sich die folgenden Ausführungen.[15]

Gehen Sie auf → Layout [2010: Seitenlayout] → Seitenränder → ganz unten: Benutzerdefinierte Seitenränder.

Es erscheint die Dialogbox *Seite einrichten* mit den Reitern → Seitenränder, → Papier und → Layout (Abb. 38).

Die Seitenränder Gehen Sie zunächst auf → Seitenränder. Die Vorgaben von Betreuern liegen in der Regel im folgenden Bereich:

- linker Rand: *4 bis 4,5 cm*
- rechter Rand: *2 cm*
- oberer Rand: *4 cm*
- unterer Rand: *2 cm*

---

15 Es ist auch möglich, mit Word Doppelseiten zu erzeugen. Erforderlich ist dies normalerweise aber erst, wenn angenommene Abschlussarbeiten in einem Verlag veröffentlicht werden sollen.

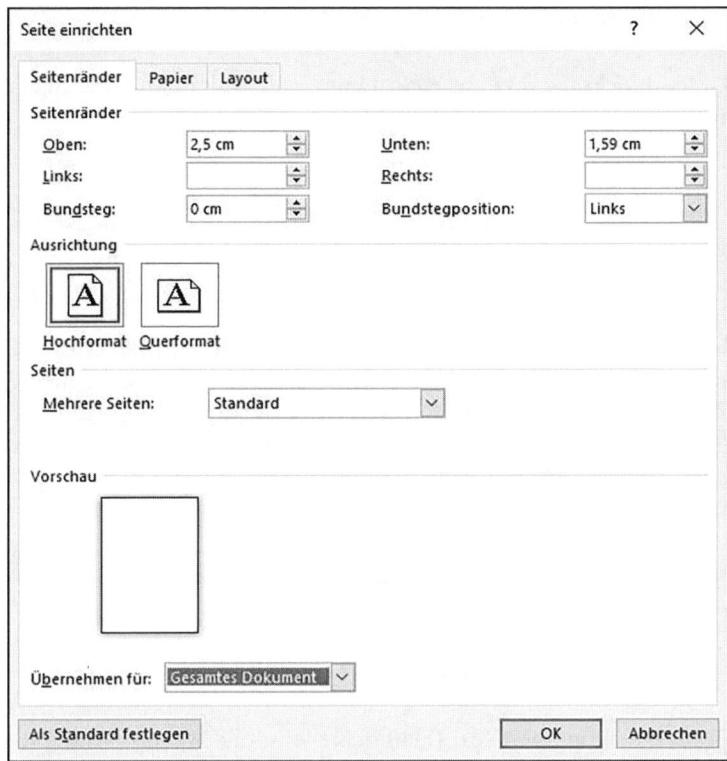

Abb. 38: Die Dialogbox *Seite einrichten*

Geben Sie die passenden Werte ein.

Bei → ÜBERNEHMEN FÜR ist → GESAMTES DOKUMENT in Ordnung. Die Einstellung beim Reiter → PAPIER sollte auf DIN A4 stehen. Die Möglichkeiten beim Reiter → LAYOUT sind für spezielle Fälle gedacht, z. B. für zweiseitigen Druck.

Klicken Sie dann auf → ALS STANDARD FESTLEGEN.

14.5 Blocksatz oder Flattersatz?

Unter Blocksatz versteht man einen links- *und* rechtsbündigen Text.

> Mark Twain interessierte sich sehr für lange deutsche Wortkombinationen wie „Stadtverordnetenversammlungen". Er meinte dazu: „Das sind keine Wörter, es sind Umzüge sämtlicher Buchstaben des Alphabets" (Mark Twain 1985 [1891]: 7).

Hier sieht man die Eigenarten des Blocksatzes: Die Wortzwischenräume innerhalb einer Zeile sind gleich groß, von Zeile zu Zeile aber verschieden groß (vergleichen Sie die erste und die dritte Zeile). Die Zeilen sind immer gleich lang und erzeugen so einen geraden rechten Rand.

Unter Flattersatz versteht man einen *nur* linksbündigen Text.

> Mark Twain interessierte sich sehr für lange deutsche Wortkombinationen wie „Stadtverordnetenversammlungen". Er meinte dazu: „Das sind keine Wörter, es sind Umzüge sämtlicher Buchstaben des Alphabets" (Mark Twain 1985 [1891]: 7).

Beim linksbündigen Text (Flattersatz) sind die Wortzwischenräume immer gleich groß, aber die Zeilen sind unterschiedlich lang. Der rechte Rand „flattert".

Block- und Flattersatz stellt man direkt auf dem Menüband unter START → Gruppe ABSATZ oder unter → START → Gruppe ABSATZ (Pfeil rechts unten) → EINZÜGE UND ABSTÄNDE → AUSRICHTUNG ein.

Blocksatz ist nicht immer gut
Zu Zeiten der Schreibmaschine war der Blocksatz professionell gesetzten Büchern vorbehalten.

Inzwischen kann ihn jeder selbst einstellen. Allerdings scheint sich damit die Vorstellung verbreitet zu haben, dieser sei auf jeden Fall besser und müsse auch immer angewendet werden.

Ganz so einfach ist es aber nicht. Blocksatz und Flattersatz sind für ganz verschiedene Anwendungsbereiche geeignet:

- **Blocksatz** ist gut für den laufenden Text (Fließtext).
- **Flattersatz** ist geeignet für Textteile, die nicht zum Fließtext gehören, insbesondere Überschriften, Beschriftungen, Aufzählungen und Verzeichnisse.
- Bei Fußnoten ist **beides** gebräuchlich.

14.6 Die Abstände bei Absätzen

Neben den Überschriften sind *Absätze* weitere Elemente, die den
Text strukturieren. Absätze sollten jeweils einen abgeschlossenen
Gedankengang umfassen.

Vermeiden Sie bei Absätzen Extreme in beiden Richtungen. In
der Regel enthalten sie mehrere Sätze. Zu viele kleinste Absätze,
die nur aus einem einzigen Satz bestehen, lassen den Text zerfa-
sern. Auf der anderen Seite wirkt ein Absatz, der über eine ganze
Seite reicht oder sogar noch länger ist, abschreckend auf Leser. In
der Regel sind zwei bis drei Absätze pro Seite ein guter Wert.

Keine Extreme bei Absätzen

14.6.1 Abgrenzung von Absätzen mit *Abstand vor/nach*

Absätze werden durch Zwischenräume voneinander getrennt. Die
beliebten Leerzeilen bieten jedoch wenig Möglichkeiten zur Diffe-
renzierung. Geeigneter ist die Funktion → Start → Gruppe Absatz (Pfeil rechts unten) → Einzüge und Abstände → Abstand
vor bzw. nach.

Abgrenzung mit unterschiedlichem Abstand

Sie können es sich aussuchen, ob Sie lieber mit → Abstand
vor oder mit → Abstand nach arbeiten. Intuitiv ist es einfacher,
mit → Abstand nach zu arbeiten.

In diesem Beispiel wurde ein Abstand mit → nach gesetzt. Mit
dieser Funktion kann man Absätze optisch voneinander abgrenzen.

Dies ist der Anfang des neuen Absatzes. Der Wert für den Abstand zwischen den Absätzen kann individuell festgelegt werden.

Bei → Abstand nach zwischen Absätzen (statt einer Leerzeile)
sollte bei der Schriftgröße *12 pt* ein Wert → nach von mindestens
6 pt eingestellt werden. Das Aufklappmenü gibt die Werte in Sech-
serschritten an: *6, 12, 18* usw. Sie können die Zahl aber einfach
überschreiben und damit einen anderen Zahlenwert eingeben.

Ab Word 2010 ist standardmäßig ein → Abstand nach im Bereich von *8* bis *10 pt* eingestellt. Wenn Ihnen das zu viel ist, überschreiben Sie die Angabe und geben Sie einen geringeren Wert
ein. Klicken Sie dann auf → Als Standard festlegen.

14.6.2 Alternative: Erstzeileneinzug

Abgrenzung mit Einzug

Man kann Absätze auch durch eine Einrückung der ersten Zeile (Erstzeileneinzug) optisch voneinander abgrenzen. Bei langen Arbeiten kann sich das aufgrund des geringeren Platzverbrauchs durchaus lohnen.

Gehen Sie dazu auf → Start → Gruppe Absatz (Pfeil rechts unten) → Einzüge und Abstände → Sondereinzug → Erste Zeile → Wert eingeben → Als Standard festlegen.

Wählen Sie einen Ihnen genehmen Wert für den Erstzeileneinzug aus; er sollte auf jeden Fall so groß sein, dass er nicht wie ein falsches Leerzeichen am Anfang aussieht. Alle Absätze im Text beginnen nun mit einem Einzug, sowohl die fertigen als auch die, die Sie noch schreiben.

> Dies ist ein Beispiel für einen Erstzeileneinzug. Er trennt Absätze optisch voneinander ab, sodass kein zusätzlicher Abstand zum folgenden Absatz notwendig ist.
> Dies ist der Anfang des neuen Absatzes. Die Absätze sind durch den Erstzeileneinzug deutlich voneinander getrennt.

Folgt der Fließtext auf herausgehobene Textteile – etwa eine Überschrift oder eine Tabelle –, wird in der Regel kein Erstzeileneinzug gesetzt, die Absätze beginnen „stumpf". Gehen Sie dazu im betreffenden Absatz auf → Start → Gruppe Absatz (Pfeil rechts unten) → Einzüge und Abstände → Sondereinzug → ohne.

14.7 Tabulatoren und Einzüge statt Leerzeichen

Keine Textverschiebung mit Leerzeichen!

Text kann man weiterschieben, indem man einige Leerzeichen setzt. Damit macht es Word ungeübten Nutzern zu einfach, denn es funktioniert nur scheinbar.

Der Grund: Buchstaben haben eine feste Breite: Ein *i* ist ganz offenkundig wesentlich schmaler als ein *m*. Diese feinen Unterschiede lassen sich auch mit unterschiedlich vielen Leerzeichen nicht ausgleichen.

> Linie· · ·1
> Punkt· ·2

Außerdem kann die ganze Konstruktion bei der kleinsten Änderung – und sei es nur ein zusätzliches Wort – auseinanderfallen. Sie sollten stattdessen mit *Tabulatoren* und *Einzügen* arbeiten.[16]

Den Zugang zu diesen Einstellmöglichkeiten liefert die Dialogbox *Absatz* unter → Start → Gruppe Absatz (Pfeil rechts unten) → Einzüge und Abstände: Sie ist ein wichtiger Dreh- und Angelpunkt für die Formatierung mit Word (Abb. 39).

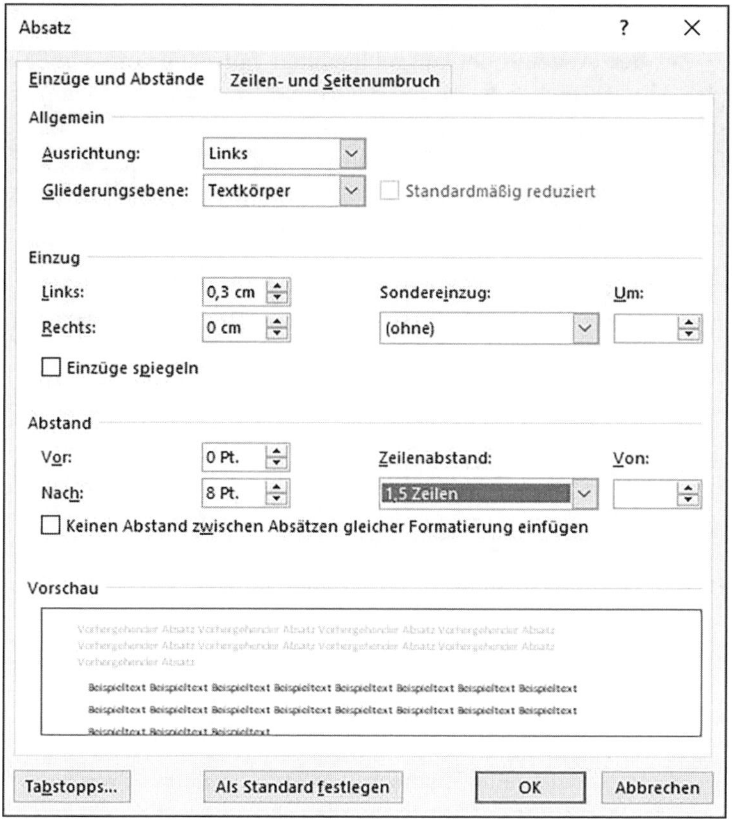

Abb. 39: Die Dialogbox *Absatz*

---

16 Bei den folgenden Beispielen werden zur Verdeutlichung die ausgeblendeten Formatierungssymbole (zu sehen, wenn man das Alinea-Zeichen ¶ unter → Start → Gruppe Absatz anklickt) im Text dargestellt: · Leerzeichen; ¶ Absatzmarke (Zeilenschaltung, „Return"); → Tabulator.

14.7.1   Tabulatoren

Der Einsatz von Tabulatoren

Ein Tabulator (Tabstopp), eine sogenannte „Sprungmarke", wird dann eingesetzt, wenn man ein Wort *innerhalb eines Textes* an einer bestimmten Stelle platzieren will.

> 14→Meyer, *Word-Chaos*, S. 28.

Man aktiviert den Tabstopp durch Drücken der Taste Tabulator oben links auf der Tastatur.

Bei der Anzeige der ausgeblendeten Formatierungssymbole (das Alinea-Zeichen ¶, in der → Gruppe Absatz rechts oben) erscheinen eingesetzte Tabulatoren als Pfeil →.

Die wichtigsten Arten von Tabulatoren sind:

- Der **Tabstopp links**, er schiebt den *Anfang* des folgenden Textes zu einer bestimmten Stelle nach rechts.

Präludium	→	Adagio
Fuge	→	Largo

- Der **Tabstopp rechts**, er schiebt das Wort *gegen* den rechten Seitenrand.

Aufgabe 1	→	erfüllt
Aufgabe 2	→	nur zum Teil erfüllt

- Der **Dezimaltabstopp**, er richtet Zahlen genau nach dem *Komma* aus.

Rücklauf des Fragebogens A	→	5,6 %
Rücklauf des Fragebogens B	→	23,4 %

Standardtabstopps

Word hat – gut gemeint – Standardtabstopps im Abstand von (veränderbaren) 1,25 cm festgelegt. Sie werden aktiviert, wenn man keinen Tabstopp selbst festgelegt hat und die Tabulatortaste drückt. Macht man das mehrmals hintereinander, führt das entsprechend zu mehreren aktivierten Standardtabstopps pro Zeile, und dann kann es bei späteren Änderungen zu unerwünschten Effekten kommen.

Im folgenden Beispiel sieht es scheinbar gut aus: Um in der ersten Zeile zur weiter entfernten Zahl zu kommen, wurden zwei Standardtabstopps gesetzt. In der zweiten Zeile reichte ein Standardtabstopp. Die beiden Zeilen haben also eine unterschiedliche Zahl von Tabstopps.

> Lizenzeinnahmen 2016   →   →   20.000 Euro
> Erwartete Lizenzeinnahmen 2017 →   23.000 Euro

In der ersten Zeile wird nun das Wort „bestätigte" hinzugefügt. Es schiebt die beiden Standardtabstopps in dieser Zeile weiter nach rechts.

> **Bestätigte** Lizenzeinnahmen 2016   →   →   20.000 Euro
> Erwartete Lizenzeinnahmen 2017 →   23.000 Euro

Setzen Sie lieber gezielte Tabstopps, indem Sie die Werte für die jeweiligen Tabstopps selbst festlegen. Die individuellen Tabstopps haben Vorrang vor den Standardtabstopps – diese werden dann inaktiv. Wird beim Beispiel oben nur jeweils pro Zeile ein einziger Tabstopp vor die Zahl gesetzt, kann nichts passieren. Ein hinzugefügtes Wort ändert nichts.

Tabstopps gezielt setzen

> **Bestätigte** Lizenzeinnahmen 2016   →   20.000 Euro
> Erwartete Lizenzeinnahmen 2017   →   23.000 Euro

Tabstopps beziehen sich grundsätzlich auf einen Text bis zur nächsten Absatzmarke (Zeilenschaltung); will man sie für einen größeren Bereich setzen, muss man diesen vorher markieren.

Das Einstellen von Tabstopps

Am einfachsten ist das Einstellen von Tabstopps auf einen bestimmten Wert mit der Dialogbox *Tabstopps* (→ Start → Gruppe Absatz (Pfeil rechts unten) → Einzüge und Abstände → unten links: Tabstopps), mit der Sie

Einstellen mit der Dialogbox

- die Art des Tabstopps auswählen – mit → Ausrichtung: *links, rechts, dezimal* usw.,
- den Wert bestimmen – mit → Festlegen: Wert in Zentimetern,
- einen Tabstopp entfernen – mit → Löschen (Abb. 40).

Es können mehrere Tabstopps eingestellt werden. Diese Einstellungen werden auf dem horizontalen Lineal sichtbar, das über Ihrem Text angezeigt wird.[17]

---

17 Wenn Ihnen dieses Lineal nicht angezeigt wird, aktivieren Sie es mit einem Häkchen unter → Ansicht → Gruppe Anzeigen → Lineal.

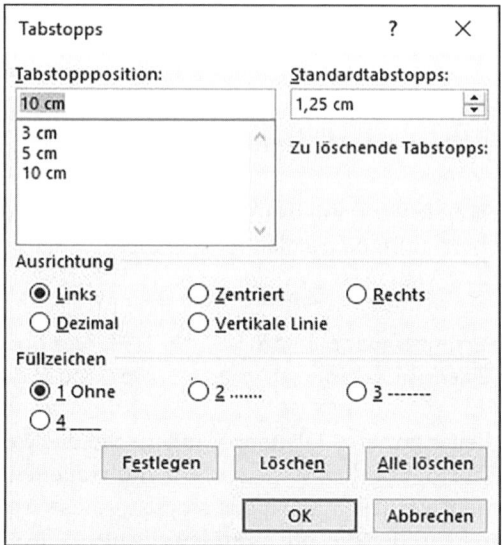

Abb. 40: Die Dialogbox _Tabstopps_

Einstellen auf
dem horizontalen
Lineal

Sie können die Tabulatoren auch direkt auf dem Lineal festlegen. Dort erscheint links eine kleine Schaltfläche, die die Tabstopparten anzeigt, unter anderem (Abb. 41):

Abb. 41: Wichtige Tabstopparten

Durch Anklicken der Schaltfläche können Sie den entsprechenden Tabstopp-Typ auswählen. Dann klicken Sie im Lineal auf einen Wert – damit ist der Tabstopp gesetzt.

Im folgenden Beispiel sehen Sie:

- im Kästchen links den gewählten Tabstopptyp (hier linksbündig),
- den linken und den rechten Seitenrand (grau, jeweils _2,5 cm_),
- aktive Tabstopps (einen linksbündigen, auf _0,75 cm_ gesetzt, und einen Dezimaltabstopp, auf _10 cm_ gesetzt).

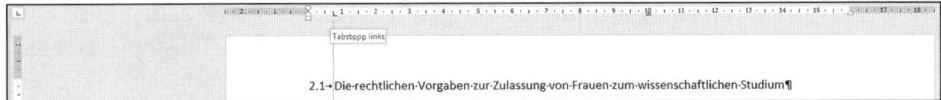

Abb. 42: Horizontale Linealleiste

Wenn Sie dann auf einen Tabstopp klicken, wird eine senkrechte Linie eingeblendet, die Ihnen die Position des Tabstopps in Bezug auf den Text anzeigt (Abb. 42).

Die Tabstopps lassen sich nicht stufenlos, sondern nur in kleinen Schritten verschieben.[18] Wenn Ihnen das zu ungenau ist, können Sie auf diese Weise aber schon einmal abschätzen, wo etwa Ihr Tabstopp stehen sollte, und mit der Dialogbox einen genaueren Wert einstellen.

Wollen Sie per Lineal einen Tabstopp löschen, fassen Sie ihn mit dem Cursor an und ziehen Sie ihn nach unten aus dem Lineal.

Die wichtigsten Einsatzgebiete des Tabstopps **links** sind Fußnoten und, in Kombination mit einem hängenden Einzug (dazu mehr weiter unten), mehrzeilige Überschriften.

> 28 →Kemmermann, *Word-Tipps*, S. 33.
> 2.3.4→Die Typographie oder die Kunst, Schriften so einzusetzen, dass die Leserin den Text gut lesen kann¶

Den Tabstopp **rechts** brauchen Sie in erster Linie dann, wenn Sie ein Inhaltsverzeichnis „händisch" – also mit *Kopieren + Einfügen* – zusammenstellen, mehr dazu s. S. 30.

> Einleitung 3
> Fragestellung der Arbeit 11

Bei der Ausrichtung von Zahlenreihen ist der Tabstopp **dezimal** nützlich. Bezugspunkt ist das Komma.

> Wahlergebnis Partei A   →   27,3 %
> Wahlergebnis Partei B   →   8,1 %

In komplexeren Fällen verwenden Sie lieber die **Tabellenfunktion.**

---

18 Alternativ können Sie beim Verschieben des Tabstopps die [Alt]-Taste gedrückt halten. Damit können Sie genaue Werte einstellen; diese werden auch angezeigt.

Sobald zusammengehöriger Text über mehrere Zeilen läuft oder zu viele Spalten zu bewältigen sind, wird es für Tabstopps zu kompliziert. Nutzen Sie hier die wesentlich komfortablere Tabellenfunktion (s. S. 61).

Das ist ohne Weiteres möglich, denn man kann Tabellen auch ohne Linien ausdrucken lassen oder eine PDF erstellen. Es ist dann nicht mehr zu sehen, ob die Aufstellung mit Tabstopps oder anhand einer Tabelle erzeugt wurde.

14.7.2 Einzüge

Will man einen Text *vom Rand aus* einrücken, nimmt man einen **Einzug**. Beispiel: Ein Text hat einen bestimmten Abstand vom linken und rechten Rand.

> Meyer bemerkt dazu, sie habe noch nie ein solches Chaos erlebt. Der Text sei ihr wie Kraut und Rüben vorgekommen.

Es gibt drei verschiedene Arten: den *Einzug rechts* und *links*, den *hängenden Einzug* und den *Erstzeileneinzug*.

Linker und rechter Einzug

Mark Twain beklagt sich in seinen Bemerkungen über die deutsche Sprache:
„Im Deutschen hat ein Fräulein kein Geschlecht, eine Rübe dagegen schon. Welch eine übermäßige Hochachtung vor der Rübe und welch eine kaltherzige Missachtung des Mädchens verrät sich hier!" (Mark Twain 1985 [1891]: 4).

Falsch: Einzug mit Leerzeichen

Jemand möchte in seinem Text dieses Zitat hervorheben, indem er den Abstand vom linken Seitenrand größer macht. Er versucht das mit Leerzeichen am Anfang und Absatzmarken jeweils am Ende der Zeile.

> · · · · „Im Deutschen hat ein Fräulein kein Geschlecht, eine Rübe¶
> · · · · schon. Welch eine übermäßige Hochachtung vor der¶
> · · · · Rübe und welch eine kaltherzige Missachtung des¶
> · · · · Mädchens verrät sich hier!"¶

Im Druck:

> „Im Deutschen hat ein Fräulein kein Geschlecht, eine Rübe
> schon. Welch eine übermäßige Hochachtung vor der
> Rübe und welch eine kaltherzige Missachtung des
> Mädchens verrät sich hier!"

Das sieht zunächst nicht so schlecht aus, auch wenn er keinen Blocksatz hinbekommt. Soll sich der Prof nicht so haben.

Jetzt erkennt er aber, dass er das Wort „dagegen" vor „Rübe" vergessen hat; das ist schon ein größerer Fehler. Also fügt er es ein.

> · · · · „Im Deutschen hat ein Fräulein kein Geschlecht, eine Rübe
> dagegen¶
> · · · · schon. Welch eine übermäßige Hochachtung vor der¶
> · · · · Rübe und welch eine kaltherzige Missachtung des¶
> · · · · Mädchens verrät sich hier!"¶

Im Druck:

> „Im Deutschen hat ein Fräulein kein Geschlecht, eine Rübe
> dagegen
> schon. Welch eine übermäßige Hochachtung vor der
> Rübe und welch eine kaltherzige Missachtung des
> Mädchens verrät sich hier!"

Dumm gelaufen. Hätte er am Anfang der Zeilen statt der Leerzeichen Tabstopps genommen, hätte das auch nichts genützt, das Ergebnis wäre das Gleiche.

Der entscheidende Punkt sind die Absatzmarken jeweils am Ende der Zeile. Wird die Zeile zu lang – etwa wie hier durch das nachträglich eingefügte Wort „dagegen" –, schiebt Word den Rest mitsamt Absatzmarke in die nächste Zeile.

Ähnliches kann passieren, wenn z. B. die Einstellung der Seitenränder verändert wird. Das Verfahren ist nicht sicher.

Es gibt aber eine Lösung: Sie geben Word den Auftrag, links, rechts oder an beiden Rändern zugleich einen Einzug zu setzen. Dafür gehen Sie so vor:

Kinderleicht: Einzug mit der Word-Funktion

- Sie schreiben Ihren Text und setzen wie gewohnt am Ende des *Absatzes* eine Absatzmarke. Dann:

- → Start → Gruppe Absatz (Pfeil rechts unten) → Einzüge und Abstände → Einzug links/Einzug rechts.
- Sie gehen auf die oben genannte Funktion und wählen Ihren Einzug aus. Das genaue Maß stellen Sie in *cm*-Angaben ein; auch der Blocksatz funktioniert. Der gesamte Absatz wird um einen bestimmten Wert eingezogen. Alle Einstellungen lassen sich problemlos nachträglich verändern.

Beispiel mit linkem und rechtem Einzug sowie Blocksatz:

> „Im Deutschen hat ein Fräulein kein Geschlecht, eine Rübe schon. Welch eine übermäßige Hochachtung vor der Rübe und welch eine kaltherzige Missachtung des Mädchens verrät sich hier!"¶

Wird das fehlende „dagegen" eingefügt, kann Word den Text innerhalb der drei Zeilen verteilen, weil es nicht durch Absatzmarken daran gehindert wird.

> „Im Deutschen hat ein Fräulein kein Geschlecht, eine Rübe dagegen schon. Welch eine übermäßige Hochachtung vor der Rübe und welch eine kaltherzige Missachtung des Mädchens verrät sich hier!"¶

Erstzeileneinzug

Will man nur die *erste* Zeile um einen bestimmten Wert eingezogen haben, ist die Lösung der sogenannte „Erstzeileneinzug": zu finden unter → Start → Gruppe Absatz (Pfeil rechts unten) → Einzüge und Abstände → Sondereinzug → Erste Zeile.

Sie geben Ihren Text mit abschließender Absatzmarke ein und wählen dann die Funktion → Erste Zeile mit einem passenden *cm*-Wert an.

> Meyer bemerkt dazu, sie habe noch nie ein solches Chaos erlebt. Der Text sei ihr wie Kraut und Rüben vorgekommen.

Der Erstzeileneinzug dient vor allem der Abgrenzung von Absätzen, wenn zwischen ihnen kein besonderer Abstand, etwa mit einer Leerzeile oder → Abstand nach, gesetzt werden soll. Das spart Platz.

Umgekehrt: Die erste Zeile soll bleiben, aber die folgende(n) soll(en) eingerückt werden. Diese Form des Einzugs wird „hängender Einzug" genannt.

Dazu dient → Start → Gruppe Absatz (Pfeil rechts unten) → Einzüge und Abstände → Sondereinzug → Hängend.

Sie geben Ihren Text mitsamt Absatzmarke ein und gehen dann auf die oben beschriebene Funktion. Wählen Sie einen Ihnen genehmen *cm*-Wert aus.

Hängender Einzug

> Meyer bemerkt dazu, sie habe noch nie ein solches Chaos erlebt. Der Text sei ihr wie Kraut und Rüben vorgekommen.

Gebraucht wird der hängende Einzug z. B. bei Literaturverzeichnissen, mehrzeiligen Überschriften/Fußnoten und Aufzählungen.

Hängender Einzug mit *0,4 cm*:

Einsatz beim Literaturverzeichnis

> Bösemüller, Frank: *Die Carnyx in der Musik der Festlandkelten. Untersuchungen zur Darstellung in der römischen Reliefkunst* (= Diss. Humboldt-Universität Berlin). Berlin 2003

Der hängende Einzug bezieht sich nur auf Text bis zur nächsten Absatzmarke; beim Literaturverzeichnis ist das in der Regel *eine* Literaturangabe. Wenn Sie also ein Literaturverzeichnis komplett auf diese Art und Weise formatieren wollen, markieren Sie zuvor das ganze Verzeichnis.

Bei **mehrzeiligen Überschriften** wird der hängende Einzug mit einem Tabstopp kombiniert. Sie wählen zunächst einen Tabstopp, der genau festlegt, wo der Text der Überschrift beginnen soll, z. B. *1,1 cm*.

Einsatz bei mehrzeiligen Überschriften

> 2.3.4→Die Typographie oder die Kunst, Schriften so einzusetzen, dass die Leserin den Text gut lesen kann¶

Im nächsten Schritt setzen Sie den hängenden Einzug auf den gleichen Wert wie den Tabstopp, also ebenfalls *1,1 cm*.

> 2.3.4→Die Typographie oder die Kunst, Schriften so einzusetzen, dass die Leserin den Text gut lesen kann¶

Stufenloses
Einstellen

Wenn Sie nach der Nummer immer nur ein Leerzeichen statt Tab-stopp gesetzt haben und nur wenige zweizeilige Überschriften haben, können Sie, wie auf S. 34 beschrieben, etwas pfuschen. Verschieben Sie im Lineal die Anfassermarke für „hängender Ein-zug" (unterer Pfeil, Spitze nach oben) und drücken Sie gleichzei-tig die Alt -Taste. Auf diese Weise können Sie den hängenden Einzug stufenlos verstellen und mithilfe des angezeigten vertika-len Strichs eine gerade Linie erzeugen.

14.8 Die Gestaltung der Überschriften

Überschriften
hervorheben

Überschriften dienen der Orientierung des Lesers – sie sollen di-rekt ins Auge fallen und werden darum so gestaltet, dass sie sich vom übrigen Text abheben. Dazu werden Mittel wie unterschied-liche Schriftgrößen, Fettdruck oder Kursivschrift und auch unter-schiedlich große Abstände zum umgebenden Text eingesetzt. Hierbei gilt: **Fett** fällt stärker auf als *kursiv* und wird daher eher für die oberen Überschriftenebenen eingesetzt, kursiv für untere Ebenen. Unterstreichen ist ein Relikt aus dem Schreibmaschinen-zeitalter und wird nicht mehr verwendet.

14.8.1 Die Abstufung

Die Abstufung
deutlich machen

Wenn Ihnen die Gestaltung der Überschriften nicht von Ihrer Be-treuerin vorgegeben ist, können Sie sich selbst für eine Abstufung entscheiden. In der Regel liegen bei einem Fließtext von *12 pt* die Schriftgrößen für Überschriften zwischen *16 pt* und *12 pt*, dazu kommen Fettdruck sowie eventuell Kursivschrift. Das Ausklapp-menü für die Schriftgröße (bei → Start → Bereich Schriftart) zeigt nur eine Auswahl. Sie können im Menü die angezeigte Grö-ße aber anklicken und dann einen anderen Wert eingeben, z. B. *13*.

1 Eine Überschrift der Ebene 1 (16 pt, fett)
1.1 Eine Überschrift der Ebene 2 (14 pt, fett)
1.1.1 Eine Überschrift der Ebene 3 (13 pt, fett)
1.1.1.1 *Eine Überschrift der Ebene 4* (12 pt, kursiv)

14.8.2 Der Abstand Ziffer – Überschriftentext

Bei der Dezimalabstufung kann der Abstand zwischen der Ziffer und dem folgenden Überschriftentext immer gleich bleiben (im Beispiel links) oder sich wie rechts nach der längsten Ziffer richten (Abb. 43).

Die Dezimalabstufung: zwei Formen

1	Erste Ebene	1	Erste Ebene
1.1	Zweite Ebene	1.1	Zweite Ebene
1.1.1	Dritte Ebene	1.1.1	Dritte Ebene
1.1.1.1	*Vierte Ebene*	*1.1.1.1*	*Vierte Ebene*

Abb. 43: Varianten für die Abstände Ziffer – Überschriftentext

Beide Varianten haben ihre Vor- und Nachteile:
- Bleibt der Abstand immer gleich (im Beispiel links), entsteht eine „Treppe", wenn Überschriften direkt aufeinanderfolgen. Bei dieser Variante reicht ein Leerzeichen nach der Überschrift; einen Tabstopp brauchen Sie bei zweizeiligen Überschriften (zum Umgang mit Tabstopps s. S. 258, zum hängenden Einzug S. 267).[19]
- Richtet sich der Abstand grundsätzlich nach der längsten Ziffer (im Beispiel rechts), stehen alle Überschriftentexte auf einer gedachten Linie untereinander. Gerade bei den oberen Ebenen ergeben sich dadurch große Löcher. Diese Variante bekommen Sie nur mit einem Tabstopp hin, der sich nach der längsten Ziffer richtet. Arbeiten Sie mit Formatvorlagen und einer automatischen Gliederung, stellen Sie das entsprechend ein (s. S. 274).

---

19 Wenn Sie nur eine oder wenige zweizeilige Überschriften haben, können Sie auch etwas pfuschen: s. dazu S. 34).

14.8.3 Gestaltungsregeln

Weitere Gestaltungsregeln

Bei Überschriften sollten Sie zudem weitere Regeln zur Gestaltung beachten.

- **Kein Blocksatz**
  Überschriften werden im Flattersatz (linksbündig) gesetzt, einzustellen auf dem Menüband unter → Start → Bereich Absatz.

- **Keine Trennungen**
  In Überschriften sollten nach Möglichkeit keine Trennungen vorkommen. Wenn es doch notwendig ist, sollte nach großen Wortbestandteilen (selbstständigen Wörtern) getrennt werden: nicht *Unternehmerver-band*, sondern *Unternehmer-verband*.

  Wenn Sie eine automatische Silbentrennung eingestellt haben (unter → Start → Layout [2010: → Seitenlayout] → Silbentrennung), kann es Ihnen passieren, dass eine Überschrift getrennt wird, ohne dass Sie das wollen. Sie können das beheben, indem Sie zunächst die Überschrift anklicken. Dann: → Start → Gruppe Absatz (Pfeil rechts unten) → Zeilen- und Seitenumbruch → Formatierungsausnahmen → Keine Silbentrennung. Die automatische Silbentrennung für den übrigen Text bleibt erhalten.

- **Abweichende Schrift**
  Grundsätzlich können Sie Ihre Grundschrift auch für die Überschriften nehmen. Wenn Sie es aber mit verschiedenen Schriften versuchen wollen, sollten Sie Folgendes beachten: Bei einer Grundschrift mit Serifen (z. B. *Times New Roman*) können Sie eine serifenlose Überschriftenschrift (z. B. *Arial*) nehmen.

Überschrift in Arial
Fließtext in Times New Roman

Umgekehrt funktioniert das meist nicht: Eine Grundschrift *Arial* mit der Überschriftenschrift *Times New Roman* sieht nicht gut aus.

Ab Word 2010 ist als Grundschrift die serifenlose *Calibri* eingestellt und für die Überschriften die Serifenschrift *Cambria*. Der Kontrast ist hier nicht ganz so hart, aber die umgekehrte Kombination, *Cambria* für den Fließtext und *Calibri* für die Überschriften, ist die bessere Wahl.

> Überschrift in Calibri
> Fließtext in Cambria

Wie man die Schriften für den Fließtext grundsätzlich ändert, haben Sie auf S. 251 gesehen.

• Überschriften der ersten Ebene sollten immer auf einer neuen Seite beginnen.

Nur bei kleineren Arbeiten, etwa Hausarbeiten mit 10 bis 15 Seiten, wäre das übertrieben. Erzwingen Sie niemals mit Leerzeilen eine neue Seite, sondern setzen Sie mit → Layout [2010: Seitenlayout] → Umbrüche → Seite eine neue Seite.

Wenn Sie nicht mit Überschriften-Formatvorlagen, sondern händisch arbeiten, können Sie zur Arbeitserleichterung eine sehr hilfreiche Word-Funktion nutzen:

Sie markieren Text, der die gewünschte Formatierung besitzt. Wenn Sie nun auf → Start → Bereich Zwischenablage (links) → Format übertragen klicken, erscheint neben dem Cursor ein Pinsel. Überstreichen Sie den neu zu formatierenden Text. Der Text nimmt die neue Formatierung an.

Wenn Sie → Format übertragen einmal anklicken, ist die Funktion für ein einmaliges Übertragen aktiv. Wenn Sie doppelklicken, können Sie das Übertragen so lange nutzen, bis Sie die Funktion wieder anklicken (oder auf → Escape gehen) und so deaktivieren.

14.8.4   Die Abstände rund um die Überschrift

Die Abstände der jeweiligen Überschrift zum vorangehenden und zum folgenden Text sollten unterschiedlich groß sein:

Regel 1: Die Überschrift sollte weiter entfernt vom Text darüber stehen und näher am darauffolgenden Text.

Regel 2: Je größer die Überschrift ist, desto größer sollten auch die Abstände zum umgebenden Text sein.

Im folgenden Beispiel steht die zweite Überschrift zu nah am vorangehenden Text.

> Seit der Einführung der Balanced Scorecard im hier betrachteten Unternehmen haben sich deutliche Veränderungen gezeigt.
>
> **2.1 Vorteile**
>
> Die Balanced Scorecard wird eingesetzt, um ...

Besser:

> Seit der Einführung der Balanced Scorecard im hier betrachteten Unternehmen haben sich deutliche Veränderungen gezeigt.
>
> **2.1 Vorteile**
>
> Die Balanced Scorecard wird eingesetzt, um ...

Wie bekommt man das mit den Abständen bei den Überschriften hin?

Abstände nicht mit Leerzeilen erzeugen

Wie oben bereits erwähnt (s. S. 257), stellt man die Abstände am besten nicht mit Leerzeilen, sondern mit → Abstand vor und → Abstand nach ein;[20] das gilt auch für die Überschriften und den Text. Im Folgenden finden Sie ein *Beispiel* für die Abstände rund um die Überschriften. Achten Sie vor allem aber darauf, dass die jeweiligen Abstände in Ihrer Arbeit einheitlich sind.

Ein Beispiel für den Abstand zum *darauffolgenden* Text wäre:

- Kapitelüberschrift: *16 pt, fett,* → Abstand nach von *26 pt*
- Zweite Ebene: *14 pt, fett,* → Abstand nach von *12 pt*
- Dritte Ebene: *13 pt, fett,* → Abstand nach von *6 pt*   ·

Für den Abstand zum *vorangehenden* Text wäre möglich:

- Kapitelüberschrift: *16 pt, fett,* → Abstand vor von *0 pt.* Diese Überschrift sollte immer auf einer neuen Seite beginnen. Ein → Abstand vor würde dementsprechend zu einer unerwünschten freien Fläche oben auf der Seite führen.
- Zweite Ebene: *14 pt, fett,* → Abstand vor von *24 pt*
- Dritte Ebene: *13 pt, fett,* → Abstand vor von *12 pt*

Gestaltung mit Überschriften-Formatvorlagen

Wenn Sie mit **Überschriften-Formatvorlagen** arbeiten, haben die Überschriften schon eine bestimmte Gestaltung und Abstufung, ebenso vorgegebene Abstände zum Text. Sie können diese Form aber mit einem Ändern der einzelnen Überschriften-Formatvorlage Ihren Wünschen anpassen.

- Auffallend ist, je nach Word-Version, bei den vorgegebenen Überschriften-Formatvorlagen zunächst blaue Farbe, die Sie vermutlich nicht haben wollen.
- Ebenso sind die Schriftgrößen bei den Überschriften 1, 2, 3 und 4 mit der Abstufung *14 pt, 13 pt, 11 pt* und *11 pt* zu klein, falls Sie

---

20 Treffen Abstände aufeinander, z. B. → Abstand nach bei einem Absatz und → Abstand vor bei einer folgenden Überschrift, addieren sich die Abstände.

für Ihren Fließtext die Schriftgröße mit *12 pt* gewählt haben –
Überschriften sollten nicht kleiner als der Fließtext sein.

- Auch die Vorgabe von → Abstand vor: *24 pt* bei der Überschriften-Formatvorlage *1* kann stören, falls Sie jeweils ein Kapitel auf
  einer neuen Seite beginnen lassen wollen.
- Schließlich wollen Sie auch keine Silbentrennung in Ihren
  Überschriften.

Mit einem Rechtsklick auf die jeweilige Überschriften-Formatvorlage und dann auf → Ändern erscheint die Dialogbox *Formatvorlage ändern*. In der Mitte der Dialogbox sehen Sie nun Dropdown-
boxen, mit denen Sie unter anderem die Schrift, die Schriftgröße
und die Farbe ändern können; statt Blau wählen Sie → Automatisch (= keine Farbe). Ein Beispiel für eine Abstufung der Schriftgrößen und der Abstände rund um die Überschrift haben Sie
oben gesehen; denken Sie daran, dass Sie die Schriftgröße überschreiben können und so auch *13 pt* eingeben können.

Gehen Sie in der Dialogbox auf → Format (links unten), stehen Ihnen weitere Möglichkeiten der Formatierung zur Verfügung, darunter:

→ Absatz → Einzüge und Abstände → Abstand vor: setzen Sie
den Wert bei der Überschriften-Formatvorlage *1* auf *0 pt*,

→ Absatz → Zeilen- und Seitenumbruch → Formatierungsausnahmen → Keine Silbentrennung.

Auch die anderen Abstände → vor und → nach können Sie
auf diese Weise Ihren Wünschen anpassen.

Ab S. 284 finden Sie zwei Musterseiten: eine mit Gestaltungs-
fehlern, wie sie immer wieder gemacht werden, und eine verbes-
serte Version.

14.9 Die Gliederung formatieren

14.9.1 Händische Formatierung der Gliederung

Sie können die Überschriften jeweils von Hand formatieren, die
Nummerierung hinzufügen und bei späteren Textverschiebungen
auf die richtige Über- und Unterordnung der Überschriften verschiedener Ebenen achten. Sie können sich dabei die oben
(s. S. 271) beschriebene Funktion → Start → Format übertragen
zunutze machen.

14.9.2 Automatisches Erstellen der Gliederung

Wenn Sie Ihren Überschriften jeweils die passenden Überschriften-Formatvorlagen zugewiesen haben, tragen sie noch keine Nummerierung. Ein alleiniges Klicken auf → Start → Gruppe Absatz → Liste mit mehreren Ebenen führt zunächst zu einem ansprechenden Ergebnis, ist aber fehlerträchtig. Ein übergeordnetes System mit einer sogenannten *Listenformatvorlage* erzeugt dagegen eine stabile Gliederung. Dabei ist allerdings Sorgfalt bei der Abfolge der einzelnen Schritte geboten.

Basis: die Listen-
formatvorlage

Legen Sie zunächst eine Listenformatvorlage an.

1. Stellen Sie den Cursor in die erste Überschrift der ersten Ebene (das dürfte die erste Kapitelüberschrift sein). Klicken Sie die Überschrift nur an, markieren Sie sie nicht.
2. Klicken Sie → Start → Gruppe Absatz → Liste mit mehreren Ebenen an (Abb. 44).

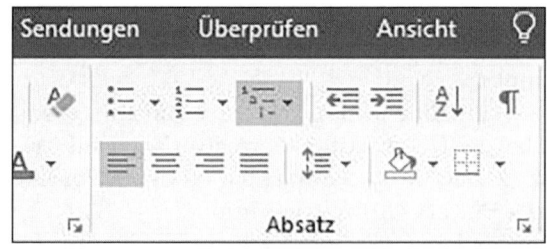

Abb. 44: Die Schaltfläche *Liste mit mehreren Ebenen*

3. Wählen Sie ein Gliederungssystem aus, bei dem *Überschrift* oder *Abschnitt* vorkommt. Klicken Sie auf das, welches Ihnen gefällt. Die klassische Variante *1 Überschrift* 1 – *1.1 Überschrift* 2 – *1.1.1 Überschrift* 3 passt sehr gut (Abb. 45), nicht dagegen die, bei dem hinter jeder Ziffer, auch der letzten, ein Punkt steht (das ist falsch).
4. Das Fenster hat sich geschlossen. Gehen Sie erneut auf → Liste mit mehreren Ebenen, dann: → Neuen Listentyp definieren.
5. Es erscheint die Dialogbox *Neue Listenformatvorlage definieren* (Abb. 46). Zunächst geben Sie Ihrer neuen Formatvorlage einen Namen, z. B. *Meine Gliederung*. Dann innerhalb der Dialogbox (links unten):
   → Format → Nummerierung.

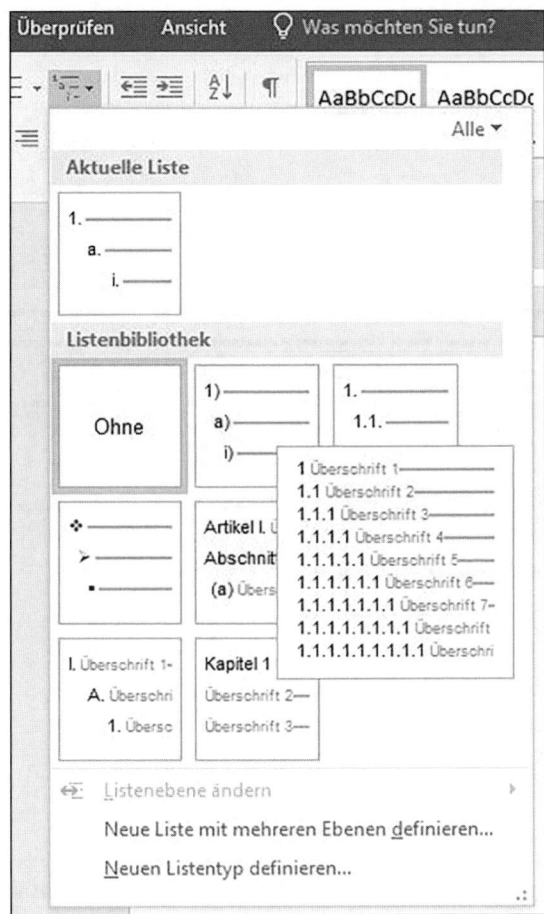

Abb. 45: Gliederungssysteme unter
Liste mit mehreren Ebenen

6. Es erscheint die Dialogbox *Liste mit mehreren Ebenen ändern* (Abb. 47).
7. → Erweitern.
8. Die Dialogbox *Liste mit mehreren Ebenen ändern* wird auf der rechten Seite um zusätzliche Funktionen erweitert (Abb. 48).
9. Der Cursor in der Dialogbox steht auf der *Ebene 1*. Die Ebene ist mit einem schwarzen Balken gekennzeichnet.
10. → Verbinden mit Formatvorlage → *Überschrift 1*. Auf diese Weise wird dieser Ebene die passende Überschriften-Formatvorlage zugeordnet.

Feinarbeit: das Gliederungssystem anpassen

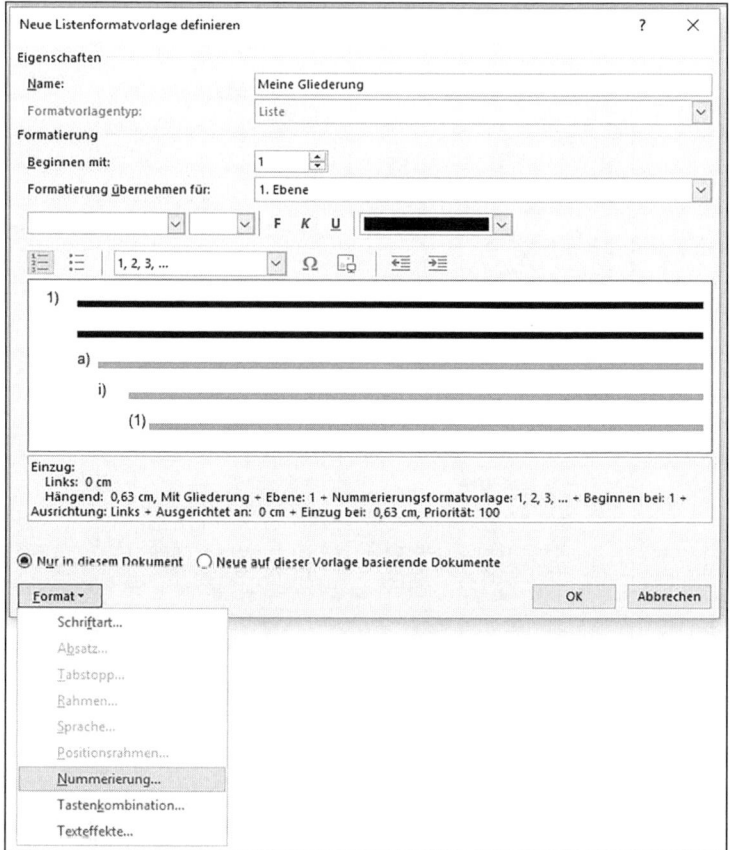

Abb. 46: Die Dialogbox *Neue Listenformatvorlage definieren*

Zahlenformat   **11.** → Zahlenformat → Zahlenformatvorlage für diese Ebene. Weil Sie bereits ein Gliederungssystem vorausgewählt haben, wird Ihnen das Gliederungssystem *1, 2, ...* angezeigt.[21]

---

21 Sie können natürlich auch einmal nachschauen, was es so alles an Zahlenformaten gibt – z. B. außer *1, 2, 3, ...* auch *I, II, III, ..., a, b, c, ...* usw. Auch *ohne* gibt es. Diese Formate richten sich nach dem jeweiligen Gliederungssystem.

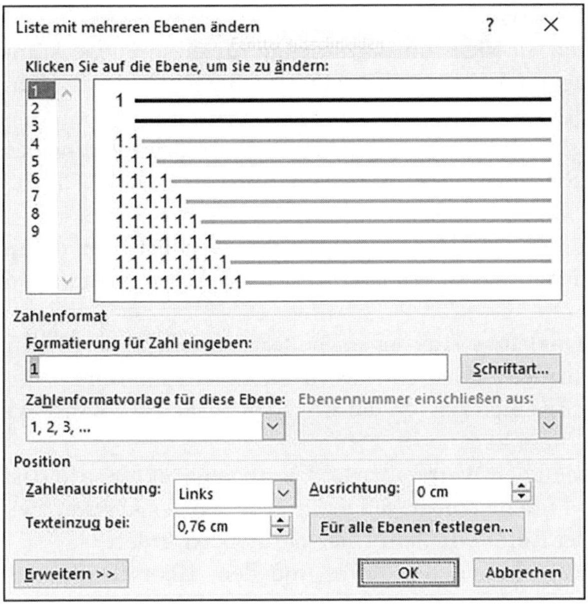

Abb. 47: Die Dialogbox *Liste mit mehreren Ebenen ändern*

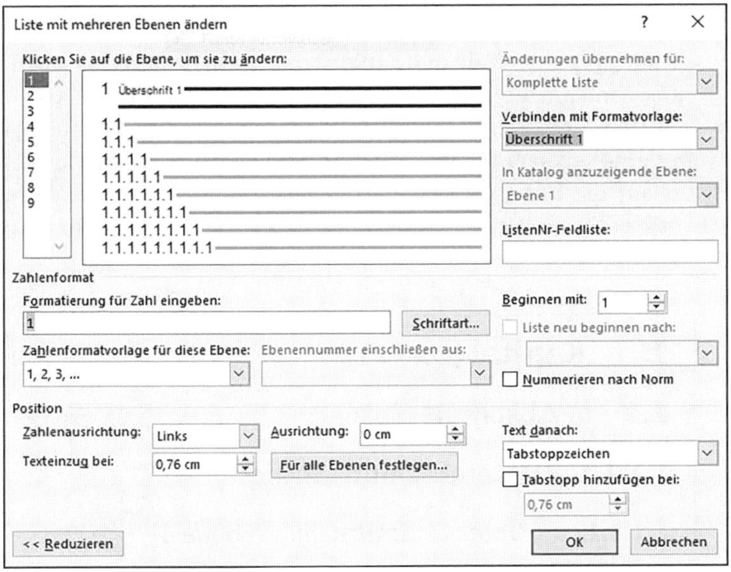

Abb. 48: Die Dialogbox *Liste mit mehreren Ebenen ändern* (erweitert)

12. → Bereich **Position**

Einzüge
Jetzt können Sie sich um die Einzüge für diese Ebene kümmern. Leider sind die Begriffe in diesem Bereich etwas irreführend.

- → Zahlenausrichtung: Hier ist *Links* vorgegeben, und das sollten Sie auch so lassen. Üblicherweise stehen die Gliederungsziffern am linken Rand.
- → Ausrichtung: Hier lassen Sie den Wert bei *0 cm*, damit Ihre Gliederungsziffern *ohne Einzug* direkt am linken Rand stehen.
- → Text danach: Hier legen Sie fest, an welcher Stelle Ihr Überschriftentext beginnt. Word hat hierzu schon einen Vorschlag für einen passenden Wert angegeben: → Tabstopp hinzufügen bei.

Sie können den Wert entweder bestätigen oder etwas anpassen. Im Mittelfeld oben sehen Sie, wie sich der Abstand zwischen der Ziffer und dem Überschriftentext ändert.

Ziffer –
Überschrift
Beim Abstand zwischen der Ziffer und dem Überschriftentext sind zwei Formen gebräuchlich, die Sie bereits kennengelernt haben.

Variante 1:

Die von Word vorgeschlagenen Werte gehen davon aus, dass der Abstand zwischen der Ziffer und der Überschrift immer gleich groß ist. Weil die Zahlen aber immer länger werden, muss entsprechend der Tabstopp, der den Beginn des Überschriftentextes markiert, immer weiter nach rechts rücken. Daher erhöhen sich die Werte bei → Text danach, wenn Sie später auf die folgenden Ebenen gehen. Falls Sie die von Word vorgegebenen Werte jeweils akzeptieren, sieht das Ergebnis so aus wie in Abb. 49.

1   Kapitel (Ebene 1)

1.1   Abschnitt (Ebene 2)

1.1.1   Unterabschnitt (Ebene 3)

1.1.1.1   Unter-Unterabschnitt (Ebene 4)

Abb. 49: Gleichbleibende Abstände zwischen der Ziffer und dem Überschriftentext

Variante 2:

Der Überschriftentext kann auch auf einen gleichbleibenden Beginn festgelegt werden. Der Abstand zwischen der Ziffer und dem Überschriftentext ist dann verschieden groß (Abb. 50). Der Tabstopp, der den Beginn des Überschriftentextes markiert, richtet sich nach der längsten Ziffer; hier ist das diejenige auf der Ebene 4.

1	**Erste Ebene**
1.1	**Zweite Ebene**
1.1.1	**Dritte Ebene**
1.1.1.1	*Vierte Ebene*

Abb. 50: Verschiedene Abstände zwischen der Ziffer und dem Überschriftentext

Sie benötigen also einen Wert für den Tabstopp bei → Text danach, der für alle Ebenen gleich groß ist.[22] Geben Sie bei → Text danach diesen Wert ein.

- Texteinzug bei: Hier wird der Einzug für die zweite Zeile einer zweizeiligen (oder noch längeren) Überschrift festgelegt. Weil die Zeilen einer solchen Überschrift bündig untereinander stehen sollen, sollte hier der Wert jeweils genau wie bei → Text danach sein.

13. Klicken Sie **nicht** auf OK!
14. Wiederholen Sie das Vorgehen für die folgenden Ebenen.
15. → OK.

Die Gliederungsziffern sind jetzt in Ihren Überschriften und bei den Überschriften-Formatvorlagen im Schnellformatvorlagen-Katalog zu sehen.

---

22 Sie können einmal probeweise oben links auf Ebene 4 gehen, um nachzuschauen, welcher Wert dann von Word vorgeschlagen *würde*. Das gibt Ihnen einen Anhaltspunkt. Kehren Sie aber wieder auf Ebene 1 zurück. Wenn Sie dann diesen Wert bei → Text danach eingeben und auf → Für alle Ebenen festlegen klicken, wird Ihnen der Wert standardmäßig auch für die anderen Ebenen vorgeschlagen.

Anzeige der Gliederung

Sie können sich die Gliederung, also Ihre Überschriften, ständig neben Ihrem Text **anzeigen lassen** (Abb. 51):

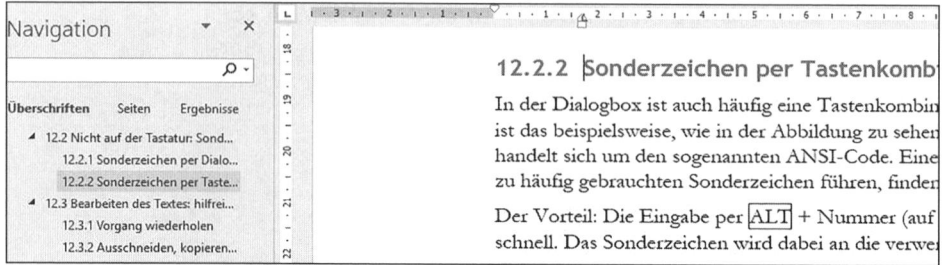

Abb. 51: Anzeige der Gliederung

 → Ansicht → Häkchen bei Navigationsbereich oder Einblenden mit Strg. + F.

Die Überschriften erscheinen links neben dem Text, unter → Navigation. Mit den kleinen Pfeilen links vor den jeweiligen Überschriften können Sie je nach Wunsch die Unterkapitel anzeigen lassen oder diese verbergen. Auf diese Weise können Sie etwa bei einer langen Arbeit das Kapitel, an dem Sie arbeiten, komplett anzeigen lassen und alles Übrige bis auf die Kapitelüberschriften schließen. Sie können auch direkt eine Überschrift anklicken und gelangen so zur entsprechenden Stelle im Text.

Ebenso können Sie die Überschriften mitsamt zugehörigem Text an eine andere Stelle verschieben. Lassen Sie sich eine Ebene anzeigen und die darunter liegenden nicht mehr, bezieht sich ein Verschiebe-Befehl praktisch auf das ganze Paket von Überschrift mitsamt allen darunterliegenden Unter- und Unterunterüberschriften. Haben Sie jedoch auch die darunterliegenden Ebenen angezeigt, gilt der jeweilige Befehl nur für die Überschrift, auf der Sie gerade stehen, nicht für die dazugehörigen kleineren Überschriften.

Erzeugen einer neuen Überschrift

Wenn Sie die Gliederung um eine **neue Überschrift** erweitern wollen, weisen Sie Ihrem Überschriftentext einfach die entsprechende Überschriften-Formatvorlage zu, z. B. *Überschrift 2*. Word erzeugt dann auch die richtige Nummer. Gehen Sie **nicht** auf → Liste mit mehreren Ebenen.

Nachträgliches Ändern der Gliederung

Wenn Sie an der Gliederung etwas ändern wollen, etwa den Abstand zwischen der Nummerierungsziffer und der Überschrift, stellen Sie den Cursor auf die erste nummerierte Überschrift in Ihrem Dokument. Dann:

→ Start → Gruppe Absatz → Liste mit mehreren Ebenen.
Die Listenformatvorlage, die Sie erzeugt haben, wird unten, unter
→ Listenformatvorlagen, mit einer Abbildung Ihres Gliederungssystems angezeigt. Klicken Sie mit einem Rechtsklick darauf und im Kontextmenü auf → Ändern.

Mit → Format → Nummerierung kommen Sie wieder zur Dialogbox *Liste mit mehreren Ebenen ändern*.

Manche Überschriften wie etwa „Vorwort" sollen **keine Nummer**
bekommen, aber im Inhaltsverzeichnis auftauchen.

Zunächst brauchen Sie für diese Art Überschrift eine eigene
Überschriften-Formatvorlage.

Weisen Sie Ihre Überschrift einer Formatvorlage zu, die Sie für
Ihre regulären Überschriften nicht benötigen, etwa die Überschriften-Formatvorlage *Überschrift 5* (eine Gliederungstiefe von 5 Ebenen wäre wirklich zu viel!). Ändern Sie die Formatvorlage, indem
Sie bei *basiert auf* statt *Standard* die Angabe *Überschrift 1* wählen.

Gehen Sie dann wie oben unter „Nachträgliches Ändern der
Gliederung" beschrieben zur Dialogbox *Liste mit mehreren Ebenen
ändern*. Gehen Sie auf die Ebene 5 und verbinden Sie sie mit der
Formatvorlage *Überschrift 5*.

Dann stellen Sie Folgendes ein:

* → Formatierung für Zahl eingeben: löschen Sie die vorgegebenen Angaben.
* → Zahlenformatvorlage für diese Ebene: *ohne*.
* → Texteinzug bei: 0.
* → Text danach: *nichts*.

Im Vorschaufenster konnten Sie sehen, wie Ihre Überschrift nun
aussieht: Sie hat keine Nummer mehr und steht linksbündig,
ohne Einzug. Sie können sie nun mit dem normalen Ändern einer Überschriften-Formatvorlage (rechter Mausklick, → Ändern)
noch genauer Ihren Wünschen anpassen, z. B. die Überschrift
Vorwort etwas kleiner oder genauso groß setzen wie die Kapitelüberschriften. Sie müssen möglicherweise die Nummerierung
per Kontextmenü (rechte Maustaste) anpassen (→ Nummerierung fortsetzen, → Neu beginnen mit 1 oder → Nummerierungswert festlegen), denn eine Überschrift einer niedrigeren
Ebene noch vor der ersten Kapitelüberschrift kann Word durchaus bei der Zählung verwirren.

Ein **Anhang** und gegebenenfalls einzelne Teile werden in der Regel mit Großbuchstaben versehen. Zu diesem Zweck brauchen
Sie – richtig, wieder eine neue Formatvorlage. Suchen Sie sich

Sonderfall:
Überschriften
ohne
Nummerierung

Sonderfall:
Überschriften für
den Anhang

wiederum eine aus, die Sie noch nicht verwendet haben, z. B. die Formatvorlage *Überschrift 6*. Ändern Sie sie von *basiert auf Standard* auf *basiert auf Überschrift 1*. Dann wechseln Sie wie oben unter „Nachträgliches Ändern der Gliederung" beschrieben zur Dialogbox *Liste mit mehreren Ebenen ändern*.

Verbinden Sie die Ebene 6 mit der Überschriften-Formatvorlage *Überschrift 6*.

- → Formatierung für Zahl eingeben: löschen Sie die Angaben.
- → Zahlenformatvorlage für diese Ebene: A, B, C, ...

Stellen Sie danach passende Werte für die Positionen ein, am besten wie bei der *Überschrift 1*.

Sie erhalten Überschriften nach dem Muster *A*.

Wenn Sie den Anhang weiter unterteilen, erzeugen Sie wie oben beschrieben eine neue Formatvorlage *Überschrift 7*, die, weil sie ja eine Unter-Überschrift ist, auf der *Überschriften-Formatvorlage 2* basiert. In der Dialogbox *Liste mit mehreren Ebenen ändern* verbinden Sie als Erstes die Ebene 7 mit der Überschriften-Formatvorlage *Überschrift 7*.

- → Formatierung für Zahl eingeben: löschen Sie die Zahlen links von *A*.
- → Zahlenformatvorlage für diese Ebene: 1, 2, 3, ...

Sie erhalten Überschriften nach dem Muster *A.1*.

Sonderfall: die Überschrift Inhalt — Die **Überschrift „Inhalt"** soll nicht im Inhaltsverzeichnis auftauchen. Gehen Sie entweder so vor wie bei den unnummerierten Überschriften und wählen Sie eine weitere Überschriften-Formatvorlage. Später nehmen Sie diese Formatvorlage nicht ins Inhaltsverzeichnis auf. Oder Sie setzen die jeweilige Überschrift einfach händisch an die entsprechende Stelle und geben ihr die Form einer Kapitelüberschrift. Dass sie dann nicht beim Scrollen oder beim Anzeigen der Überschriften (Dokumentstruktur) angezeigt wird, können Sie sicher verschmerzen.

Die Nummerierung anpassen — Es kann Ihnen passieren, dass Sie bei Veränderungen die Nummerierung anpassen müssen. Markieren Sie dazu die (grau unterlegte) Ziffer der nummerierten Überschrift. Im Kontextmenü (rechte Maustaste) stehen Ihnen Funktionen wie → Nummerierung fortsetzen, → Neu beginnen mit 1 oder → Nummerierungswert festlegen zur Verfügung.

Die Gliederung löschen — Wenn Ihre Gliederung vollständig außer Kontrolle zu geraten scheint, kann es sich lohnen, die Listenformatvorlage zu löschen und die Gliederung von Grund auf neu aufzubauen – mitsamt dem korrekten Verbinden der Ebenen mit den Formatvorlagen.

→ Bereich FORMATVORLAGEN → Pfeil rechts unten → ganz unten: rechter Button FORMATVORLAGEN VERWALTEN → BEARBEITEN. Es erscheint eine lange Liste meist ausgeblendeter Formatvorlagen. Scrollen Sie runter, bis Sie Ihre Listenformatvorlage (z. B. mit dem Namen *Meine Gliederung*) finden.

→ LÖSCHEN → OK.

14.10 Die Gestaltung: zwei Musterseiten

Im Folgenden finden Sie zwei Musterseiten. Auf der ersten (Abb. 52) sind einige typische Fehler eingebaut, während die zweite (Abb. 53) eine bessere Gestaltung zeigt. Vergleichen Sie die Seiten – finden Sie die Fehler?

Überschriften

Auf der *Musterseite 1* finden sich die folgenden Fehler:

Punkt nach der letzten Ziffer: Der Punkt nach der letzten Gliederungsziffer ist falsch: Es heißt also tatsächlich *1 Einleitung* (s. S. 24).

Falsche Verwendung unterschiedlicher Schriften: Die Überschriften sind in *Times New Roman* (Serifenschrift), der Fließtext in *Arial* (serifenlose Schrift) gesetzt. Besser wäre es umgekehrt: *Times New Roman* für den Fließtext, *Arial* für die Überschriften (oder eine andere Serifenschrift für den Fließtext, eine serifenlose Schrift für die Überschriften) (s. S. 250).

Falsche Hervorhebungen: Die Überschriften sind fett und unterstrichen. Beides zusammen geht nicht, da es aktive Hervorhebungen sind, die sich gegenseitig bekämpfen. Überschriften setzt man am besten im Fettdruck; bei niedrigen Ebenen kann auch noch Kursivdruck dazukommen (s. S. 56).

Musterseite 1: die Fehler

1. Einleitung

In der Ableitung aus dem zweiten Hauptsatz der Thermodynamik wird die Entropie S als Maß für die Unordnung und gleichzeitig als Maß für die Wahrscheinlichkeit eines Zustandes gesehen: Der wahrscheinlichste Zustand ist immer der Zustand größtmöglicher Unordnung.

Im Zusammenhang mit dem hier angestrebten sozialwissenschaftlichen Ansatz ist von großer Bedeutung, dass Systeme aus eigenem Antrieb immer in den Zustand der höchstmöglichen Entropie streben. In der folgenden Untersuchung steht die Frage im Mittelpunkt, ob das Maß der Entropie auf die Unordnung in den letzten Tagen vor der Abgabe einer Abschlussarbeit anzuwenden ist.

Als Parameter können genannt werden:

- Blätter, die sich bei einer Suche nach Quellenangaben ihrer ursprünglichen Ordnung entziehen

- Beschimpfungen des Textverarbeitungsprogramms

- im Raum umhergeworfene Gegenstände

- wiederholt um ihre Meinung befragte Kommilitonen, bis hin zur zwangsweise durchgeführten Entfernung des Probanden aus der Bibliothek

Dieser bisher in der Forschung gänzlich vernachlässigte Zusammenhang zwischen der Thermodynamik und menschlichem Verhalten soll hier thematisiert werden.

1.1. Datenlage: Vorliegende Untersuchungen zur Entropie als „Maß der Unordnung" bei Studenten

Bereits in der Einleitung wurde aufgezeigt, dass die bisher vorliegende Datenbasis unzureichend ist; notwendig sind empirische Untersuchungen, die belastbare Daten liefern. Als besonders geeignet erscheinen Studentengruppen in den Arbeitsräumen einer Bibliothek wenige Tage vor dem Abgabetermin.

1.1.1. Untersuchungsdesign

Es wurden zwei Untersuchungsgruppen zusammengestellt. Die erste Gruppe befand sich ein bis maximal fünf Tage vor dem Abgabetermin, während einer Kontrollgruppe noch mindestens zwei Monate für ihre Arbeit zur Verfügung standen.

7

1 Einleitung

In der Ableitung aus dem zweiten Hauptsatz der Thermodynamik wird die Entropie S als Maß für die Unordnung und gleichzeitig als Maß für die Wahrscheinlichkeit eines Zustandes gesehen: Der wahrscheinlichste Zustand ist immer der Zustand größtmöglicher Unordnung.

Im Zusammenhang mit dem hier angestrebten sozialwissenschaftlichen Ansatz ist von großer Bedeutung, dass Systeme aus eigenem Antrieb immer in den Zustand der höchstmöglichen Entropie streben. In der folgenden Untersuchung steht die Frage im Mittelpunkt, ob das Maß der Entropie auf die Unordnung in den letzten Tagen vor der Abgabe einer Abschlussarbeit anzuwenden ist.

Als Parameter können genannt werden:

– Blätter, die sich bei einer Suche nach Quellenangaben ihrer ursprünglichen Ordnung entziehen
– Beschimpfungen des Textverarbeitungsprogramms
– im Raum umhergeworfene Gegenstände
– wiederholt um ihre Meinung befragte Kommilitonen, bis hin zur zwangsweise durchgeführten Entfernung des Probanden aus der Bibliothek

Dieser bisher in der Forschung gänzlich vernachlässigte Zusammenhang zwischen der Thermodynamik und menschlichem Verhalten soll hier thematisiert werden.

1.1 Datenlage: Vorliegende Untersuchungen zur Entropie als „Maß der Unordnung" bei Studenten

Bereits in der Einleitung wurde aufgezeigt, dass die bisher vorliegende Datenbasis unzureichend ist; notwendig sind empirische Untersuchungen, die belastbare Daten liefern. Als besonders geeignet erscheinen Studentengruppen in den Arbeitsräumen einer Bibliothek wenige Tage vor dem Abgabetermin.

1.1.1 Untersuchungsdesign

Es wurden zwei Untersuchungsgruppen zusammengestellt. Die erste Gruppe befand sich ein bis maximal fünf Tage vor dem Abgabetermin, während einer Kontrollgruppe noch mindestens zwei Monate für ihre Arbeit zur Verfügung standen.

Abb. 53: Musterseite 2

Falscher Blocksatz: Überschriften sollten im Flattersatz (linksbündig) gesetzt werden (s. S. 270).

Fehlender Einzug: Bei der zweizeiligen *Überschrift 1.1* läuft der Text unter die Ziffer (s. S. 267).

Zu geringe Variation bei den Abständen: Der Abstand nach der ersten Überschrift ist genauso groß wie die Abstände zwischen den einzelnen Absätzen. Bei der großen Kapitelüberschrift *(16 pt)* ist das zu wenig. Die Überschriften der kleineren Ebenen kleben sogar direkt am folgenden Text. Mehr Spielraum beim Setzen von Abständen erzielt man statt mit Leerzeilen mit *Abstand vor* und *Abstand nach* (s. S. 257).

Text

Fehlender Trenndurchgang: Es müsste noch ein Trennvorgang durchgeführt werden, um die teilweise großen Wortzwischenräume zu vermeiden (s. S. 237).

Doppelte Leerzeichen: An einigen Stellen finden sich doppelte Leerzeichen, die zu noch größeren „Löchern" im Text und zu einem sehr unruhigen Schriftbild führen. Sie lassen sich mit einem *Suchen/Ersetzen*-Vorgang leicht beseitigen (s. S. 319).

Aufzählung

Aufzählung im Blocksatz: Der Blocksatz führt im Zusammenhang mit der fehlenden Trennung zu großen Wortzwischenräumen. Zudem hebt sich die Aufzählung auf diese Weise viel zu wenig vom umgebenden Text ab. Besser wäre linksbündiger Flattersatz (s. S. 256).

Leerzeichen statt Tabulator: Nach dem Aufzählungszeichen wurde ein Leerzeichen gesetzt. In der Kombination mit dem Blocksatz führt das dazu, dass sich der Abstand zwischen Aufzählungszeichen und Text verändert, wenn die Zeile bis zum rechten Rand läuft (s. S. 58, zu Tabstopps S. 258).

Fehlender Einzug: Bei den zweizeiligen Aufzählungsteilen läuft die zweite Zeile unter das Aufzählungszeichen. Hier wird zusätzlich zum Tabstopp ein hängender Einzug benötigt (s. S. 267).

Bindestriche als Aufzählungszeichen: Hier sind Gedankenstriche besser (s. S. 58).

15 Der Umbruch

Die Seitengestaltung, bei der Textelemente wie der Fließtext und die Abbildungen ihren angemessenen Platz auf der einzelnen Seite erhalten, wird „Umbruch" genannt. Dabei sollte etwa eine Überschrift nicht allein unten auf der Seite stehen. Für dieses und andere Probleme gibt es interessante Word-Funktionen.

15.1 Seiten im Überblick betrachten

Es gibt nützliche Funktionen, wenn Sie sich den Text Ihrer Arbeit zwischendurch oder zum Schluss durchlesen wollen.

Lesemodus

- In Word 2010 steht Ihnen unter → Ansicht die Funktion → Vollbild-Lesemodus zur Verfügung.
  Unter → Ansichtsoptionen können Sie unter anderem auswählen, ob Sie eine oder zwei Seiten gleichzeitig betrachten wollen. Sie können auch Änderungen im Text eingeben. Unter → Tools (links) kommen Sie auf die Dialogbox *Suchen* mit Möglichkeiten des Suchens.
- Ab Word 2013/2016 steht unter → Ansicht die Funktion → Lesemodus zur Verfügung.
  Mit → Ansicht, dann auf → Layout → Spaltenlayout oder → Papierlayout
  können Sie von der Spalten-Ansicht (zwei Seiten nebeneinander) in die Ansicht mit einer Seite wechseln. Im Lesemodus können Sie nichts im Text ändern, aber per Kontextmenü (rechte Maustaste) Kommentare setzen oder Textstellen hervorheben. Das bleibt auch dann erhalten, wenn Sie den Lesemodus (mit → Escape oder → Ansicht → Dokument bearbeiten) wieder verlassen. Unter → Extras finden Sie geeignete Suchmöglichkeiten.

Der Vollbild-Lesemodus bzw. Lesemodus ist für das *Lesen* von Text gedacht, nicht für das Betrachten ganzer Seiten mit Textteilen wie Kolumnentiteln oder für das Kontrollieren der Seitenzahlen. Wählen Sie dafür besser die Zoom-Funktion:
→ Ansicht → Zoom.
Hier können Sie auswählen, wie viele Seiten Sie gleichzeitig betrachten wollen. Bei einer Verringerung des Zoomfaktors (Lupen-

symbol) in Zehnerschritten erscheinen immer mehr Seiten; mit Überschreiben der vorgegebenen Prozentwerte können Sie diese Werte auch ganz genau einstellen.

Mit einem Klick auf *100%* kommen Sie zu Ihrer gewohnten Ansicht einer Seite zurück.

Eine schnellere Variation für das Verschieben in Zehnerschritten: Verschieben des Reglers in der Statusleiste unten rechts oder $\boxed{\text{Strg.}}$ + Betätigen des Mausrads.

15.1.1   Problem: neue Seite mit Leerzeilen erzeugen

Nicht mit Leerzeilen eine neue Seite erzeugen!

Setzen Sie niemals so viele Leerzeilen untereinander, bis Word eine neue Seite erzeugt. Sobald auch nur eine einzige Zeile Text hinzukommt, schiebt sich die letzte Leerzeile auf die folgende Seite und drückt hier den Text nach unten (Abb. 54).

Abb. 54: Verschiebung des Seitenumbruchs

Geben Sie Word einfach den Befehl, es solle eine neue Seite beginnen, also einen sogenannten *Seitenumbruch* vornehmen. Auf diese Weise können Sie z. B. auch dafür sorgen, dass ein neues Kapitel jeweils auf einer neuen Seite beginnt.

Der Befehl lautet: → Start → Layout [2010: Seitenlayout] → Umbrüche → Seite.

Klicken Sie dazu hinter das letzte Wort Ihres Textes vor dem gewünschten Umbruch.

Ein Seitenumbruch wird in der Ansicht der Formatierungszeichen (einblenden mit einem Klick auf ¶ in der Menüleiste) mit einer gestrichelten Linie und der Bezeichnung *Seitenumbruch* angezeigt.

15.1.2   Problem: eine Überschrift allein unten auf der Seite

→ Start → Gruppe Absatz (Pfeil rechts unten) → Zeilen- und Seitenumbruch → Nicht vom nächsten Absatz trennen.
Eine Überschrift, die allein unten auf der Seite steht, ist ein klassischer Fehler. Um das zu vermeiden, klicken Sie die Überschrift an und dann die oben genannte Funktion. Die Überschrift ist mit dem folgenden Absatz verbunden und wandert auf die nächste Seite.

Haben Sie mit einer Leerzeile zwischen Überschrift und Text gearbeitet, setzen Sie den Befehl zweimal: in der Überschrift und in der Leerzeile (auch eine Leerzeile ist für Word ein Absatz – nur eben ohne Text). Damit binden Sie die Überschrift an die Leerzeile und diese wiederum an den folgenden Absatz.

Bei Überschriften-Formatvorlagen ist die Funktion → Nicht vom nächsten Absatz trennen bereits standardmäßig aktiviert. Wenn Sie nach einer Überschrift, die mit einer Überschriften-Formatvorlage verbunden ist, eine Leerzeile setzen, müssen Sie lediglich die Leerzeile mit der genannten Funktion an den folgenden Absatz binden.

15.1.3   Problem: Schusterjungen und Hurenkinder

→ Start → Gruppe Absatz (Pfeil rechts unten) → Zeilen- und Seitenumbruch → Absatzkontrolle.
Die Begriffe *Schusterjunge* und *Hurenkind* stammen aus der Setzersprache: Sie bezeichnen einzelne Zeilen, die das Gesamtbild der Seite stören. Mit der sogenannten *Absatzkontrolle* werden diese Probleme vermieden. Diese Funktion ist in Word grundsätzlich aktiviert.

Ein *Schusterjunge* ist die erste Zeile eines neuen Absatzes, die unten auf der Seite erscheint (Abb. 55).

Mit der Absatzkontrolle nimmt Word diese unten stehende Zeile und schiebt sie auf die folgende Seite. Der Raum, auf dem die Zeile ursprünglich stand, bleibt leer (Abb. 56).

Schusterjunge: Korrektur durch die Absatzkontrolle

Abb. 55: Schusterjunge

Abb. 56: Schusterjunge nach der automatischen
Korrektur durch die Absatzkontrolle

Ein *Hurenkind* ist die letzte Zeile eines Absatzes, die auf eine neue
Seite gewandert ist (Abb. 57).

Abb. 57: Hurenkind

Hurenkind:
Korrektur
durch die
Absatzkontrolle

Bei der Absatzkontrolle nimmt Word auch die vorletzte Zeile
mit auf die neue Seite. Der Raum, auf dem diese vorletzte Zeile
stand, bleibt leer (Abb. 58).

Abb. 58: Hurenkind nach der automatischen
Korrektur durch die Absatzkontrolle

Word beseitigt *beide* Formen, Schusterjungen wie Hurenkinder, wenn die Absatzkontrolle eingeschaltet ist. Das können Sie auch nicht anders einstellen. Ebenso lässt sich nicht festlegen, wie viele Zeilen verschoben werden sollen.

Die Absatzkontrolle liefert normalerweise gute Ergebnisse. Wenn aber eingestellt ist, dass das folgende Kapitel auf einer neuen Seite beginnen soll, kann es zu einer fast leeren Seite kommen. In diesem Fall stehen möglicherweise nur zwei Zeilen auf der gesamten Seite (Word hat mit der Absatzkontrolle eingegriffen). Die große Leerfläche sieht äußerst unschön aus (Abb. 59).

Fast leere Seite durch Hurenkind

Abb. 59: Hurenkind nach der automatischen Korrektur durch die Absatzkontrolle, ohne weiteren Text auf der Seite

Um herauszufinden, ob Sie diese Zeilen und damit immerhin eine fast leere Seite einsparen können, müssen Sie zunächst wissen, ob es letztlich nur ein Hurenkind war, zu dem Word per Absatzkontrolle eine weitere Leerzeile hinzugefügt hat.

Befindet sich auf der vorhergehenden Seite unten ein Leerraum, dann hat die Absatzkontrolle eingegriffen. Klicken Sie in den Absatz mit dem Hurenkind und deaktivieren Sie die Absatzkontrolle. Die Zeile wandert zurück, und Sie können nun versuchen, das Hurenkind wegzukürzen, z. B. durch eine stärkere Worttrennung.

15.2 Seitenzahlen

Seitenzahlen werden in der Kopfzeile oder in der Fußzeile gesetzt.
Werden sie mit einem Kolumnentitel kombiniert, stehen sie in
der Regel in der Kopfzeile (s. dazu S. 298). Der Bereich der Kopf-
und Fußzeilen ist bei Word schon von vornherein angelegt; er
wird mit einem Doppelklick geöffnet. Ein Doppelklick in den Text
(alternativ: → Kopf- und Fusszeilentools → Entwurf → ganz
rechts: Kopf- und Fusszeile schliessen) schließt ihn wieder.
Der Bereich → Kopf- und Fusszeilentools ist insbesondere bei
Word 2016 schwer zu finden. Sie sehen ihn über dem Menüband.

15.2.1 Die Seitenzahlen mit Word einfügen

Unter → Einfügen → Bereich Kopf- und Fusszeile → Seitenzahl erscheint ein Dropdownfeld mit Vorschlägen zur Positionierung (Abb. 60) und zur Form (Design) der Seitenzahlen.[23]

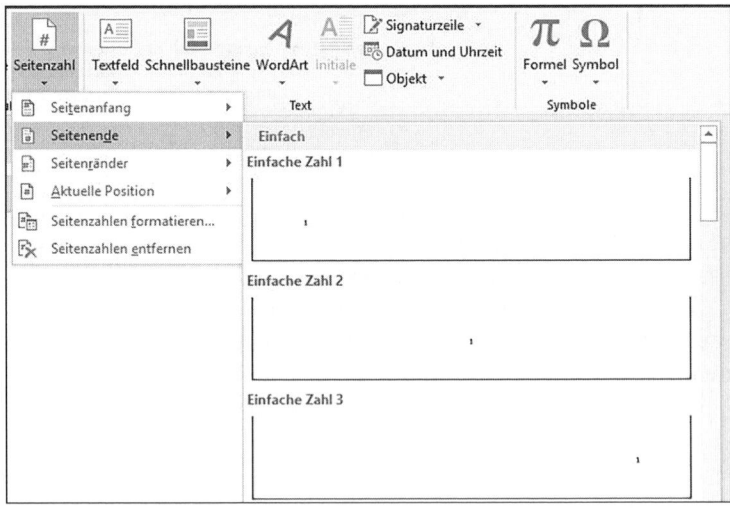

Abb. 60: Funktion *Seitenzahl einfügen*

---

23 Wenn Sie die Kopf- bzw. Fußzeile bereits geöffnet haben, müssen Sie nicht
über → Start → Einfügen gehen: Der Bereich → Kopf- und Fusszeile
mit den drei Funktionen → Kopfzeile, → Fusszeile und → Seitenzahl
ist nun (ganz links) sichtbar. Im Folgenden wird jeweils der Weg über →
Einfügen beschrieben.

- → **Seitenanfang:** Die Seitenzahlen werden automatisch in die *Kopfzeile* eingefügt.
- → **Seitenende:** Die Seitenzahlen werden in die *Fußzeile* eingefügt.
- → **Seitenränder:** Die Seitenzahlen werden außerhalb des Satzspiegels angezeigt: auffällig und eher ungeeignet für Abschlussarbeiten.
- → **Aktuelle Position [2010: Seitenzahlen]:** Die Seitenzahlen werden an der angeklickten Stelle eingefügt.

Vermeiden Sie es, mit ausgefallenen Formen Eindruck schinden zu wollen (Abb. 61).

Keine ausgefallenen Formen

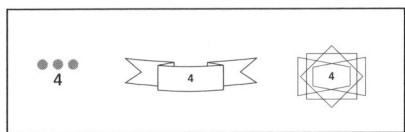

Abb. 61: Zu auffällige Seitenzahldesigns wie *Punkte, Band* und *Mosaik*

Im Folgenden wird gezeigt, wie Sie verschiedene Seitenzahlformate erzeugen. Die Erläuterungen beziehen sich dabei auf Seitenzahlen, die in der *Fußzeile* stehen. Das Prinzip ist aber für beide, Kopf- wie Fußzeile, gleich.

15.2.2 Einfache arabische Ziffern

Unten rechts auf der Seite sollen arabische Ziffern stehen, aber das Titelblatt soll ohne Seitenzahl bleiben.

Nur arabische Ziffern

Dazu gehen Sie auf → Einfügen → Seitenzahl → Seitenende → Einfach: einfache Zahl 3 → Kopf- und Fusszeilentools → Entwurf → Bereich Optionen → Erste Seite anders.
Durch die Funktion → Erste Seite anders erscheint auf dem Titelblatt keine Seitenzahl. Das Titelblatt wird aber „im Geiste" mitgezählt, sodass das Inhaltsverzeichnis, das auf das Titelblatt folgt, mit der Seitenziffer 2 beginnt.

15.2.3 Seitenzahlen mit römischen und arabischen Ziffern

Römische und arabische Ziffern

Sie brauchen bei längeren Arbeiten möglicherweise verschiedene Seitenzahlformate:

- Titelblatt: *ohne Seitenzahl*
- Vortexte (Textteile zwischen dem Titelblatt und dem Haupttext): *römische Ziffern – i, ii, iii*
- Haupttext, Anhang und Literaturverzeichnis: *arabische Ziffern – 1, 2, 3*
- Eidesstattliche Erklärung: *ohne Seitenzahl*

1. Klicken Sie zunächst den Fußzeilenbereich an:
   → EINFÜGEN → SEITENZAHL → SEITENENDE → EINFACH: EINFACHE ZAHL 3.
   Die Seitenzahlen werden in der Fußzeile rechts unten eingefügt.
2. → KOPF- UND FUSSZEILE SCHLIESSEN

Unbedingt notwendig: Abschnittsumbrüche

3. **Abschnittsumbrüche setzen:** Bei einem Wechsel des Seitenzahlformats müssen Sie jeweils einen *Abschnittsumbruch* setzen.
   Der Unterschied zwischen einem *Seiten*umbruch und einem *Abschnitt*umbruch ist:

Seitenumbruch vs. Abschnittsumbruch

- Der Seitenumbruch ist eine kleine Funktion, die für eine neue Seite sorgt. Mehr nicht.
- Der Abschnittsumbruch bedeutet einen massiven Eingriff. Ab jetzt können Sie *Formatierungen* ändern, z. B. den Text zweispaltig setzen. Je nachdem, welche Art von Abschnittsumbruch Sie wählen, ist er mit einem Seitenumbruch verbunden.

Klicken Sie mit der rechten Maustaste in die Statusleiste; das ist der horizontale Balken ganz unten mit Angaben u. a. zur Seite und zur Zeile. Im erscheinenden Kontextmenü setzen Sie ein Häkchen bei *Abschnitt*. Es ist bei der Arbeit mit Abschnittsumbrüchen sehr nützlich, mit einem Blick sehen zu können, in welchem Abschnitt man sich gerade befindet.

Sie setzen nun einen Abschnittsumbruch
- nach den Vortexten und
- nach dem letzten Wort vor der eidesstattlichen Erklärung, in der Regel also nach dem Literaturverzeichnis (Tabelle 9).

Tabelle 9: Notwendige Abschnittsumbrüche bei unterschiedlichen Seitenzahlformaten

Abschnitt 1	Titelblatt *ohne Seitenzahl*
	Erste Seite anders
	Vortexte *römische Ziffern: i, ii, iii*
Abschnittsumbruch	
Abschnitt 2	Haupttext, Anhang, Literaturverzeichnis *arabische Ziffern: 1, 2, 3*
Abschnittsumbruch	
Abschnitt 3	eidesstattliche Erklärung *ohne Seitenzahl*

Dazu gehen Sie auf → Layout [2010: Seitenlayout] → Umbrüche → Abschnittsumbrüche → Nächste Seite.

Mit dieser Funktion legen Sie fest, dass der neue Abschnitt auf einer neuen Seite beginnen soll.[24] Eventuell an diesen Stellen vorhandene Seitenumbrüche ersetzen Sie durch die Abschnittsumbrüche. Um die Seitenumbrüche zu erkennen, schalten Sie unter → Start → ¶ die Ansicht der Formatierungszeichen ein.

Abschnitt 1 umfasst nun das Titelblatt und die Vortexte, *Abschnitt 2* den Haupttext plus Anhang und Literaturverzeichnis, *Abschnitt 3* die eidesstattliche Erklärung.

4. → Doppelklick in die Fußzeile *Abschnitt 1* → Kopf- und Fusszeilentools → Entwurf → Erste Seite anders.
Damit wird auf Ihrem Titelblatt die Seitenzahl ausgeblendet.

5. Gehen Sie in die Fußzeile des *Abschnitts 2*, per Button → Nächste bei → Kopf- und Fusszeilentools oder per Runterscrollen. Dann: → Fußzeile *Abschnitt 2* → Kopf- und Fusszeilentools → Entwurf → Bereich Navigation → Mit vorheriger verknüpfen deaktivieren.
Word geht bei Abschnitten zunächst einmal davon aus, dass die Formatierungen von einem zum anderen Abschnitt beibehalten

---

24 Mit der Option → Fortlaufend können Sie einen Abschnittsumbruch mitten auf einer Seite durchführen, z. B. für eine quergelegte Tabelle. Ebenso können Sie, mit den Optionen → Gerade Seite und → Ungerade Seite, bei beidseitig bedruckten Arbeiten festlegen, ob der Text nach dem Abschnittsumbruch auf einer geraden oder einer ungeraden Seite beginnen soll.

werden sollen. Entsprechend sind die Abschnitte verknüpft – zu sehen an der kleinen Anzeige Wie vorherige (Abb. 62, rechts unten), die in der Fußzeile bzw. Kopfzeile erscheint. Es wird immer ein *neuer* Abschnitt mit einem *vorangehenden* verknüpft.

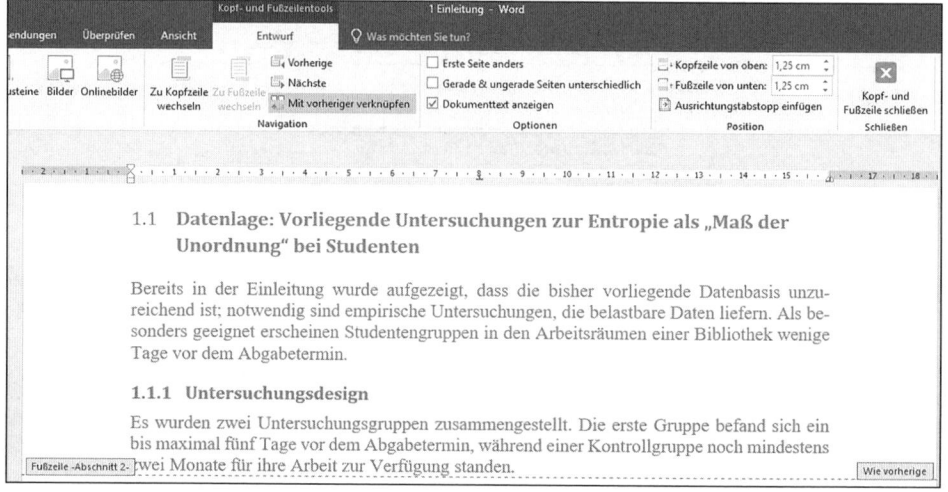

Abb. 62: Fußzeile mit Verknüpfung („Wie vorherige")

6. → Fußzeile *Abschnitt 3* → Kopf- und Fusszeilentools → Entwurf → Mit vorheriger verknüpfen deaktivieren (anklicken).

7. → Kopf- und Fusszeile schliessen.

Abschnitt 1: römische Ziffern

8. Kehren Sie in den *Abschnitt 1* zurück.

Dann: Fußzeile *Abschnitt 1* → Einfügen → Seitenzahl → Seitenzahlen formatieren.

Mit den oben genannten Befehlen erscheint die Dialogbox *Seitenzahlenformat* (Abb. 63).

Sie stellen ein:

→ Zahlenformat *i, ii, iii, …* → Beginnen bei *i*.

Das Titelblatt hat die (ausgeblendete) Seitenzahl *i*, die Vortexte beginnen mit *ii*.

Abschnitt 2: arabische Ziffern

9. Fußzeile *Abschnitt 2* → Einfügen → Seitenzahl → Seitenzahlen formatieren.

Gehen Sie in den *Abschnitt 2* und wählen Sie das Zahlenformat.

→ Zahlenformat *1, 2, 3, …* → Beginnen bei *1*.

Der Haupttext trägt wie zuvor arabische Ziffern, beginnt aber mit *1*.

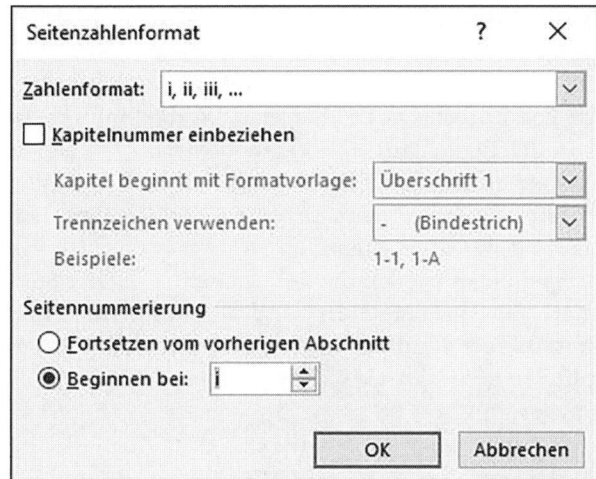

Abb. 63: Die Dialogbox *Seitenzahlenformat*

10. → Fußzeile *Abschnitt 3:* Bei der eidesstattlichen Erklärung steht keine Seitenzahl. Markieren Sie die Seitenzahl und löschen Sie sie mit Entf. .

    Abschnitt 3:
    ohne Seitenzahl

11. → KOPF- UND FUSSZEILE SCHLIESSEN.

12. Sie können nun eine Seitenzahl markieren und per Kontextmenü (rechte Maustaste) oder über → START → Gruppe SCHRIFTART (Pfeil rechts unten) → SCHRIFTART die Schrift, die Schriftgröße, kursiv usw. auswählen, ganz nach Ihrem Geschmack. Dass die Seitenzahlen möglicherweise grau erscheinen,[25] tut nichts zur Sache; das gibt nur an, dass es sich um veränderbare (aktualisierbare) Werte handelt. Beim Druck verschwindet das Grau.

Das hier vorgestellte Verfahren würde für die Kopfzeile genauso funktionieren.

---

25 Falls Sie unter → DATEI → OPTIONEN → ERWEITERT → DOKUMENTINHALT ANZEIGEN eingestellt haben, dass die Feldschattierung immer aktiviert ist.

15.3 Kolumnentitel

Unter Kolumnentiteln versteht man Text in der Kopfzeile: Sie erleichtern das Zurechtfinden. Bei einseitig bedruckten Arbeiten
werden in der Regel dafür die Kapitelüberschriften genommen,
d. h., die Kapitelüberschrift wird auf jeder Seite des Kapitels wiederholt. Nur bei zweiseitigem Druck werden daneben auch kleinere Überschriften angegeben.

Im Allgemeinen werden die Kolumnentitel mit der Seitenzahl
kombiniert. Eine beliebte Form ist der Kolumnentitel links und
die Seitenzahl rechts außen (Abb. 64). Aber auch die Variante Kolumnentitel in der Kopfzeile außen und Seitenzahl in der Fußzeile kommt vor.

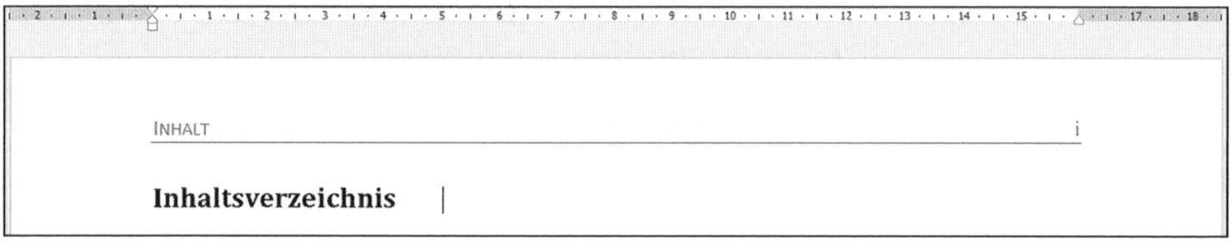

Abb. 64: Kolumnentitel und Seitenzahl in der Kopfzeile

Kolumnentitel erst am Schluss einfügen

Wenn Ihre Arbeit mehr oder weniger fertig ist, die Überschriften
sich nicht mehr ändern, Ihre Kapitel jeweils auf einer neuen Seite
beginnen und die Seitenzahlen eingefügt sind, können Sie die Kolumnentitel ohne Weiteres von Hand einfügen. Word kann das
auch automatisch erledigen, aber das sollten Sie den Spezialisten
überlassen.

Eingeben der Kolumnentitel

Die folgenden Erläuterungen gehen davon aus, dass Sie bereits
Seitenzahlen in der Kopf- oder Fußzeile eingegeben haben. Wenn
Sie Seitenzahlen in der Fußzeile haben, sie aber nun mit Kolumnentiteln in der Kopfzeile kombinieren wollen, löschen Sie sie
(markieren und löschen mit Entf.) und fügen Sie sie wie oben
beschrieben in der Kopfzeile neu ein.

Kolumnentitel bei schon vorhandenen Seitenzahlen

1. Mit → Start → Gruppe Absatz → ¶ schalten Sie zunächst die
   Anzeige der Formatierungszeichen ein.

Notwendig: Abschnittsumbrüche

2. Dann erzeugen Sie einen Abschnittsumbruch für jeden Kolumnentitel.
   (Was ein Abschnittsumbruch ist, haben Sie auf S. 294 gesehen.)

Setzen Sie einen Abschnittsumbruch *für jeden einzelnen* Kolumnentitel (Tabelle 10). So soll über dem Inhaltsverzeichnis der Kolumnentitel *Inhalt* stehen und über dem Abbildungsverzeichnis der Kolumnentitel *Abbildungsverzeichnis*. Auch im Hauptteil bekommt jedes Kapitel einen eigenen Kolumnentitel. Eventuell vorhandene Seitenumbrüche ersetzen Sie durch Abschnittsumbrüche.

Diese Abschnittsumbrüche setzen Sie mit:

→ Layout [2010: Seitenlayout] → Umbrüche → Abschnittsumbrüche → Nächste Seite.

3. Öffnen Sie den Kopfzeilenbereich in *Abschnitt 2* (Doppelklick).

Tabelle 10: Abschnittsumbrüche bei Kolumnentiteln

Textteil	Kolumnentitel
Abschnitt 1	Titelblatt (ohne)
	Erste Seite anders
Abschnittsumbruch	
Abschnitt 2	*Inhalt*
Abschnittsumbruch	
Abschnitt 3	*Abbildungsverzeichnis*
Abschnittsumbruch	
Abschnitt 4	*Abkürzungsverzeichnis*
Abschnittsumbruch	
Abschnitt 5	*1 Einleitung*
Abschnittsumbruch	
Abschnitt 6	*2 Theoretische Grundlagen*
Abschnittsumbruch	

⋮
⋮

4. Dann: → Kopf- und Fusszeilentools → Entwurf → Mit vorheriger verknüpfen deaktivieren (anklicken).
   Das machen Sie im *Abschnitt 2* und den folgenden. Damit lösen Sie die Verknüpfungen der Abschnittsumbrüche.

5. Die Kolumnentitel eingeben:
   Sie finden in der Kopfzeile wie auch in der Fußzeile bereits zwei Tabstopps: einen zentrierten (Mitte) und einen rechtsbündigen ganz rechts. Wenn Sie keinen Kolumnentitel in der

Mitte haben wollen, ziehen Sie den zentrierten Tabstopp aus dem Lineal.

Geben Sie nun Ihren Text ein und entfernen Sie überflüssige Absatzmarken und Tabstopps.

6. Dann: → Start → Gruppe Schriftart (Pfeil rechts unten) → Schriftart.

Achten Sie darauf, dass sich die Kolumnentitel vom übrigen Text abheben, meist wählt man eine kleinere Schriftgröße. Gerne werden dazu auch Kapitälchen (s. S. 56) genommen.

7. Sie können (müssen aber nicht) eine Linie unter dem Kolumnentitel einfügen, damit sich dieser besser vom restlichen Text abhebt:

→ Start → Gruppe Absatz → (unten rechts) Rahmen → Rahmenlinie unten.

Wenn Sie den Abstand der Linie vom Kolumnentitel verändern wollen, klicken Sie auf die Linie, bis das Verschiebe-Symbol (doppelte horizontale Linie mit Pfeilen oben und unten) erscheint. Damit können Sie den Abstand einstellen.

Die Abbildung 65 zeigt, wie Ihr Kolumnentitel plus Seitenzahl dann aussehen könnte (zur Verdeutlichung wurden hier mit ¶ die normalerweise ausgeblendeten Formatierungssymbole eingeblendet).

8. Mit der Funktion → Kopf- und Fusszeilentools → Entwurf → Position → Kopfzeile von oben können Sie den Abstand zwischen dem oberen Seitenrand und der Kopfzeile genau einstellen.

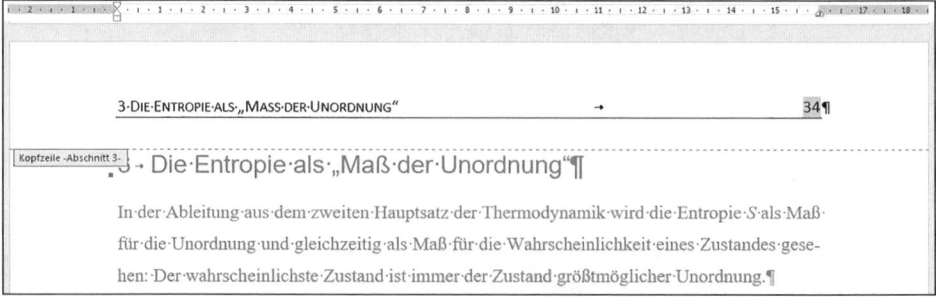

Abb. 65: Kolumnentitel und Seitenzahl in einem späteren Abschnitt

9. → Vertikales Zeilenlineal → Verschieben des unteren Seitenrandes:
   Wenn der Kopf- und Fußzeilenbereich geöffnet ist, ist dieser Bereich auf dem vertikalen Lineal (links vom Text) hervorgehoben. Gehen Sie mit dem Cursor auf das Lineal, bis ein Pfeil und → Seitenrand unten erscheinen. Durch Anfassen und Verschieben können Sie nun den Abstand des Kolumnentitels vom nachfolgenden Text verändern.[26]

10. Wiederholen Sie das für jeden Abschnitt.

Zur abschließenden **Kontrolle der Seitenzahlen** gehen Sie auf → Einfügen → Seitenzahl → Seitenzahlen formatieren Es erscheint die Dialogbox *Seitenzahlenformat* (Abb. 63). Passen Sie mit der Funktion → Fortsetzen vom vorherigen Abschnitt bzw. → Beginnen bei wenn notwendig Ihre Seitenzahlen an. Die Seitenzahlen können auf diese Weise auch über die Abschnittsumbrüche hinweg verkettet werden.

Abschließende Kontrolle der Seitenzahlen

Wenn Sie die Kolumnentitel **zusammen mit den Seitenzahlen** einfügen wollen, können Sie auch die Funktion → Einfügen → Seitenzahl → Aktuelle Position [2010: Seitenzahlen] nutzen. Entfernen Sie den Tabstopp in der Mitte. Setzen Sie mit der oben angegebenen Funktion links die Seitenzahl ein, fügen Sie den Kolumnentitel wie beschrieben wiederum links davon ein und schieben Sie die Seitenzahl mit der Tabulator-Taste nach rechts.

Kolumnentitel mit gleichzeitigem Einfügen der Seitenzahl

Kolumnentitel zusammen mit den Seitenzahlen

Kolumnentitel sollten nicht über zwei Zeilen laufen. **Zu lange Kolumnentitel** können Sie kürzen, sie müssen nicht wortgenau mit den Überschriften übereinstimmen. Wenn Sie wollen, können Sie mit drei Auslassungspunkten am Ende des Kolumnentitels andeuten, dass er gekürzt worden ist.

Zu lange Kolumnentitel

---

26 Wenn Ihnen dieses Lineal nicht angezeigt wird, aktivieren Sie es mit einem Häkchen unter → Ansicht → Gruppe Anzeigen → Lineal.

16 Unerklärliches und Lästiges bei Word

Word scheint manchmal ein Eigenleben zu führen. Das kann zu ärgerlichen Situationen führen.

Hinweis: Die unten mehrfach erwähnte Funktion → Optionen finden Sie in der senkrechten Leiste unter → Datei.

Das Programm
nicht rumzicken
lassen

- **Nach einem Absatz erscheint ein Abstand, obwohl Sie doch gar keine Leerzeile eingegeben haben.**
  Unter → Start → Gruppe Absatz (Pfeil rechts unten) → Einzüge und Abstände wurde ein → Abstand nach eingegeben. Standardmäßig ist ab Word 2010 ein → Abstand nach von 8 bis *10 pt* vorgegeben. Ändern Sie den Wert auf 0, wenn Sie das nicht haben wollen, und drücken Sie → Als Standard festlegen.

- **Der Text ist links komplett eingezogen, obwohl gar keine Leerzeichen oder Tabstopps zu sehen sind.**
  Unter → Start → Gruppe Absatz (Pfeil rechts unten) → Einzüge und Abstände wurde versehentlich ein → Einzug links eingegeben. Setzen Sie den Wert auf 0, wenn Sie keinen Einzug wünschen.

- **Der Text ist ab der zweiten Zeile eingezogen, obwohl Sie gar keine Leerzeichen oder Tabstopps eingesetzt haben.**
  Unter → Start → Gruppe Absatz (Pfeil rechts unten) → Einzüge und Abstände wurde versehentlich → Sondereinzug: hängend gewählt. Gehen Sie auf → ohne, wenn Sie keinen hängenden Einzug wünschen.

- **Der Text ist in der ersten Zeile eingezogen, obwohl Sie gar keine Leerzeichen oder Tabstopps eingesetzt haben.**
  Unter → Start → Gruppe Absatz (Pfeil rechts unten) → Einzüge und Abstände wurde versehentlich → Sondereinzug: erste Zeile gewählt. Gehen Sie auf → ohne, wenn Sie keinen Erstzeileneinzug wünschen.

- **Sie wollen einen hängenden Einzug, aber die zweite Zeile rührt sich nicht vom Fleck.**
  Schauen Sie nach, ob am Ende der ersten Zeile eine Absatzmarke steht. Wenn ja, löschen Sie sie.

- Sie haben auf einmal ein Vollbild, ohne irgendeine Schaltfläche, die Sie anklicken könnten.
  → Escape.
- **Word schreibt nach einem Punkt immer groß.**
  → Datei → Optionen → Dokumentprüfung → Autokorrektur-Optionen → Autokorrektur. Deaktivieren Sie → Jeden Satz mit einem Grossbuchstaben beginnen.
- **Unten auf der Seite wäre noch Platz für eine Zeile, aber Word setzt sie auf die nächste Seite.**
  Die Absatzkontrolle (unter → Start → Gruppe Absatz (Pfeil rechts unten) → Zeilen- und Seitenumbruch) ist eingeschaltet und hat dazu die letzte Zeile mit auf die neue Seite genommen. Siehe dazu S. 289.
- **Beim Verschieben von Text schiebt sich immer die Einfügemarke vor den Text.**
  → Datei → Optionen → Erweitert → Ausschneiden, Kopieren und Einfügen → Häkchen wegnehmen bei Schaltfläche für Einfügeoptionen anzeigen, wenn Inhalt eingefügt wird.
  Wenn Sie Einfügemarke grundsätzlich angezeigt haben wollen, können Sie sie im Einzelfall mit → Escape loswerden.
- **Sie haben mit** Shift **+** Return **einen „weichen Umbruch" erzeugt. Falls Sie Blocksatz gewählt haben, finden sich nun riesige Löcher.**
  → Datei → Optionen → Erweitert → Layoutoptionen [Word 2010: Kompatibilitätsoptionen für (Name Ihrer Datei) → Layoutoptionen] → Zeichenabstände in Zeilen, die mit Umschalt-Eingabe enden, nicht erweitern.
- **In Ihrem Text erscheinen Smileys.**
  Die Autokorrektur hat zugeschlagen. Wie Sie das vermeiden, erfahren Sie auf S. 230.
- **Word erzeugt eine automatische Aufzählung oder Nummerierung.**
  Bei einem Bindestrich plus Leerzeichen oder Angaben wie 1) am Anfang einer Zeile formatiert Word zu einer Aufzählung um (zu erkennen am aktivierten Aufzählungs-Button in der → Gruppe Absatz). Machen Sie das im Einzelfall mit Strg. + Z  oder mit dem *Rückgängig*-Button rückgängig.
  Wenn Sie diesen Automatismus abschalten wollen:

→ Datei → Optionen → Dokumentprüfung → Autokorrektur-Optionen → Autoformat während der Eingabe →
Häkchen bei Automatische Aufzählung und Automatische
Nummerierung entfernen.

- **In der Ansicht Ihrer Überschriften links vom Text (Dokumentstruktur) erscheint eine leere Fläche.**
Eine Leerzeile wurde irrtümlich einer Überschriften-Formatvorlage zugewiesen. Klicken Sie die vermeintliche Überschrift
an und weisen Sie ihr die Formatvorlage *Standard* zu.

- **In Ihrem Text erscheinen grau unterlegte Teile.**
Die graue Unterlegung (Feldschattierung) bedeutet lediglich,
dass es sich hier um veränderbare Elemente handelt, z. B. das
Inhaltsverzeichnis oder die Seitenzahlen. Beim Druck verschwindet das Grau.
Diese Unterlegung ist eine wichtige Information für Sie. Wenn
es Sie aber stört, können Sie es ausstellen: → Datei → Optionen → Erweitert → Dokumentinhalt anzeigen → Feldschattierung → Nie.

- **In Ihrem Text erscheint die Angabe „Fehler! Verweisquelle
[Textmarke] konnte nicht gefunden werden".**
Ein Ziel, auf das Word mit einem Querverweis verweisen sollte, etwa eine Überschrift, ist weggefallen, z. B. durch das Streichen der betreffenden Passage. Entfernen Sie die Fehlermeldung.

17 Wenn die Arbeit (fast) fertig ist: nachträgliches Bearbeiten

Beim nachträglichen Bearbeiten sind vor allem die Funktionen *Suchen* und *Ersetzen* ungemein nützlich. Mit der Funktion *Suchen* können Sie ein bestimmtes Wort wie *Meyer* im Text anzeigen lassen, mit *Ersetzen* dann auch durch ein anderes ersetzen lassen, z. B. durch *Meier*. Ebenso ist es auch möglich, ganz gezielt nach bestimmten Elementen, z. B. Tabellen, zu suchen, und auch Formatierungen lassen sich suchen bzw. ersetzen.

17.1 Suchen in der Navigation

Gehen Sie auf → Ansicht → Häkchen bei Navigationsbereich oder → Start → (ganz rechts) Bereich Bearbeiten → Suchen. Im links erscheinenden Bereich → Navigation sehen Sie oben ein Suchfeld, in das Sie einen gesuchten Begriff eingeben können. Ihnen stehen nun drei Reiter zur Verfügung: → Überschriften, → Seiten oder → Ergebnisse. Entsprechend wird Ihnen angezeigt, unter welcher Überschrift[27] oder auf welcher Seite der gesuchte Begriff zu finden ist. Beim Reiter → Ergebnisse wird er Ihnen in einer Auflistung mitsamt Kontext angezeigt. Der gesuchte Begriff wird zudem jeweils im Text hervorgehoben (Abb. 66).

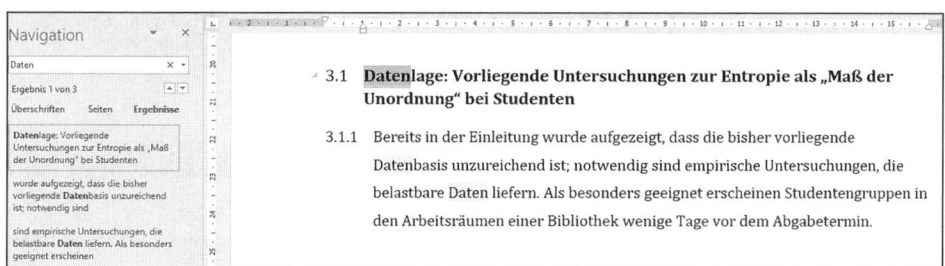

Abb. 66: Suchen per Navigation

---

27 Voraussetzung ist, dass Sie die Überschriften mit Überschriften-Formatvorlagen versehen haben (zu Formatvorlagen s. S. 241).

Haben Sie keinen Begriff eingegeben, erscheint rechts von
→ Dokument durchsuchen ein Lupensymbol. Beim Anklicken
bietet es Ihnen eine Anzahl von Elementen, nach denen Sie suchen lassen können: *Grafiken, Tabellen, Formeln, Fuß-/Endnoten,
Kommentare.*

17.2 Arbeiten mit der Dialogbox: die Grundfunktionen *Gehe zu, Suchen* und *Ersetzen*

Vielseitig: die Dialogbox Suchen und Ersetzen

Mit → Start → (ganz rechts) Bereich Bearbeiten → Ersetzen
erscheint die Dialogbox *Suchen und Ersetzen*, die Ihnen vielfältige
Möglichkeiten eröffnet.

Reiter → Gehe zu: Hier können Sie bestimmte Elemente ansteuern: *Seite, Abschnitt, Zeile, Textmarke, Kommentar, Fußnote, Endnote, Feld, Tabelle, Grafik, Formel, Objekt, Überschrift.* Wenn Sie etwa
schnell zu einer bestimmten Seite springen wollen und die Seitenzahl kennen, können Sie diese bei → Gehe zu eingeben
(Abb. 67).

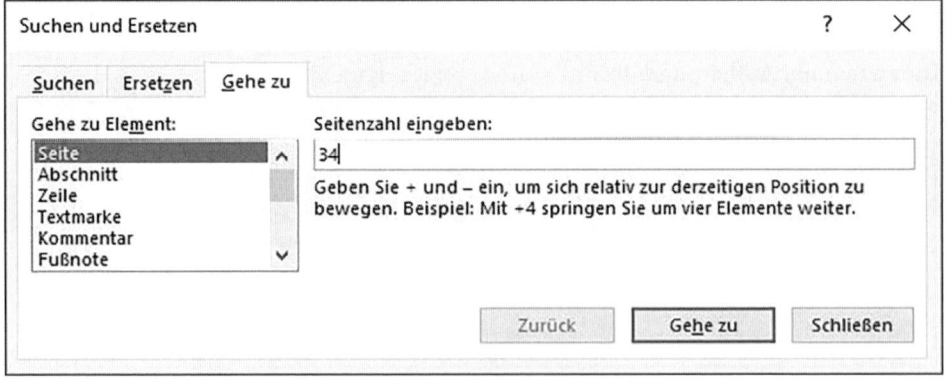

Abb. 67: Die Funktion *Gehe zu* in der Dialogbox *Suchen und Ersetzen*

Reiter → Suchen: Es erscheint ein Feld, in das Sie die gesuchte Zeichenfolge (Buchstaben und/oder Ziffern, z. B. ein Wort) eingeben müssen (Abb. 68). Mit → Weitersuchen können Sie sich durch den Text bewegen.

- → Lesehervorhebung: Wählen Sie → Alles hervorheben an, werden alle Treffer für Ihren Suchbegriff hervorgehoben, und auch deren Anzahl wird angegeben. Auf diese Weise lassen sich leicht (zu viele) Wiederholungen erkennen.
- → Suchen in: Damit können Sie die Suche auf Textteile eingrenzen, die in Ihrer Arbeit vorhanden sind (die Liste passt sich an), etwa Hauptdokument, Kopf- und Fußzeilen, Fußnoten oder Kommentare.

Wenn Sie in der Mitte Ihres Textes mit der Suche starten, sucht Word erst nach unten und fragt Sie dann, ob Sie den Suchvorgang am Anfang des Dokuments fortsetzen wollen.

Das folgende Beispiel zeigt ein einfaches *Suchen*.

Abb. 68: Die Funktion *Suchen* in der Dialogbox *Suchen und Ersetzen*

Suchen nach: Sie erinnern sich vage, dass Sie ein bestimmtes Zitat schon einmal verwendet haben – es hatte irgendwie mit Reizüberflutung zu tun. Sie lassen Word nach *Reiz* suchen.

Word sucht nur nach einer bestimmten Zeichenfolge und somit auch nach Wort*teilen* – es zeigt beim Suchen nach *Reiz* sowohl *Reiz* als auch *Reizüberflutung* an. Das ist nützlich, wenn Sie sich nicht an den genauen Wortlaut erinnern können oder wirklich alle Versionen eines Begriffs angezeigt haben möchten.

Reiter → Ersetzen: Diese Funktion ist eine Erweiterung der *Suchen*-Funktion. Erst wird eine Buchstaben- und/oder Ziffernfolge (z. B. ein Wort) gesucht, dann durch etwas Neues ersetzt. Entsprechend erscheinen die zwei Felder → Suchen nach und → Ersetzen durch (Abb. 69). Beispiel:

Suchen nach: Meyer
Ersetzen durch: Meier

Abb. 69: Die Funktion *Ersetzen* in der Dialogbox *Suchen und Ersetzen*

Word bietet Ihnen für den Durchlauf die Möglichkeiten → Ersetzen, → Alle ersetzen und → Weitersuchen. Wenn Sie nicht wollen, dass etwas ersetzt wird, gehen Sie auf → Weitersuchen. **Vorsicht:** Der *Ersetzen*-Modus kann tückisch sein, denn im Gegensatz zum *Suchen* wird hier der Text verändert.

- Bei der Funktion → Alle ersetzen wird auf einen Schlag alles ersetzt – Word hält also nicht an und wartet nicht auf Ihre Entscheidung mit → Ersetzen durch oder → Weitersuchen. Seien Sie mit diesem Befehl äußerst vorsichtig – allzu schnell wird etwas ersetzt, an das Sie gar nicht gedacht haben.

Sie haben mit → Alle ersetzen sämtliche Prozentzeichen durch Leerzeichen plus Prozentzeichen ersetzt und auf diese Weise gleich mehrere Internetadressen ruiniert, bei denen auch ein Prozentzeichen vorkam.

- Stellen Sie sicher, dass Sie ausschließlich auf den Reiter →
  SUCHEN gehen, wenn Sie nichts ersetzen wollen. Wenn Sie in
  der Dialogbox beides sehen, → SUCHEN NACH und → ERSETZEN
  DURCH, sind Sie im *Ersetzen*-Modus. Wenn Sie dann im unteren
  Feld bei → ERSETZEN DURCH nichts eintragen, ersetzt Word ganz
  logisch den Suchbegriff durch *nichts* – löscht also (Abb. 70).

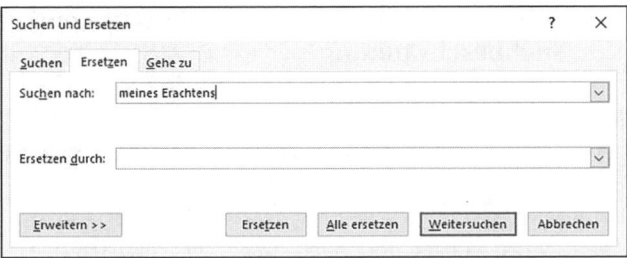

Abb. 70: Löschen eines Begriffs in einem Text

Diese Methode können Sie ganz bewusst zum Löschen einsetzen. Bleiben Sie aber auf der Hut, dass Ihnen das nicht unbeabsichtigt passiert.

Sie können an einer Fundstelle die Dialogbox verlassen, in den Text gehen und dort Änderungen eingeben; die Dialogbox ist inaktiv, aber weiterhin zu sehen. Mit einem Klick in die Dialogbox können Sie das Suchen bzw. das Ersetzen fortsetzen. Auf diese Weise können Sie bei Bedarf sofort eingreifen. Beispiel:

Zeitweiliges Verlassen der Dialogbox

> Sie wollen den Begriff *Verbraucher* durch den Begriff *Konsument* ersetzen. Hier müssen Sie in manchen Fällen in den Text gehen und bei den Endungen nachbessern: *des Verbrauchers* – *des Konsumenten.*

Falls Sie einmal zu schnell gedrückt haben und Word schon weitergesprungen ist, gehen Sie wieder in den Text und machen das mit Strg. + Z oder dem *Rückgängig*-Button wieder rückgängig.

Die Dialogbox hat sich den letzten *Suchen*- bzw. *Ersetzen*-Vorgang vor dem Schließen gemerkt und bietet ihn bei einem neuen *Suchen/Ersetzen* an. Per Dropdown-Liste sind sogar jeweils die sechs davor gewählten *Suchen-/Ersetzen*-Vorgänge anwählbar. Sie müssen dann nicht alles noch einmal eingeben.

Dropdown-Liste der vorangegangenen Suchen/Ersetzen-Vorgänge

Diese Merk-Funktion ist insbesondere beim Ersetzen nützlich. So können Sie, wenn Sie sich nicht sicher sind, die Funktion *Ersetzen* erst einmal an einem Test-Text ausprobieren. Wenn Sie danach, in Ihrem regulären Text, wieder auf *Ersetzen* gehen, erscheint die Dialogbox mit den zuletzt eingegebenen Begriffen.

17.3 Arbeiten mit der Dialogbox: Funktionen zur Suchbeschränkung

Die Dialogbox gezielt einsetzen

Zu Hochform läuft die Dialogbox auf, wenn Sie auf → Erweitern gehen und die Dialogbox aufklappt (Gegenteil: → Reduzieren). Es erscheinen weitere Funktionen (Abb. 71).

Bestimmung des Suchbereichs

Dropdown-Liste *Suchen:* → Gesamt, → Nach unten, → Nach oben: Word startet den *Such-* bzw. *Suchen/Ersetzen*-Lauf an der aktuellen Position im Text.

- Starten Sie für eine vollständige Suche am besten im Haupttext Ihres Dokuments und wählen Sie → Gesamt. Word durchsucht den Haupttext und auch die Fußnoten.
- Starten Sie von den Fußnoten aus und wählen Sie → Gesamt, sucht Word nur in den Fußnoten. Es meldet zwar auch, dass die Suche *für die Fußnoten* abgeschlossen ist, aber das lässt sich leicht überlesen.
- Sind Sie mitten im Haupttext und wählen → Nach unten, wird Word Sie fragen, ob Sie den Suchvorgang am Anfang fortsetzen wollen. Dann durchsucht es aber nur den restlichen Haupttext.

Die Zahl der Suchergebnisse verringern

Häufig zeigt Word beim Suchen viel zu viele Ergebnisse an. Wenn Sie den Begriff *Steuer* suchen, wollen Sie eben nicht auch noch *ansteuern* finden. Die beiden wichtigsten Funktionen für eine Sucheinschränkung sind:

- **Gross-/Kleinschreibung beachten**: Ist diese Funktion aktiviert, sucht Word, wenn der gesuchte Begriff großgeschrieben ist, auch nur nach Großschreibung. Damit vermeiden Sie, dass gleichlautende, aber kleingeschriebene Begriffe ebenfalls gefunden (und eventuell ersetzt) werden. Umgekehrt funktioniert das auch bei der Kleinschreibung.

> Beim Suchen wollen Sie nur *Boten* finden, nicht aber *boten … an*. Beim Ersetzen wollen Sie *Boten* durch *Kuriere* ersetzen. Word soll nicht aus dem Satz Sie **boten** *freies Geleit* den Satz Sie **kuriere** *freies Geleit* machen.

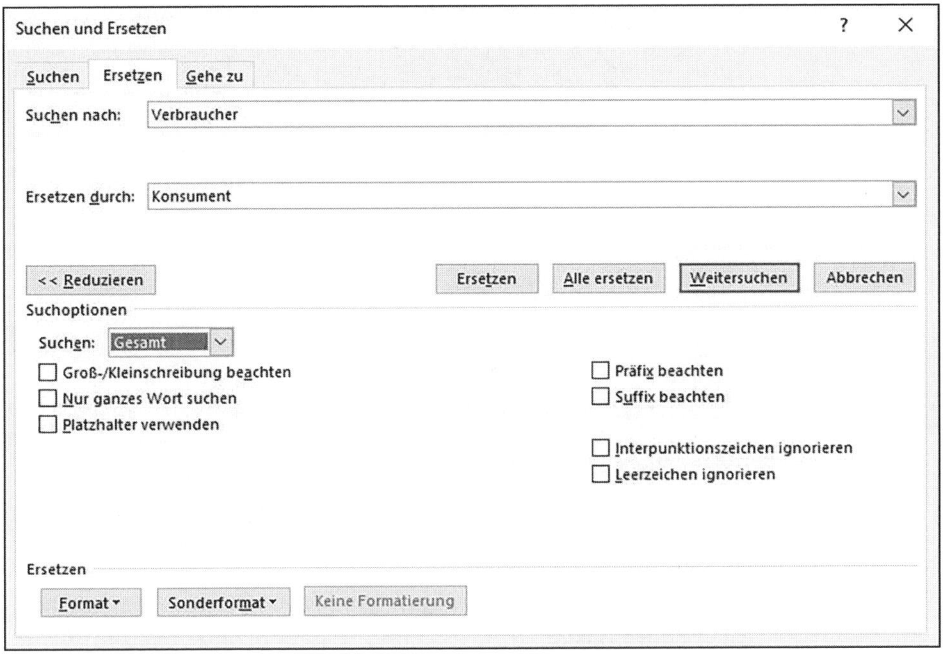

Abb. 71: Die Dialogbox *Suchen und Ersetzen* (erweitert)

- **Nur ganzes Wort suchen:** Diese Funktion bezieht sich auf ganze Wörter, die durch Leerzeichen voneinander getrennt sind. Tabulatoren und Satzzeichen werden ignoriert.

> Beim Suchen wollen Sie *bauen* finden, nicht alle möglichen Variationen wie *einbauen*.
> Beim Ersetzen wollen Sie *bauen* durch *errichten* ersetzen. Word soll aber nicht aus ***einbauen einerrichten*** machen.

- **Leerzeichen ignorieren:** Bei der Suche werden überzählige Leerzeichen ignoriert.

> Word findet *urbane ·Architektur* und *urbane ··· Architektur* (ein Punkt steht für ein Leerzeichen).

Diese Funktion kann nützlich sein, wenn Sie öfter mal doppelte oder mehr Leerzeichen zwischen Wörtern setzen und diese

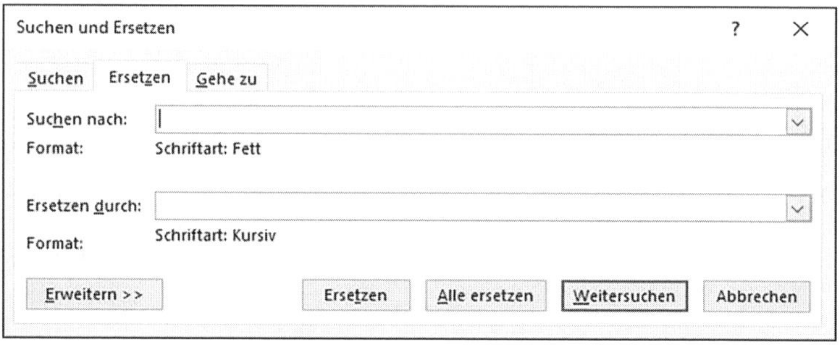

Abb. 72: Formatierungen ersetzen

noch nicht systematisch entfernt haben. (Wie man doppelte Leerzeichen ersetzt, erfahren Sie auf S. 319).

Wenn Sie sicher sein wollen, alle für Sie wichtigen Begriffe zu finden, schränken Sie die Suche eher weniger ein und übergehen nicht passende Fundstellen mit → WEITERSUCHEN.

Formatierungen suchen und ersetzen

Ganz unten in der erweiterten Dialogbox finden Sie schließlich die Dropdown-Listen → FORMAT und → KEINE FORMATIERUNG: Mit ihnen können Sie auch Formatierungen suchen bzw. ersetzen.

Über den Button → FORMAT gelangen Sie zu den üblichen Menüs wie → ZEICHEN und können dort Ihr gewünschtes Format auswählen. Im *Suchen*-Feld bzw. beim *Ersetzen* in beiden Feldern geben Sie keinen Text ein. Auf diese Weise können Sie z. B. Begriffe in Fettdruck durch kursive ersetzen (Abb. 72).

Stellen Sie vor einem derartigen *Suchen*- bzw. *Ersetzen*-Vorgang sicher, dass keine Formatierungsangabe aus einem früheren Durchgang angegeben ist. Sie sehen das an der Angabe unter dem *Suchen*- bzw. *Ersetzen*-Feld. Ebenso wird in diesem Fall der sonst ausgeblendete Button → KEINE FORMATIERUNG angezeigt und *wartet auf das Deaktivieren* (das bedeutet also, dass sehr wohl eine Formatierung aktiv ist). Klicken Sie den Button an und entfernen Sie damit frühere Formatierungseinstellungen für das *Suchen* und/oder *Ersetzen*.

Beispiele dafür, wie man gezielt Formatierungen ersetzt, finden Sie ab S. 325.

17.4 Erweiterte Möglichkeiten: Codes und Platzhalter

Mit den mächtigen Funktionen *Codes* und *Platzhalter* eröffnen sich weitere interessante Möglichkeiten, einen Text auch nachträglich zu bearbeiten.

Ungeahnte Möglichkeiten des Suchens und Ersetzens

Das Arbeiten mit **Codes** ist wichtig für Zeichen, die es nicht auf der Tastatur gibt, und auch für Elemente wie manuelle Seitenumbrüche.

Arbeiten mit Codes

Word stellt freundlicherweise bei der Dialogbox *Suchen und Ersetzen* (erweitert) die entsprechende Liste → Sonderformat zur Verfügung (s. Abb. 71). Hier können Sie das Gewünschte anklicken und in das *Suchen-* oder *Ersetzen-*Feld eintragen. In dem Feld erscheinen nun die Codes: z. B. ^f für eine Fußnotenziffer.

In der folgenden Tabelle 11 finden Sie eine Übersicht der Codes und ihrer Bedeutungen.

Tabelle 11: Codes bei *Suchen und Ersetzen*

Zeichen	Was es bedeutet
^b	Abschnittsumbruch [Abschnittswechsel]
^p	Absatzmarke [Return]
^t	Tabstoppzeichen
^0nnn	ASCII/ANSI-Zeichen [*nnn* zwischen 001 und 255]
^?	Beliebiges Zeichen
^#	Beliebige Ziffer
^$	Beliebiger Buchstabe
^%	Bereichsbuchstabe (§)
^^	Caretzeichen [Zirkumflex][28]
^c	Inhalt der Zwischenablage
^&	Inhalt des Feldes *Suchen nach*[29]
^e	Endnotenzeichen
^f oder ^2	Fußnotenzeichen
^d	Feld
^g	Grafik

---

28 Mit *Caretzeichen* ist der Zirkumflex ^ als eigenständiges Zeichen gemeint, etwa beim französischen *fenêtre*.

29 Im *Ersetzen*-Modus auch als *Suchen nach* Text bezeichnet.

^n	Spaltenumbruch [Spaltenwechsel]
^l	Manueller (weicher) Zeilenumbruch [Zeilenwechsel]
^m	Manueller Seitenumbruch [Seitenwechsel]
^+	Geviertstrich
^=	Gedankenstrich
^~	Geschützter Bindestrich
^s	Geschütztes Leerzeichen
^-	Bedingter Trennstrich
^w	Leerfläche [eine beliebige Kombination aus normalen und geschützten Leerzeichen sowie Tabstoppzeichen]
^v	Absatzbuchstabe

Beispiel: Sie wollen die Kombination *beliebige Ziffer* und *Bindestrich* suchen, wie bei *2-jährig*. Sie geben ein:

Suchen nach: ^#- *(beliebige Ziffer + Bindestrich)*

Die Codes können allerdings nicht überall funktionieren. Wie sollte etwa Word etwas durch eine „beliebige Ziffer" ersetzen? Deshalb ändert sich die Liste → Sonderformat, je nachdem, ob Sie im *Suchen-* oder im *Ersetzen-*Feld sind – Sie müssen selbst nicht darauf achten.

Arbeiten mit Platzhaltern

Die sogenannten **Platzhalter** werden auch als *Jokerzeichen* bezeichnet – es geht, wie Sie vielleicht schon ahnen, um die Suche nach *unbekanntem* Text.

Aktivieren Sie → Platzhalter verwenden und dann → Sonderformat, ändert sich die Liste wieder: Die Platzhalterzeichen sind hinzugekommen und lassen sich anklicken (Tabelle 12).[30] Unter dem *Suchen-*Feld erscheint die Angabe *Mit Mustervergleich*.

Die Platzhalterzeichen lassen sich zusammen mit den Codes verwenden; Sie können z. B. nach einer dreistelligen Ziffer plus geschütztes Leerzeichen suchen. Beachten Sie auch: Bei der Arbeit mit Platzhalterzeichen spielt die Groß- und Kleinschreibung eine Rolle.

---

30 Wenn die Suche mit diesen Zeichen partout nicht funktionieren will, schauen Sie erst einmal nach, ob Sie die Funktion → Platzhalter verwenden auch wirklich aktiviert haben.

Tabelle 12: Platzhalterzeichen bei *Suchen und Ersetzen*

Platzhalter-zeichen	Steht für	Beispiel	Word findet
?	ein **einzelnes beliebiges Zeichen** (kann auch mehrfach eingesetzt werden)	g?ben H?nd h??lten	*gaben, geben* *Hand, Hund* *heulten, hielten*
*	eine **beliebige Zeichen-folge** (bezieht auch Leerzei-chen mit ein, führt häufig zu viel zu vielen unspezi-fischen Ergebnissen)	g*n	*geben, gehören,* sonstige *Dokumente* nicht: *Gesetzen* (wegen Groß- und Kleinschreibung)
<	**Wortanfang**	<Form	*Formatierung* nicht: *formatieren* (wegen Groß- und Kleinschreibung) nicht: *Schnellformatierung* (wegen Bedingung „Wortanfang")
>	**Wortende**	ung>	*Betreuung, Versammlung* nicht: *Versammlungssaal* (wegen Bedingung „Wortende")
<>	**Wortanfang und Wort-ende**	<?enn> < Mache?> <Aktie>	*denn, wenn, Fenn* nicht: *Kenner, Benno* (wegen Bedingung „Wortende") *Macher* nicht: *machen* (wegen Groß- und Kleinschreibung) nicht: ***vormachen*** (wegen Bedingung „Wortanfang" und wegen Groß- und Kleinschreibung) nicht: *Machenschaft* (wegen Bedingung „Wortende") *Aktie* nicht: *Vorzugsaktie* (wegen Groß- und Kleinschreibung und wegen Bedingung „Wortanfang") nicht: *Aktienfonds* (wegen Bedingung „Wortende")
[i]	ein **bestimmtes Zeichen**, auf das die Suche **be-schränkt** wird	m[i]sst	*misst* nicht: *musst* (weil die Suche auf *i* beschränkt ist)
[ei]	**ein oder mehrere bestimmte Zeichen**, auf die die Suche **beschränkt** wird	m[ei]ssen	*messen, missen* nicht: *müssen* (weil die Suche auf *e* und *i* beschränkt ist)

[a-d]	eine bestimmte **Zeichen-folge**, auf die die Suche **beschränkt** wird	B[a-d]nd	*Band* nicht: *Bund* (da *u* außerhalb der Zeichenfolge *a* bis *d* liegt)
	[a-z]: **alle Kleinbuchsta-ben**, inkl. Umlaute und ß	B[a-z]nd	*Band, Bund*
	[A-Z]: **alle Großbuchsta-ben**, inkl. Umlaute	B[A-Z]ND	*BAND, BUND*
	[A-z]: **Klein- und Groß-buchstaben** Die Reihenfolgen [a-Z] und [z-A] sind ungültig. Achtung: ohne Umlaute und ß	14-[A-z]ähriger	*14-jähriger, 14-Jähriger*
[!k]	ein **bestimmtes Zeichen**, das bei der Suche **ausge-schlossen** wird	[!k]einer	*meiner, deiner*, nicht: *keiner* (weil *k* ausgeschlossen wurde)
[!s-z]	eine **bestimmte Zeichen-folge**, die bei der Suche **ausgeschlossen** wird	[!s-z]enn	*denn, kennen* nicht: *wenn*
@	**ein** oder **mehrere Vorkommen** des vor-hergehenden Zeichens (einschließlich einfach)	Mitglieds@taat	*Mitgliedstaat, Mitgliedsstaat* (beide Formen sind korrekt)
{n}	**genau *n* Vorkommen** des vorhergehenden Zei-chens (*n* ist eine Zahl)	Mas{2}	*Masse und Massen* nicht: *Mast*
{n;}	**mindestens *n* Vorkom-men** des vorhergehenden Zeichens (*n* ist eine Zahl)	Mas{2;}	*Masse, Massen und Massstab* (in der Schweiz zulässig für *Maßstab*) nicht: *Mast*
{n;m}	***n* bis *m* Vorkommen** des vorhergehenden Zeichens (*m* und *n* sind Zahlen)	10{1;3}	*10* (1 + eine Null) *100* (1 + zwei Nullen) *1000* (1 + drei Nullen) Die Angabe in den geschweiften Klammern bezieht sich nur auf das Zeichen unmittelbar davor – hier also auf die *Null*, nicht auf die *Zehn*.

Die eckigen Klammern [Wort] und die geschweiften Klammern {Wort} können Sie auf der Tastatur eingeben, aber Sie finden sie auch unter → Sonderformat.

Wichtige Platzhalterzeichen

Die Zeichen für **Wortanfang < und Wortende >** sind häufig die geeignete Wahl, um die Zahl der Suchergebnisse zu begrenzen. Beispiele:

- Sie suchen *am* und *an*.

> SUCHEN NACH: a[mn] *(Buchstabe a + die Buchstaben m und n in eckigen Klammern)*

Gefunden wird: *am, an.* Aber auch *vorhanden* und *Zusammenfassung* werden gefunden.

> SUCHEN NACH: <a[mn]> *(Wortanfang + die Buchstaben m und n in eckigen Klammern + Wortende)*

Mit der Einschränkung *Wortanfang* und *Wortende* werden nur *am* und *an* angezeigt.

- Es sollen gerade Hunderter- oder Tausenderwerte gesucht werden. Das heißt: Am Anfang soll eine Ziffer zwischen *1* und *9* stehen, und dann soll zwei- oder dreimal eine Null folgen: also zum Beispiel *900* oder *9000*. Sie geben ein:

> SUCHEN NACH: [1-9]0{2;3} *(eine Ziffer zwischen 1 und 9 + eine Null + diese zwei- oder dreimal)*

Die Zahl *90* würde nicht gefunden, weil die Angabe in der geschweiften Klammer eindeutig sagt: zwei oder drei Nullen, nicht nur eine.

Word findet aber auch *90000* und *900000*, denn der Suchbegriff ist ein Teil dieser Zahlen. Sie ergänzen die Suche mit *Wortanfang* und *Wortende*.

> SUCHEN NACH: <[1-9]0{2;3}> *(Wortanfang + eine Ziffer zwischen 1 und 9 + eine Null + diese zwei- oder dreimal + Wortende)*

Nach einem Platzhalterzeichen suchen: Wenn Sie nach einem Zeichen suchen wollen, das selbst als Platzhalterzeichen definiert ist, zum Beispiel nach einem Fragezeichen, setzen Sie bei der Suche einen umgekehrten Schrägstrich davor, also \?.

Die Reihenfolge von Begriffen verändern: Sie wollen eine Reihenfolge verändern – etwa immer statt *€ + Zahl* lieber *Zahl + €* schreiben. Die jeweilige Zeichenfolge (hier: *Zahl*) soll dabei nicht verändert werden. Dazu wird im *Suchen*-Feld der zu erhaltende Teil definiert, und im *Ersetzen*-Feld wird die Position angegeben, an der er erscheinen soll.

Suchen nach: Sie wählen → Platzhalter verwenden und setzen den Teil, der erhalten bleiben soll, in runde Klammern. Er wird für Word zum „Ausdruck".

Ersetzen durch: Für den Ausdruck setzen Sie im *Ersetzen*-Feld einen umgekehrten Schrägstrich plus Zahl für die gewünschte Position. Word ersetzt nun den Ausdruck durch sich selbst. Die Zeichen außerhalb von Ausdrücken, hier das ∈-Zeichen, setzen Sie wie gewohnt im Feld Ersetzen durch ein: \1 ∈. Word geht von links nach rechts vor und kehrt nun bei jedem *∈-Zeichen plus Zahl* die Reihenfolge um zu *Zahl plus ∈-Zeichen*. Ein Beispiel für einen solchen Vorgang finden Sie auf S. 331.

Bei mehreren Ausdrücken, die erhalten bleiben sollen, geben Sie im *Ersetzen*-Feld die gewünschte Reihenfolge an. Dazu listen Sie sie im *Ersetzen*-Feld entsprechend auf, z. B. \2, \1. Word ersetzt nun wiederum jeden angegebenen Ausdruck durch sich selbst. Es beginnt wie gefordert mit *Ausdruck 2*, gefolgt von *Ausdruck 1*.

Auf diese Weise können Sie auch Ausdrücke entfernen (Sie geben für sie dann im *Ersetzen*-Feld keine Position an).

17.5 Anwendungsbeispiele für wissenschaftliche Texte

17.5.1 Die Zeichen eingeben

Die folgenden *Suchen*- bzw. *Ersetzen*-Durchgänge beziehen sich auf die Arbeit mit der Dialogbox *Suchen und Ersetzen*. Diese bietet Ihnen nach → Erweitern die Funktion → Sonderformat, die in manchen Fällen hilfreich ist. Sie geben die Zeichen folgendermaßen ein:

Leerzeichen: Sie können das Leerzeichen beim *Suchen/Ersetzen* einfach über die Tastatur eingeben. Im *Suchen*- und im *Ersetzen*-Feld wird es dann nicht angezeigt, aber der Cursor rückt um eine Position weiter. (Der Code ^w für Leerzeichen ist für das *Ersetzen*-Feld leider ungültig.)

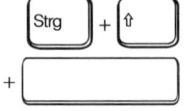

Geschütztes Leerzeichen: Das *geschützte Leerzeichen* (^s) holen Sie sich über die Liste → Sonderformat oder mit [Strg.] + [Shift] + [Leertaste].

Bindestrich/Gedankenstrich: Den Bindestrich erzeugen Sie mit der Tastatur, den Gedankenstrich holen Sie sich über die Liste → Son-

DERFORMAT oder geben ihn mit [Alt] + 0150 auf dem Nummernblock ein.

Anführungszeichen (Zollzeichen): Anführungszeichen können Sie
mit der Tastatur eingeben. Es erscheinen zunächst die falschen
Anführungszeichen (die Zollzeichen ").

17.5.2 Die Leerzeichen in Ordnung bringen

Mit einigen Durchgängen können Sie schon ein ruhigeres Schriftbild erzeugen.

Korrekte
Leerzeichen

- *Mark Twain* – doppelte Leerzeichen durch einfache ersetzen

> SUCHEN NACH: · · *(Leerzeichen + Leerzeichen)*
> ERSETZEN DURCH: · *(Leerzeichen)*

Haben Sie fälschlicherweise mit Leerzeichen Einzüge erzeugt,
kümmern Sie sich erst nur um die doppelten Leerzeichen im
Text (mit → ERSETZEN) und überspringen diese Pseudo-Einzü-
ge mit → WEITERSUCHEN (Sie sollten sich aber irgendwann
den Abschnitt über Tabulatoren und Einzüge auf S. 258 ansehen).

- *d. h.* – geschütztes Leerzeichen bei mehrteiligen Abkürzungen
Das geschützte Leerzeichen wird bei mehrteiligen Abkürzungen wie *z. B.* oder *d. h.* verwendet und fungiert als Trennsperre.
1. Durchgang: Ersetzen von Abkürzungen *ohne Abstand* durch
Abkürzungen mit geschütztem Leerzeichen

> SUCHEN NACH: **z.B.** *(Buchstabe z + Punkt + Buchstabe B +
> Punkt)*
> ERSETZEN DURCH: **z.^sB.** *(Buchstabe z + Punkt + geschütztes
> Leerzeichen + Buchstabe B + Punkt)*

2. Durchgang: Ersetzen von Abkürzungen mit *normalem* Leerzeichen durch Abkürzungen mit geschütztem Leerzeichen

> SUCHEN NACH: **z.·B.** *(Buchstabe z + Punkt + Leerzeichen +
> Buchstabe B + Punkt)*
> ERSETZEN DURCH: **z.^sB.** *(Buchstabe z + Punkt + geschütztes
> Leerzeichen + Buchstabe B + Punkt)*

Wenn Sie nicht mehr genau wissen, welche Abkürzungen Sie verwendet haben, können Sie sich an der Liste gebräuchlicher Abkürzungen auf S. 38 orientieren.

- *S. 13* – Abkürzung mit darauffolgender Zahl
  Bei einer Seitenangabe muss wie bei allen Abkürzungen mit einer darauffolgenden Zahl ein Abstand gesetzt werden. Dazu nimmt man ein geschütztes Leerzeichen.
  1. Durchgang: Ersetzen Sie die Angabe *S.* ohne darauffolgenden Abstand durch die Angabe mit geschütztem Leerzeichen. Aktivieren Sie die Option → Gross-/Kleinschreibung beachten.

Gross-/Kleinschreibung beachten

Suchen nach: **S.** *(Buchstabe S + Punkt)*
Ersetzen durch: **S.^s** *(Buchstabe S + Punkt +*
geschütztes Leerzeichen)

Wenn Sie dabei auf Ausdrücke wie *SPSS.* (am Satzende, daher der Punkt) stoßen, ignorieren Sie das mit → Weitersuchen, ebenso Seitenangaben, die schon ein Leerzeichen besitzen.
2. Durchgang: Ersetzen der Angabe *S.* mit darauffolgendem *normalen Leerzeichen* durch die Angabe mit geschütztem Leerzeichen.

Gross-/Kleinschreibung beachten

Suchen nach: **S.·** *(Buchstabe S + Punkt + Leerzeichen)*
Ersetzen durch: **S.^s** *(Buchstabe S + Punkt +*
geschütztes Leerzeichen)

Wenn in Ihrem Text häufig Angaben wie *Nr.* und darauffolgende Zahl vorkommen, verfahren Sie entsprechend.

- *18 f., 2 %* – Zahl mit darauffolgender Abkürzung oder Maßeinheit
  Zwischen Zahlen und Abkürzungen sowie zwischen Zahlen und Maßeinheiten sollte ein Abstand mit geschütztem Leerzeichen stehen.
  Dieser Abstand fehlt häufig bei den Angaben *f.* und *ff.* in Verbindung mit Seitenzahlen und bei Angaben mit Maßeinheiten wie *km, cm* und %. Führen Sie mit diesen Angaben *Ersetzen*-Durchläufe durch. Beispiel mit Prozentzeichen:
  1. Durchgang: Ersetzen des Prozentzeichens durch geschütztes Leerzeichen + Prozentzeichen.

> SUCHEN NACH: % *(Prozentzeichen)*
> ERSETZEN DURCH: ^s% *(geschütztes Leerzeichen +*
> *Prozentzeichen)*

Fundstellen wie „Alle Angaben in %" ignorieren Sie mit →
WEITERSUCHEN.
2. *Durchgang:* Ersetzen des normalen Leerzeichens + Prozentzeichens durch geschütztes Leerzeichen + Prozentzeichen.

> SUCHEN NACH: ·% *(Leerzeichen + Prozentzeichen)*
> ERSETZEN DURCH: ^s% *(geschütztes Leerzeichen +*
> *Prozentzeichen)*

- *Ebert 1986: 30* – Literaturangabe
  Zwischen dem Doppelpunkt und der Seitenzahl muss ein geschütztes Leerzeichen stehen.

> SUCHEN NACH: :· *(Doppelpunkt + Leerzeichen)*
> ERSETZEN DURCH: :^s *(Doppelpunkt + geschütztes*
> *Leerzeichen)*

Doppelpunkte, nach denen normaler Text folgt (sie benötigen
dann keine geschützten Leerzeichen), übergehen Sie mit →
WEITERSUCHEN.

17.5.3 „Ich bin zufrieden - mehr als zufrieden - mit meiner Leistung": Bindestrich durch Gedankenstrich ersetzen

Einen Bindestrich zwischen zwei Leerzeichen kann es nicht geben. Er muss durch einen Gedankenstrich *(Code:* ^=, unter →
SONDERFORMAT, oder Alt + *0150* auf dem Nummernblock*)* ersetzt
werden. (Wenn Sie nicht sicher sind, sehen Sie sich noch einmal
dazu die Erläuterungen zum Gedankenstrich im Abschnitt *Hilfsmittel,* S. 187, an.)

Gedankenstrich
statt Bindestrich

> SUCHEN NACH: ··· *(Leerzeichen + Bindestrich + Leerzeichen)*
> ERSETZEN DURCH: ·^=· *(Leerzeichen + Gedankenstrich +*
> *Leerzeichen)*

Auch ein Bindestrich zwischen einem Leerzeichen und einem Komma (*Ich bin froh – mehr als froh -, wenn meine Arbeit fertig ist*) ist falsch. Er muss durch einen Gedankenstrich ersetzt werden.

> Suchen nach: ·-, *(Leerzeichen + Bindestrich + Komma)*
> Ersetzen durch: ·^=, *(Leerzeichen + Gedankenstrich + Komma)*

17.5.4 "Wort" zu „Wort" – Zollzeichen durch typographische Anführungszeichen ersetzen

Korrekte Anführungszeichen erzeugen

Um die Zollzeichen umzuwandeln, aktivieren Sie zunächst die Autokorrektur, mit

→ Datei → Optionen → Dokumentprüfung → AutoKorrektur-Optionen → AutoFormat während der Eingabe → Häkchen bei „gerade" Anführungszeichen durch „typographische". Dann:

> Aktivierte Autokorrektur
>
> Suchen nach: "
> Ersetzen durch: "

Während des Ersetzens werden die Zollzeichen durch typographische Anführungszeichen (Gänsefüßchen) ersetzt. Nicht passende Fundstellen – z. B. in Internetadressen oder wenn Sie wirklich Zollzeichen haben wollen – übergehen Sie mit → Weitersuchen.

17.5.5 »Wort« und ›Wort‹ – spitze Anführungszeichen erzeugen

Doppelte spitze Anführungszeichen erzeugen

Wenn Sie doppelte spitze Anführungszeichen (Guillemets) wollen, aber noch Zollzeichen – "Wort" – in Ihrem Text haben, müssen Sie erst den Weg über die typographischen Anführungszeichen gehen. Der Grund: Word muss links und rechts verschiedene Anführungszeichen setzen: »Wort«.

1. Durchgang: Die Zollzeichen wie oben beschrieben durch typographische Anführungszeichen ersetzen. Dabei unterscheidet Word nach öffnenden und schließenden Anführungszeichen: „Wort".

2. Durchgang:
→ DATEI → OPTIONEN → DOKUMENTPRÜFUNG → AUTOKORREK-
TUR-OPTIONEN → AUTOFORMAT WÄHREND DER EINGABE → Häkchen bei „GERADE" ANFÜHRUNGSZEICHEN DURCH „TYPOGRAPHI-
SCHE" **deaktivieren**.
Für das Ersetzen nutzen Sie die ANSI-Zeichen. Sie werden auf
dem Nummernblock eingegeben (mehr zu den ANSI-Zeichen erfahren Sie auf S. 236):
3. Durchgang: öffnende typographische Anführungszeichen („)
durch öffnende spitze Anführungszeichen (») ersetzen.

DEAKTIVIERTE AUTOKORREKTUR
SUCHEN NACH: Alt + **0132**
ERSETZEN DURCH: Alt + **0187**

4. Durchgang: schließende typographische Anführungszeichen (")
durch schließende spitze Anführungszeichen («) ersetzen.

DEAKTIVIERTE AUTOKORREKTUR
SUCHEN NACH: Alt + **0147**
ERSETZEN DURCH: Alt + **0171**

Sie können sich die spitzen Anführungszeichen auch unter →
EINFÜGEN → SYMBOL → WEITERE SYMBOLE → SYMBOL holen.

Einfache spitze Anführungszeichen sind erforderlich, wenn Sie   Einfache spitze
innerhalb eines Zitats (mit doppelten spitzen Anführungszei-   Anführungs-
chen) wiederum ein Zitat haben. Die einfachen typographischen   zeichen
Anführungszeichen – ‚Wort' – sollten Sie mit den Sonderzeichen
Alt + 0130 (Anführungszeichen unten) und Alt + 0145 (Anführungszeichen oben) eingegeben haben; wenn nicht, holen Sie das
nach. Dann:
1. Durchgang: öffnende einfache typographische Anführungszeichen (‚) durch öffnende einfache spitze Anführungszeichen (›)
ersetzen.

SUCHEN NACH: Alt + **0130**
ERSETZEN DURCH: Alt + **0155**

2. Durchgang: schließende einfache typographische Anführungszeichen (') durch schließende einfache spitze Anführungszeichen (‹) ersetzen.

> Suchen nach: Alt + **0145**
> Ersetzen durch: Alt + **0139**

Ein Problem kann sich ergeben, wenn Sie ursprünglich für das einfache öffnende (typographische) Anführungszeichen das genauso aussehende Komma gesetzt haben. Dann haben Sie zu viele Fundstellen. Einfache Anführungszeichen sind allerdings selten. Daher empfehle ich Ihnen für diesen Fall, zunächst nach dem *schließenden* einfachen Anführungszeichen zu suchen und dieses zu ersetzen. Halten Sie dann jeweils an dieser Stelle an, um das *öffnende* einfache Anführungszeichen – es muss sich ja in der Nähe befinden – mit dem ANSI-Zeichen von Hand zu ersetzen.

Für schweizerische Texte kehren Sie die Reihenfolge beim Ersetzen einfach um: bei den doppelten spitzen Anführungszeichen erst Alt + 0171, dann Alt + 0187, bei den einfachen spitzen Anführungszeichen erst Alt + 0139, dann Alt + 0155.

17.5.6 „Wort" – die Anführungszeichen kontrollieren

Kontrolle der Anführungszeichen

Mit einer Kontrolle der Anführungszeichen können Sie sicherstellen, dass bei Ihren Zitaten alle Anführungszeichen vorhanden sind.

> Platzhalter verwenden
>
> Suchen nach: „*"
> *(Anführungszeichen + beliebige Buchstaben- und/oder Ziffernfolge + Anführungszeichen)*

Geben Sie die Anführungszeichen ein, die Sie in Ihrem Text verwenden, evtl. kopieren Sie sie. Dann gehen Sie auf → Lesehervorhebung → Alles hervorheben. Achten Sie darauf, nur im *Suchen*-Modus zu sein: Es sollte nur das Suchfeld sichtbar sein.

Hervorgehoben wird jeweils das ganze Zitat mitsamt den Anführungszeichen. Fehlt nun das schließende Anführungszeichen des Zitats, hebt Word den ganzen Bereich zwischen dem ersten öffnenden Anführungszeichen des Zitats und dem schließenden Anführungszeichen des *nächsten* Zitats hervor. Das ist normalerweise – falls Sie nicht Zitat an Zitat gereiht haben – ein so großer Bereich, dass Ihnen sofort auffällt, dass etwas nicht stimmt.

17.5.7 Kursiv, fett und Co.: Formatierungen suchen oder suchen/ersetzen

Ebenso lassen sich Formatierungen anzeigen und auch ersetzen. Die Formatierung, die Sie eingestellt haben, wird jeweils unter dem Textfeld angezeigt.

Eine Formatierung anzeigen lassen

Romeo und Julia – kursiven Text anzeigen lassen

> **Suchen nach:** keine Eingabe im Textfeld, sondern
> → ERWEITERN → FORMAT → ZEICHEN → KURSIV

Word sucht alle Textteile mit der Formatierung *kursiv*.

Achten Sie aber darauf, dass wirklich im Suchfeld kein Text steht, auch nicht eine kleine vergessene Leerstelle, und dass Sie sich nicht im *Ersetzen*-Modus befinden!

Dieses Verfahren funktioniert auch mit anderen Formatierungen.

Romeo und Julia wird zu *Romeo und Julia*

Fett zu kursiv

Das müssen Sie in zwei Durchgängen machen, weil Word den Kursivdruck als Ergänzung zum Fettdruck ansieht.

1. Durchgang

> **Suchen nach:** keine Eingabe im Textfeld, sondern
> → ERWEITERN → FORMAT → ZEICHEN → FETT
> **Ersetzen durch:** keine Eingabe im Textfeld, sondern
> → ERWEITERN → FORMAT → ZEICHEN → KURSIV

Ergebnis: ***Romeo und Julia***

2. Durchgang:

> **Suchen nach:** keine Eingabe im Textfeld, sondern
> → ERWEITERN → KEINE FORMATIERUNG → FORMAT
> → ZEICHEN → FETT KURSIV

> **Ersetzen durch:** keine Eingabe im Textfeld, sondern
> → Erweitern → Keine Formatierung → Format
> → Zeichen → Nicht Fett

Ergebnis: *Romeo und Julia*

Kursiv zu fett   *Romeo und Julia* wird zu **Romeo und Julia**
1. Durchgang:

> **Suchen nach:** keine Eingabe im Textfeld, sondern
> → Erweitern → Format → Zeichen → Kursiv
> **Ersetzen durch:** keine Eingabe im Textfeld, sondern
> → Erweitern → Format → Zeichen → Fett

Ergebnis: ***Romeo und Julia***
2. Durchgang:

> **Suchen nach:** keine Eingabe im Textfeld, sondern
> → Erweitern → Keine Formatierung → Format
> → Zeichen → Fett Kursiv
> **Ersetzen durch:** keine Eingabe im Textfeld, sondern
> → Erweitern → Keine Formatierung → Format
> → Zeichen → Nicht Kursiv

Ergebnis: **Romeo und Julia**

Kursiv zu   *Müller* wird zu Müller
Kapitälchen

> **Suchen nach:** keine Eingabe im Textfeld, sondern
> → Erweitern → Format → Zeichen → Kursiv
> **Ersetzen durch:** keine Eingabe im Textfeld, sondern
> → Erweitern → Format → Zeichen → Nicht Kursiv,
> Kapitälchen

Ergebnis: Müller

17.5.8 *Othello* zu „Othello" – kursiven Text durch geraden Text in Anführungszeichen ersetzen

Sie können unbekannten kursiven Text gerade schreiben und mit Anführungszeichen ergänzen. Das funktioniert ohne Probleme, weil Word eine Formatierung hat, nach der es suchen kann.

Kursiv zu nicht-kursiv mit Anführungszeichen

Sie geben dabei im *Ersetzen*-Feld jeweils das öffnende und das schließende (typographische) Anführungszeichen ein, das Sie in Ihrem Text verwenden (evtl. kopieren Sie es hinein).

> **Suchen nach:** keine Eingabe im Textfeld, sondern
> → Erweitern → Format → Zeichen → Kursiv
> **Ersetzen durch:** „^&"
> → Erweitern → Format → Zeichen → nicht Kursiv

^& bedeutet: Inhalt des *Suchen*-Felds. Das Zeichen ^& geben Sie von Hand ein. Wenn Sie die ^-Taste drücken, passiert zunächst nichts. Tippen Sie dann das &-Zeichen ein, erscheint auch das ^-Zeichen.

17.5.9 „Othello" zu *Othello* – Text in Anführungszeichen durch kursiven Text ersetzen

Sie möchten unbekannten Text in Anführungszeichen generell durch Kursivschrift ohne Anführungszeichen ersetzen.

Nicht-kursiv mit Anführungszeichen zu kursiv

Da der Text, den Sie ersetzen wollen, unbekannt ist und Word auch nicht nach einer Formatierung suchen kann, geht das nur über ein Suchen mit Platzhaltern; aktivieren Sie also → Platzhalter verwenden. Sie geben nun im *Suchen*-Feld neben dem Zeichen * (mit der Tastatur oder unter → Sonderformat als *o oder mehr Zeichen*) jeweils das öffnende und das schließende (typographische) Anführungszeichen ein, das Sie in Ihrem Text verwenden (evtl. kopieren Sie es hinein).

> **Platzhalter verwenden**
>
> **Suchen nach:** „(*)"
> *(Öffnendes Anführungszeichen + Klammer + 0 oder mehr Zeichen + Klammer + schließendes Anführungszeichen)*
> **Ersetzen durch:** \1
> → Erweitern → Format → Zeichen → Kursiv

Sie werden bei diesem Durchgang auch auf direkte Zitate stoßen, die in Anführungszeichen bleiben sollen. Gehen Sie dann mit → Weitersuchen weiter.

17.5.10 22 Wort – den Abstand zwischen der Fußnotenziffer und dem Fußnotentext einheitlich gestalten

Abstand Fußnotenziffer – Fußnotentext

Word setzt zwischen Fußnotenziffer und Fußnotentext immer nur ein Leerzeichen. Das wollen Sie durch einen Tabstopp ersetzen und vielleicht auch mit einem hängenden Einzug versehen, weil Sie nicht wollen, dass der Fußnotentext unter die Fußnotenziffer läuft. Wenn Sie sich ein wenig mit Formatvorlagen[31] auskennen, können Sie dafür das folgende Verfahren anwenden.

Schritt 1: die Formatvorlage *Fußnotentext* anpassen
→ Formatvorlage *Fußnotentext* → rechter Mausklick → Ändern → Format → Absatz → Einzüge und Abstände → Tabstopp. Geben Sie einen Wert ein, der ausreicht, dass der Fußnotentext auch bei zwei- bzw. sogar dreistelligen Fußnotenziffern noch genügend Abstand zur Fußnotenziffer hat.

Soll der Fußnotentext nicht links unter die Fußnotenziffer laufen, geben Sie den gleichen Wert bei → Format → Absatz → Einzüge und Abstände → Sondereinzug → Hängend ein.

Schritt 2: das Leerzeichen nach der Fußnotenziffer durch einen Tabstopp ersetzen
Sie stellen den Cursor in eine Fußnote und ersetzen folgendermaßen:

Platzhalter verwenden

Suchen nach: (^2)·
(Klammer + Fußnotenziffer + Klammer + Leerzeichen)
Ersetzen durch: \1^t
(Ausdruck 1 [bleibt erhalten] + Tabstopp)

Beide Zeichen können Sie von Hand eingeben. Wenn Sie die ^-Taste drücken, passiert zunächst nichts. Tippen Sie dann die *2* ein, erscheint auch das ^-Zeichen.

---

31 Wie man eine nicht angezeigte Formatvorlage findet, ist auf S. 246 erklärt.

17.5.11   Dorfmann 2001a – eine Literaturangabe anpassen

Sie haben – völlig korrekt – mehrmals *Dorfmann 2001* als Literaturangabe geschrieben. Jetzt sind Sie auf einen weiteren Titel dieses Autors ebenfalls aus dem Jahr 2001 gestoßen. Aus dem bisherigen Titel *Dorfmann 2001* muss nun *Dorfmann 2001a* werden.[32]

SUCHEN NACH: **Dorfmann 2001**
ERSETZEN DURCH: **Dorfmann 2001a**
(alternativ: ^&a – [^& bedeutet: Inhalt des *Suchen*-Felds])

17.5.12   Ebert 1986 – Literaturverweise und Literaturverzeichnis abgleichen

Literaturverweise in der Arbeit sollten mit dem Literaturverzeichnis übereinstimmen. Haben Sie kein Literaturverwaltungsprogramm verwendet, müssen Sie die Verweise selbst mit dem Literaturverzeichnis abgleichen.

Um sicherzustellen, dass alle Autoren, die im Literaturverzeichnis genannt werden, auch wirklich im Text erscheinen, können Sie nacheinander die Namen bei → SUCHEN NACH eingeben und Word suchen lassen. Das kann eine Weile dauern, aber so können Sie zuverlässig Namen eliminieren, die nur einmal, nämlich im Literaturverzeichnis, erwähnt werden.

Literaturverzeichnis und Literaturverweise

Schwieriger ist der umgekehrte Fall, nämlich herauszufinden, ob alle in der Arbeit genannten Autoren auch wirklich im Literaturverzeichnis vorkommen. Das gilt vor allem dann, wenn die Literaturverweise mitten im Text stehen; in Fußnoten dagegen heben sich die Autorennamen gut genug ab, um durchzublättern und einen Abgleich mit dem Literaturverzeichnis vorzunehmen.

Literaturverweise und Literaturverzeichnis

Literaturverweise mitten im Text können in ganz verschiedenen Formen vorkommen, etwa mit Klammern – *die Berichte von Herodot (Ebert 1986)* –, ohne Klammern: *bereits 1986 betonte Ebert,* manchmal auch mit angehängtem Buchstaben: *Ebert 1986a.*

Hier kommen Sie möglicherweise nur mit Umwegen zum Ziel. Achten Sie bei den folgenden Suchläufen darauf, dass wirklich nur das *Suchen*-Feld zu sehen ist. Ist auch das leere *Ersetzen*-Feld

Die Literaturverweise im Text suchen

---

32 Die Kombination *Dorfmann 2001* und *Dorfmann 2001a* geht nicht. Jede dieser Literaturangaben bekommt einen Buchstaben.

zu sehen, löscht Word Ihren Suchbegriff! Die gefundenen Namen gleichen Sie mit dem Literaturverzeichnis ab.

- Nach einem formatierten Autorennamen suchen
  Wenn Sie Autorennamen immer (!) auf eine bestimmte Art geschrieben haben, z. B. mit Kapitälchen, können Sie Word nach dieser Formatierung suchen lassen und nachsehen, ob der Name im Literaturverzeichnis auftaucht.

> **Suchen nach:** keine Eingabe im Textfeld, sondern
> → Erweitern → Format → Zeichen → Kapitälchen

- Nach der Klammer suchen
  Wenn Sie die Literaturangabe immer mit Klammern geschrieben haben, können Sie nach einer Klammer suchen und die dazugehörigen Autorennamen mit dem Literaturverzeichnis abgleichen.

> Suchen nach: **(**

- Nach dem Erscheinungsjahr suchen
  Falls Sie weder eine besondere Formatierung haben noch die Literaturverweise immer mit Klammern geschrieben haben, können Sie es auch über das Erscheinungsjahr versuchen – die ist all diesen Literaturverweisen gemeinsam. In deren Umkreis finden Sie dann auch die Autorennamen. Dazu lassen Sie Word nach einer vierstelligen Ziffernfolge suchen; die Funktion → Platzhalter verwenden muss aktiviert sein.

> Platzhalter verwenden
>
> Suchen nach: **[0-9]{4}**
> *(Eine Zahl zwischen 0 und 9 + diese viermal)*

17.5.13   BverwG – unbekannte Abkürzungen finden

Unbekannte Abkürzungen suchen

Abkürzungen sollten mit dem Abkürzungsverzeichnis übereinstimmen. Möglicherweise haben Sie aber nicht daran gedacht, Ihre speziellen Abkürzungen zu markieren.

Sie können das mit zwei Suchvorgängen erreichen. Die Funktion → Platzhalter verwenden muss dazu aktiviert sein. Bei diesen beiden Suchvorgängen werden die Abkürzungen zwar oft nur teilweise markiert, aber sie werden angezeigt. Auf diese Weise kön-

nen Sie ein bestehendes Abkürzungsverzeichnis auf Vollständig-
keit überprüfen bzw. eines neu anlegen.

- Viele Abkürzungen besitzen mindestens zwei Großbuchstaben
  am Anfang.

PLATZHALTER VERWENDEN

SUCHEN NACH: <[A-Z]{2;}*>
*(Wortanfang + Großbuchstabe + dieser mindestens zweimal
+ beliebiger Rest + Wortende)*

Word findet Abkürzungen wie *AG* und *BSDKs*.

- Eine andere Kategorie sind Abkürzungen mit einem Großbuchstaben am Anfang und dann einer Mischung aus Groß- und
  Kleinbuchstaben.

PLATZHALTER VERWENDEN

SUCHEN NACH: <[A-Z]{1}[a-z]{1;}[A-Z]*>
*(Wortanfang + Großbuchstabe + dieser einmal
+ Kleinbuchstabe + dieser mindestens einmal + Großbuchstabe
+ beliebiger Rest + Wortende)*

Word findet Abkürzungen wie *AbfVerbrBußV, AbgG, BverwG*.

17.5.14 € 220 zu 220 € – die Reihenfolge verändern

Sie können beim Ersetzen auch eine neue Reihenfolge festlegen.
SUCHEN NACH: Sie wählen → PLATZHALTER VERWENDEN und definieren den Teil, der erhalten bleiben soll. In unserem Beispiel
wäre das eine Zahl: *Suche eine Zahl, die mindestens eine Stelle hat –*
[0-9]{1;}. Dann setzen Sie diesen Suchausdruck in runde Klammern – ([0-9]{1;}). Für Word ist das nun ein geschützter „Ausdruck". Das €-Zeichen fügen Sie ebenfalls hinzu.

SUCHEN NACH: € ([0-9]{1;})
(€-Zeichen + Leerzeichen + Ausdruck in Klammern. Innerhalb des Ausdrucks: Ziffer zwischen 0 und 9 + diese mindestens einmal)
ERSETZEN DURCH: \1 €
(Ausdruck in Klammern an erster Stelle + geschütztes Leerzeichen + €-Zeichen)

Statt des normalen Leerzeichens steht nun nach der Zahl ein geschütztes Leerzeichen.
Bei einer Zahl mit Punkt und Nachkommastellen:

SUCHEN NACH: € ([0-9.,]{1;})
(€-Zeichen + geschütztes Leerzeichen + Ausdruck in Klammern. Innerhalb des Ausdrucks: Ziffer zwischen 0 und 9, Punkt, Komma + diese mindestens einmal)
ERSETZEN DURCH: \1 €
(Ausdruck in Klammern an erster Stelle + geschütztes Leerzeichen + €-Zeichen)

Word ersetzt beispielsweise € 2.345,55 durch 2.345,55 €.

18 Vor der Abgabe: Checkliste

Nehmen Sie in den letzten Stunden vor der Abgabe noch eine abschließende Überprüfung vor. Eine inhaltliche Überarbeitung ist nun nicht mehr möglich – Ihr Augenmerk liegt jetzt auf der äußeren Form. Die unten aufgelisteten Fragen sollen Ihnen dabei helfen.

Aktualisieren Sie zunächst abschließend mit ⌜Strg.⌟ + ⌜A⌟ + ⌜F9⌟ alle automatischen Angaben, falls Sie mit diesen Word-Funktionen gearbeitet haben.

⌜Strg⌟ + ⌜A⌟

+ ⌜F9⌟

Dann überprüfen Sie:

☐ Haben Sie die Vorgaben der Hochschule zum Aufbau des Titelblatts beachtet?   **Titelblatt**
☐ Sind die Angaben vollständig? Nichts vergessen?
☐ Haben Sie den offiziellen Namen der Hochschule verwendet? So heißt es etwa: *Universität zu Köln*, nicht einfach *Universität Köln*.
☐ Entspricht der Titel der letzten, mit dem Betreuer abgesprochenen Version?
☐ Stimmt das Abgabedatum?
☐ Haben sich keine Rechtschreibfehler eingeschlichen? Auf dem Titelblatt sind sie besonders peinlich.

☐ Stimmt das Inhaltsverzeichnis mit den Überschriften im Text   **Inhaltsverzeichnis**
überein und sind die angegebenen Seitenzahlen korrekt?
☐ Laufen die Textzeilen nicht in den Bereich der Seitenzahlen?
☐ Stehen die Seitenzahlen genau untereinander (rechtsbündig)?

☐ Stimmen die Querverweise im Text?   **Querverweise**

☐ Sind die Tabellen und Abbildungen vollzählig und durchlaufend   **Tabellen und**
nummeriert?   **Abbildungen**
☐ Haben alle Tabellen und Abbildungen eine korrekte, aktuelle Beschriftung?
☐ Sind die Tabellen und Abbildungen vollständig abgebildet und nicht beschnitten?
☐ Haben Sie im Text jeweils auf die Tabelle / die Abbildung verwiesen?
☐ Stimmen die Quellenangaben bei den Tabellen und Abbildungen? Sind sie im Literaturverzeichnis enthalten?

❏ Sind die Tabellen/Abbildungen und ihre Beschriftungen nicht durch einen Seitenwechsel auseinandergerissen worden?

Tabellen- und Abbildungsverzeichnis

❏ Sind die Tabellen und Abbildungen in der richtigen Reihenfolge und vollständig aufgeführt?

❏ Stimmen die Beschriftungen der Tabellen mit denen im Tabellenverzeichnis überein?

❏ Stimmen die Beschriftungen der Abbildungen mit denen im Abbildungsverzeichnis überein?

Abkürzungsverzeichnis

❏ Sind alle nicht geläufigen Abkürzungen im Abkürzungsverzeichnis aufgeführt?

❏ Finden sich fälschlicherweise auch geläufige Abkürzungen, die nicht aufgenommen werden sollten, wie *d. h.*, *z. B.*?

❏ Sind die Auflösungen der Abkürzungen korrekt?

❏ Stimmt die alphabetische Reihenfolge?

Literaturverzeichnis

❏ Sind alle Literaturhinweise, die im Text/Fußnoten/Abbildungen usw. vorkommen, im Literaturverzeichnis aufgeführt?

❏ Werden alle im Literaturverzeichnis angegebenen Werke wirklich zitiert, auch als Quellenangaben bei Tabellen und Abbildungen?

❏ Sind die Angaben (z. B. Autor/-in, Titel der Arbeit) vollständig und korrekt?

❏ Haben die Literatureinträge eine einheitliche Form? Haben Sie z. B. Vornamen immer ausgeschrieben?

❏ Stimmt die alphabetische Reihenfolge?

❏ Haben Sie Sonderfälle wie mehrere Werke eines Autors oder Werke von Autorengruppen richtig eingeordnet?

Fußnoten

❏ Sind alle Fußnoten da und richtig nummeriert?

❏ Laufen Fußnoten, die über eine Seite hinausreichen, auf der Folgeseite richtig weiter?

❏ Steht jede Fußnote auf der Seite mit dem jeweiligen Fußnotenverweis?

❏ Beginnt jede Fußnote mit Großschreibung?

❏ Hat jede Fußnote am Ende einen Punkt?

❏ Stimmen die Angaben in der Fußnote mit denen im Text überein – nicht etwa im Text *Schmitt*, in der Fußnote *Schmidt*?

❏ Falls Sie mit *a. a. O.* oder *FN xy* auf vorangehende Fußnoten verweisen: Stimmen die Verweise?

❑ Wurde im Text auf den Anhang verwiesen?   Anhang
❑ Sind alle Teile vorhanden?

❑ Haben Sie die Rechtschreib- und Grammatikprüfung des Text-   Rechtschreibung,
verarbeitungsprogramms noch einmal abschließend durchlau-   Zeichensetzung,
fen lassen?   Grammatik
❑ Haben Sie eine abschließende (kontrollierte) Silbentrennung
durchgeführt?

❑ Haben Sie alle Quellen vollständig und korrekt angegeben?   Zitieren
❑ Haben Sie alle direkten (im Wortlaut übernommenen) Zitate
ganz genau abgeschrieben?
❑ Sind bei direkten Zitaten alle Anführungszeichen da, vor allem
die schließenden?
❑ Haben Sie die richtigen (typographischen) Anführungszeichen
gesetzt?
❑ Haben Sie bei Anführungen innerhalb eines Zitats die einfachen Anführungszeichen gesetzt?

❑ Haben Sie Abkürzungen zur Einführung des Lesers immer   Abkürzungen
zunächst ausgeschrieben, ausgenommen geläufige Abkürzun-
gen wie z. B.?
❑ Haben Sie, nachdem Sie eine Abkürzung eingeführt haben, nur
noch diese verwendet?
❑ Haben Sie bei mehreren möglichen Abkürzungen konsequent
eine bestimmte Variante verwendet, z. B. immer *Hrsg.* statt *Hg.*?

Unter → ANSICHT können Sie auswählen, wie Ihre Arbeit ange-   Seitengestaltung
zeigt wird: eine Seite, zwei oder noch mehr Seiten gleichzeitig.
Betrachten Sie den Gesamteindruck, Seite für Seite.
❑ Läuft die Seitennummerierung richtig durch?
❑ Sind die Seitenwechsel in Ordnung? Läuft der Text auf der fol-
genden Seite richtig weiter?
❑ Sind alle Überschriften gleich formatiert?
❑ Stimmt die Nummerierung der Überschriften?
❑ Sind alle Überschriften im Flattersatz gesetzt und gegebenen-
falls sinnvoll getrennt?
❑ Stimmen die Abstände, vor allem bei den Überschriften zum
umgebenden Text?
❑ Steht nicht eine Überschrift allein unten auf der Seite?
❑ Haben Sie fast leere Seiten mit nur einer oder zwei Zeilen?

❑ Gibt es unerwünschte Schusterjungen und Hurenkinder?

❑ Haben sich keine unerwünschten *Abstände vor* oder Leerzeilen eingeschlichen? Beginnt der Text immer oben auf der Seite?

❑ Falls Sie Kolumnentitel haben: Passen sie zum jeweiligen Abschnitt? Sind keine Rechtschreibfehler drin? Haben Sie zu lange Kolumnentitel gekürzt?

❑ Haben Sie Blocksatz und Flattersatz einheitlich eingesetzt?

❑ Haben Sie mit einem Suchen-Durchlauf mit dem Begriff *Fehler!* alle fehlerhaften Verweise (*Fehler! Verweisquelle [Textmarke] konnte nicht gefunden werden*) gesucht und sie gelöscht?

❑ Haben Sie geklärt, in welcher Form Sie Ihre Arbeit abgeben müssen? Haben Sie, falls gefordert, eine zusätzliche PDF erzeugt?

Ausgedruckte Arbeiten

❑ Haben Sie sich über die gewünschte Art der Bindung und die Zahl der geforderten Exemplare informiert?

❑ Sind alle Teile da? Auch das Titelblatt? Gegebenenfalls die eidesstattliche Erklärung?

❑ Sind alle Seiten ausgedruckt?

❑ Sind alle Blätter korrekt bedruckt, nicht gedreht, vertauscht usw.?

❑ Sind keine leeren Blätter versehentlich mit durchgelaufen?

❑ Ist in jedem Exemplar die eidesstattliche Erklärung unterschrieben?

Fertig!

Am Schluss Ihrer Arbeit sagen Sie eben nicht wie Freddie Frinton in *Dinner for One:* „Well, I'll do my very best", sondern: „Well, I've done my very best."

Abbildungen

Tabellen

Literatur

Andermann, Ulrich/Drees, Martin/Grätz, Frank (2006): *Wie verfasst man wissenschaftliche Arbeiten?* 3., völlig neu erarb. Aufl., Mannheim u. a.

Beinke, Christiane/Brinkschulte, Melanie/Bunn, Lothar/Thürmer, Stefan (2016): *Die Seminararbeit. Schreiben für den Leser.* 3. Aufl., Konstanz.

Braudel, Fernand (1985): *Sozialgeschichte des 15.–18. Jahrhunderts*, Bd. 1: *Der Alltag.* Übersetzt aus dem Französischen von Siglinde Summerer, Gerda Kurz und Günter Seib. München.

Charbel, Ariane (2007): *Schnell und einfach zur Diplomarbeit. Der praktische Ratgeber für Studenten.* 6., aktualis. Aufl., Nürnberg.

Dilba, Eberhard (2008): *Typographie-Lexikon und Lesebuch für alle.* 2., erw. und verb. Aufl. Online unter: http://eberhard-dilba.homepage.t-online.de/pdf-Dateien/Lexikon.pdf (Abruf: 14. 6. 2018).

Duden (2003): *Satz und Korrektur. Materialien.* Hrsg. von der Dudenredaktion. Mannheim u. a.

Duden (2016): *Das Wörterbuch der sprachlichen Zweifelsfälle. Richtiges und gutes Deutsch.* Hrsg. von der Dudenredaktion. 8., vollst. überarb. Aufl., Mannheim u. a. (= Der Duden in zwölf Bänden, Bd. 9).

Duden (2017): *Die deutsche Rechtschreibung.* Hrsg. von der Dudenredaktion. 27., völlig neu bearb. u. erw. Aufl., Berlin (= Der Duden in zwölf Bänden, Bd. 1).

Eco, Umberto (2007): *Wie man eine wissenschaftliche Abschlußarbeit schreibt. Doktor-, Diplom- und Magisterarbeit in den Geistes- und Sozialwissenschaften.* Übersetzt aus dem Italienischen von Walter Schick. 12., unv. Aufl. der deutschen Ausgabe, Heidelberg.

Engel, Stefan/Woitzik, Andreas (Hrsg.) (1997): *Die Diplomarbeit.* Stuttgart.

Esselborn-Krumbiegel, Helga (2004): *Von der Idee zum Text. Eine Anleitung zum wissenschaftlichen Schreiben.* Unveränd. Nachdruck der 2., durchges. Aufl., Paderborn.

Forssman, Friedrich/Jong, Ralf de (2004): *Detailtypografie. Nachschlagewerk für alle Fragen zu Schrift und Satz.* 3., nochmals verb. Aufl., Mainz.

Franck, Norbert (2008): „Lust statt Last: Wissenschaftliche Texte schreiben", in: Norbert Franck/Joachim Stary (Hrsg.): *Die Technik wissenschaftlichen Arbeitens. Eine praktische Anleitung.* 14., überarb. Aufl., Paderborn u. a., S. 117–178.

Freytag, Nils/Piereth, Wolfgang (2008): *Kursbuch Geschichte. Tipps und Regeln für wissenschaftliches Arbeiten.* 3., aktualis. und erw. Aufl., Paderborn u. a.

Göttert, Karl-Heinz (2002): *Kleine Schreibschule für Studierende.* 2. Aufl., München.

Greulich, Walter (2017): *Dokument- und Formatvorlagen in Word 2016, 2013 und 2010. Ein Leitfaden für Textprofis – mit zahlreichen Ratschlägen zum „Bändigen" des Programms.* Hamburg.

Herrmann, Ralf (2005): *Zeichen setzen. Satzwissen und Typoregeln für Textgestalter.* Bonn.

Jele, Harald (2006): *Wissenschaftliches Arbeiten: Zitieren*. 2., unwes. veränd. Aufl., München u. a.

Karmasin, Matthias/Ribing, Rainer (2009): *Die Gestaltung wissenschaftlicher Arbeiten. Ein Leitfaden für Seminararbeiten, Bachelor, Master und Magisterarbeiten, Diplomarbeiten und Dissertationen*. 4., aktualis. Aufl., Wien.

Keseling, Gisbert (2008): „Schreibblockaden überwinden", in: Norbert Franck/Joachim Stary (Hrsg.): *Die Technik wissenschaftlichen Arbeitens. Eine praktische Anleitung*. 14., überarb. Aufl., Paderborn u. a., S. 197–222.

Kirchhoff, Arthur (Hrsg.) (1897): *Die Akademische Frau. Gutachten hervorragender Universitätsprofessoren, Frauenlehrer und Schriftsteller über die Befähigung der Frau zum wissenschaftlichen Studium und Berufe*. Berlin. Online unter: https://archive.org/details/dieakademischef02kircgoog (Abruf: 6. 7. 2016).

Kornmeier, Martin (2016): *Wissenschaftlich schreiben leicht gemacht für Bachelor, Master und Dissertation*. 7., aktualis. und erg. Aufl., Bern.

Krämer, Walter (2009): *Wie schreibe ich eine Seminar- oder Examensarbeit?* 3., überarb. und aktualis. Aufl., Frankfurt u. a.

Kühtz, Stefan (2012): *Wissenschaftlich formulieren. Tipps und Textbausteine für Studium und Schule*. 2., überarb. Aufl., Paderborn.

Mark Twain (1985 [1891]): *Die schreckliche deutsche Sprache*. Revidierte und ergänzte Übersetzung von Michael Schneider auf der Textgrundlage: *Gesammelte Werke in zehn Bänden*. Ausgewählt und zusammengestellt von Norbert Kohl. Bd. 4: *Bummel durch Europa*. Deutsch von Gustav Adolf Himmel. Frankfurt am Main, 1985, S. 527–545. Deutsche Erstausgabe 1891. Online unter: http://www.alvit.de/vf/de/mark-twain-die-schreckliche-deutsche-sprache.php (Abruf: 14. 6. 2018).

Matthes, Holger (2001–2018): *Diplom-Reader. Anleitungen für Word 2003 und 2010*. Online unter: https://holgermatthes.de/diplom-reader/index.php (Abruf: 14. 6. 2018).

Meister, Cindy/McGhie, John/Jamieson, Peter (2003). *Microsoft Word. Das Profibuch. Professionelles Know-how für Word 2000 und Word 2002*. Unterschleißheim.

Mill, John Stuart (1997 [1869]): *Die Hörigkeit der Frau*. Unter Mitarbeit von Harriet Taylor Mill und Helen Taylor. Übersetzt aus dem Englischen von Jenny Hirsch. 2., unv. Auflage, Königstein/Ts. Deutsche Erstausgabe: Berlin 1869.

Nicol, Natascha/Albrecht, Ralf (2004): *Wissenschaftliche Arbeiten schreiben mit Word. Formvollendete und normgerechte Examens-, Diplom- und Doktorarbeiten*. München.

Nicol, Natascha/Albrecht, Ralf (2011): *Wissenschaftliche Arbeiten schreiben mit Word 2010*. 7., aktualis. Aufl., München.

Niederhauser, Jürg (2006): *Die schriftliche Arbeit – kurz gefasst. Eine Anleitung zum Schreiben von Arbeiten in Schule und Studium*. 4., neu bearb. und aktualis. Aufl., Mannheim u. a.

Poenicke, Klaus (1988): *Wie verfaßt man wissenschaftliche Arbeiten? Ein Leitfaden vom ersten Studiensemester bis zur Promotion*. 2., neu bearb. Aufl., Mannheim.

RAK (2007): *Regeln für die alphabetische Katalogisierung in wissenschaftlichen Bibliotheken RAK-WB*. Hrsg. von der Arbeitsstelle für Standardisierung, Deutsche Nationalbibliothek. Redaktionelle Bearbeitung: Gudrun Henze. 2., überarb. u. erw. Aufl. Stand: April 2006. Online unter: http://files.d-nb.de/pdf/rak_wb_netz.pdf (Abruf: 14.6.2018).

Rawls, John (1975): *Eine Theorie der Gerechtigkeit*. Übersetzt aus dem Amerikanischen von Hermann Vetter. Frankfurt am Main.

Rost, Friedrich/Stary, Joachim (2008): „Schriftliche Arbeiten in Form bringen. Zitieren, belegen, Literaturverzeichnis anlegen", in: Norbert Franck/Joachim Stary (Hrsg.): *Die Technik wissenschaftlichen Arbeitens. Eine praktische Anleitung.* 14., überarb. Aufl., Paderborn u.a., S.179–195.

Royen, René van/Vegt, Sunnyva van der (1999): *Asterix – die ganze Wahrheit.* Übersetzt aus dem Niederländischen von Nicole Albrecht. München.

Scharpf, Fritz (2000): *Interaktionsformen. Akteurzentrierter Institutionalismus in der Politikforschung.* Wiesbaden.

Schröder, Henrik/Steinhaus, Ingo (2000): *Mit dem PC durchs Studium. Eine praxisorientierte Einführung.* Darmstadt.

Sen, Amartya (2010): *Die Idee der Gerechtigkeit.* Übersetzt aus dem Englischen von Christa Krüger. München.

Standop, Ewald/Meyer, Matthias L.G. (1998): *Die Form der wissenschaftlichen Arbeit.* 15., überarb. Aufl., Wiesbaden.

Strunz, Herbert/Dorsch, Monique (2006): *Wie gelingt meine wissenschaftliche Abschlussarbeit? Ein Leitfaden für Wirtschaftswissenschaftler.* Altenberge.

Theisen, Manuel René (2006a): *Wissenschaftliches Arbeiten. Technik – Methodik – Form.* 13., neu bearb. Aufl., München.

Theisen, Manuel René (2006b): *ABC des wissenschaftlichen Arbeitens. Erfolgreich in Schule, Studium und Beruf.* Unter Mitarbeit von Martin Theisen. München.

Troni, Angela (2006): *Die dööfsten Deutschfehler. Sprachliche Stolperfallen und wie man sie umgeht.* München.

Tuhls, G.O. (2011): *Wissenschaftliche Arbeiten schreiben mit Microsoft Office Word 2010, 2007, 2003.* Frechen.

Tuhls, G.O. (2016): *Wissenschaftliche Arbeiten schreiben mit Microsoft Office Word 2016, 2013, 2010, 2007.* Frechen.

Weber, Daniela (2010): *Die erfolgreiche Abschlussarbeit für Dummies.* Weinheim.

Willberg, Hans Peter/Forssman, Friedrich (2006): *Erste Hilfe in Typografie. Ratgeber für den Umgang mit Schrift.* 5. Aufl., Mainz.

Willberg, Hans Peter/Forssman, Friedrich (2010): *Lesetypografie.* 5. Aufl., Mainz.

World Bank (2013). *Migration and Remittance Flows: Recent Trends and Outlook, 2013–2016.* Migration and Development Brief 21. Online unter: http://siteresources.worldbank.org/INTPROSPECTS/Resources/334934-1288990760745/MigrationandDevelopmentBrief21.pdf (Abruf: 14.6.2018).

Register